Diogenes Taschenbuch 21539

Fritz Mertens

Ich wollte Liebe und lernte hassen!

Ein Bericht

Mit einem Vorwort von Reinhart Lempp

Diogenes

Die Erstausgabe erschien 1984
im Diogenes Verlag
Umschlagillustration: Pablo Picasso,
›Chat et oiseau‹, 1939

Veröffentlicht als Diogenes Taschenbuch, 1987

www.diogenes.ch
50/06/8/17
ISBN 3 257 21539 8

Dieses Buch wurde nur geschrieben, da mich mein Jugendpsychiater gebeten hatte, meine Lebensgeschichte niederzuschreiben.
Der Gutachter, also mein Jugendpsychiater, mußte für mich ein Gutachten erstellen, da ich zwei Menschen getötet habe. Nur deshalb ist dieses Buch entstanden.

F.M.

Vorwort

Im Sommer 1983 erhielt ich als gerichtlicher Sachverständiger von einer Staatsanwaltschaft, wie schon oft, ein dickes Aktenpaket zugesandt mit dem Auftrag, einen jungen Mann namens Fritz Mertens – er heißt eigentlich anders, diesen Namen hatte er später selbst gewählt – gerade 20 Jahre alt, zu untersuchen und über ihn ein Gutachten zu erstellen.

Als ich Fritz Mertens dann im Gefängnis in dem kleinen Arbeitszimmer des Sozialarbeiters – einer ehemaligen Zelle – gegenüber saß, war der große, kräftige junge Mann recht zurückhaltend und eher mißtrauisch. Wie sollte es auch anders sein. Er kannte mich nicht und bisher hatte er von öffentlichen Ämtern und Dienststellen und ihren Inhabern wohl noch nie persönliches Wohlwollen erfahren, und auch ich mußte ihm sagen, daß ich Arzt des Gerichtes und nicht sein Arzt sei. Auch ließ die Situation und die Aufgabe der Begutachtung weder Zeit noch Raum für einen wirklich persönlichen Kontakt. Dennoch wirkte er beim zweiten und dritten Mal gar nicht mehr wie der harte und resigniert abweisende Mann, sondern eher wie ein sehr trauriger Junge, der einen Erwachsenen sucht, dem er vertrauen kann, auch wenn der »einsame Wolf«, als der er sich fühlte, immer wieder dazwischen hervortrat. Als er von seinem Leben und seiner Kindheit berichten sollte, deutete er mir vielerlei an, es kam bruchstückweise und unzusammenhängend, wie aus einem mühsam zusammengehaltenen, unter Druck stehenden Gefäß, wo es mal da, mal da herausquillt. Er wollte erzählen, wußte aber nicht wo anfangen, wo aufhören, so als lohne es sich gleichsam gar nicht erst damit zu beginnen, als wäre er sich nicht sicher, ob er eigentlich etwas sagen solle oder lieber doch nicht. Ich drang nicht weiter in ihn. Schließlich geht es bei so einem Gutachten nur um die Beantwortung ganz konkreter Fragen, und dafür wußte ich bald genug. Aber ich sagte schließlich beim Weggehen, er solle doch einmal aufschreiben, was er aus seiner Kindheit noch wisse.

Einen Monat später schrieb er mir: »Ich möchte Ihnen nur mitteilen, daß ich jetzt angefangen habe, meine Lebensgeschichte zu schreiben. Es ist zwar nicht ganz einfach, aber ich versuche es trotzdem. Sie wird alles enthalten, was ich in meinem Leben von Geburt an mitgemacht habe, was die Familie betrifft, und meine Gefühle. Sie haben mich damals in Tübingen darum gebeten, und ich werde Ihnen Ihren Wunsch erfüllen, da ich zu Ihnen Vertrauen habe und ich glaube, daß Sie die Geschichte vor Gericht nicht so in den Dreck ziehen, so wie es andere täten… Da die Geschichte sehr umfangreich ist, und ich erst 34 Seiten zusammen habe, wird es noch ein oder zwei Monate dauern, bis ich sie beendet habe. Die Namen sind fast alle geändert, aber sonst entspricht alles der Wahrheit…«

Und nach zwei weiteren Monaten kam dann zu meiner Überraschung mit einem Brief ein umfangreiches Manuskript, über 500 handgeschriebene Seiten, denen anzumerken war, daß es für den Schreiber ungewohnt war, sich auszudrücken und dies niederzuschreiben. Im Brief stand: »…Ich habe das ganze wie ein Buch geschrieben, da ich es besser so fand und es auch verständlicher ist. Es muß noch viel ausgebessert und geändert werden… Dann werde ich das Buch an einen Verlag schicken, denn ich möchte es veröffentlichen lassen. Wenn Sie mir dabei helfen könnten, wäre ich Ihnen sehr dankbar…«

Ich kenne viele sogenannte Lebensläufe Jugendlicher, die sich mehr oder weniger mager an ihren äußeren Lebensdaten entlang hangeln und über das eigene Erleben so gut wie nichts enthalten. In dieser Erwartung ging ich zunächst auch an die Lektüre dieses Berichts heran. Anfangs noch etwas steif und holperig, dann aber von Seite zu Seite flüssiger geschrieben, sah ich mich bald gefangengenommen von der Ursprünglichkeit und Offenheit, vor allem aber vom Gewicht des kindlichen, jungenhaften Erlebens, wie da geschildert wird, wie ein Junge zwischen Hoffnung und sich immer wiederholender Enttäuschung hin- und hergerissen wird, wie er Verständnis sucht und abgewiesen wird, immer wieder, immer noch einmal. Alle diese Erfahrungen haben sich bei ihm offenbar eingekerbt in seiner Erinnerung, so daß er sie dem Erleben entsprechend wiedergeben konnte, ja wohl mußte, um nicht daran zu ersticken.

Da Fritz Mertens mich gebeten hatte, ihm zu helfen, den Bericht zu einem Buch zu machen, zeigte ich ihn einer erfahrenen Lektorin, die mir bestätigte, daß er unbedingt veröffentlicht werden sollte. Ich wandte mich an den mir bekannten Verlag und schrieb vorsichtig und anfragend. Offenbar war man dort wider Erwarten überrascht, gefangen und erschüttert. Ich selbst kenne keinen so spontanen, unmittelbaren, aus echter, eindeutiger Erinnerung heraus geschriebenen Bericht über die jahrelange Suche und Enttäuschung eines Kindes, die sein ganzes junges Leben bestimmten, bis zur Tat. Ihr fielen zwei Menschen zum Opfer, aus dem Augenblick heraus, aus einer Situation, aus der sie alle den richtigen Ausweg nicht finden konnten. Inzwischen hat die Hauptverhandlung vor der Jugendkammer eines Landgerichtes stattgefunden. Die Mutter war geladen, aber nicht erschienen. Sie machte von ihrem Zeugenverweigerungsrecht Gebrauch. Aber die Großmutter war da und berichtete. Und was dabei vom Leben des Jungen zur Sprache kam, jedes Mal bestätigte sie das, was der Bericht geschildert hatte, von dessen Existenz sie nichts weiß. Es war offenbar alles so, wie Fritz Mertens dies hier geschildert hat.

Das Gericht hat sich alles angehört, ausführlich, geduldig. Fritz Mertens selbst machte nicht viel Worte. Der Bericht lag dem Gericht nicht vor, und ich habe nur das Grundsätzliche aufzeigen können. Das Gericht mußte ihn zu einer langen Jugendstrafe verurteilen. Fritz Mertens hatte damit gerechnet.

Eines ist mir wieder deutlich geworden: es ist nicht unser Verdienst, wenn wir nicht straffällig werden, wenn wir in unserem Leben niemand durch unsere Schuld töten.

Reinhart Lempp

Da der vorliegende Bericht möglichst in seiner authentischen Form belassen werden sollte, wurden vom Verlag lediglich orthographische Fehler korrigiert sowie ganz behutsam der Text, wenn das Verständnis nicht gewährleistet war.

Am 15.6.1963 bin ich geboren worden, nicht im Krankenhaus, sondern zu Hause auf dem Sofa. So hat man es mir erzählt. Also ich bin Fritz, und versuche hier meine Lebensgeschichte zu erzählen, und das, was ich noch so alles von mir gehört habe, aber ich mich nicht daran erinnern kann, da ich noch zu klein war.

Nachdem mein Vater gehört hat, daß er einen Sohn bekommen hat, ist er bei uns in Villingen durch die Brigach geschwommen, ein kleiner Fluß in der Stadt und nicht gerade der sauberste. Vier Wochen nach meiner Geburt soll ich in ein Säuglingsheim gekommen sein, was ich heute nicht gerade als Nächstenliebe gegenüber seinem Kind empfinde. Wann ich da wieder rausgekommen bin, weiß ich nicht, und das hat mir auch keiner aus der Verwandtschaft bis heute erzählt. Also mein Vater hat mich dann wieder aus dem Säuglingsheim geholt, obwohl meine Mutter dagegen gewesen sein soll. Danach sind wir irgendwann nach Würzburg gezogen, wo meine zwei Brüder Ralf und Uwe zur Welt gekommen sind. Ralf ist zwei Jahre jünger als ich, und Uwe drei Jahre, was ich sehr amüsant finde, wenn ich sie heute ansehe. Danach sind wir wieder nach Villingen gezogen, da mein Vater hier bei den Aluminiumwerken eine Stelle als Gießer gefunden hat und sein eigener Vater, also mein Großvater, auch dort arbeitet, und der Verdienst nicht schlecht sein soll. Wir haben sogar eine Dreizimmerwohnung vom Aluminiumwerk bekommen, und die Miete soll auch nicht besonders hoch gewesen sein. Ach was ich noch vergessen habe. In Würzburg waren mein Bruder Ralf und ich auch noch einmal im Heim, woran ich mich nicht erinnern kann. Also mein Vater ging dann im Aluminiumwerk arbeiten, und meine Mutter führte den Haushalt, bis es ihr zu dumm gewesen sein muß, und sie wieder als Kellnerin arbeiten ging, was meinem Vater nicht gerade gefallen haben muß. Da mein Vater ein sauberes Zuhause gewöhnt ist und immer sein warmes Essen, wenn er nach Hause kam, und das nicht mehr der Fall war, seit meine Mutter arbeitete, gab es zu Hause ab und zu von meinem Vater ein paar ganz gewaltige Wutausbrüche. Da er seine Wut nicht an den Kindern, also an uns, auslassen konnte, weil wir noch zu klein waren, griff er halt immer öfters zur Flasche, das heißt: er hat sich heimlich oft sinnlos besoffen, und wenn dann meine Mutter von der Arbeit nach Hause kam, muß es sogar manchmal zu handfesten Auseinandersetzungen gekommen sein.

Mein Vater muß dann auf kurz oder lang mal ausgezogen sein, zu seinen Eltern, die natürlich meine Mutter von Anfang an nicht ausstehen konnten, da sie keine Zeugin Jehova war. Da sie am laufenden Band auf meiner Mutter rumgehackt haben, beschloß mein Vater dort wieder auszuziehen und zu uns zurückzukommen, da er ja meine Mutter liebte und er ja auch noch Kinder hatte, das muß ihm so nebenbei mal eingefallen sein. Kurze Zeit darauf hatte ich auf einmal sogar ein Schwesterchen, das Daniela heißt, und acht Jahre jünger ist als ich. Ach was ich auch noch vergessen habe, das erste Schuljahr mußte ich wiederholen, da mich meine Mutter aus der Schule genommen hat, mit der Begründung, ich sei dumm. Wenn mir das damals einer erzählt hätte, hätte ich es sogar geglaubt, denn meine Mutter hat es ja oft genug zu mir gesagt. So, nun kommen meine Erinnerungen. Meine Mutter ging kurz nach der Geburt von Daniela wieder arbeiten, da das Geld nicht langen täte, und wir jetzt ein Sechs-Personen-Haushalt wären. In der Zeit, als sie arbeiten war, versorgte ich Daniela, machte die Wohnung sauber und kümmerte mich um meine zwei kleinen Brüder. Es war nicht immer gerade angenehm, meine kleine Schwester trockenzulegen, aber auf sie aufpassen hat mir Spaß gemacht. Mein Tagesablauf zu der Zeit war ganz einfach: Nach der Schule mußte ich mich um die Geschwister kümmern, da meine Mutter ja erst nachmittags arbeiten gegangen ist; dann die Wohnung aufräumen, und ab und zu sogar das Abendessen warm machen, wenn mein Vater nicht rechtzeitig von der Arbeit nach Hause gekommen ist. Eines Tages verspürte ich starke Schmerzen in der Hüfte, genau am Hüftgelenk, und als ich es meiner Mutter sagte, da meinte sie, daß es schon wieder weggehen würde, und ich solle nicht so wehleidig sein. Aber die Schmerzen hörten nicht auf. Meine Mutter ging weiter arbeiten, und mein Vater griff wieder öfters zur Flasche, da er irgendwelche Sorgen mit meiner Mutter hatte. Eines Abends hatten sie einen barbarischen Streit, wobei meine Mutter eine Ohrfeige eingefangen hat, da mein Vater besoffen war und sich nicht mehr beherrschen konnte. Als mein Vater eingeschlafen war in seinem Vollrausch, griff meine Mutter zu Schlaftabletten. Sie wollte sich kurz entschlossen einfach umbringen, nur weil sie eine Ohrfeige bekommen hatte.

Als sie dann ins Kinderzimmer kam, mit einer Haribotüte in der Hand, was sehr selten vorkam um diese Uhrzeit, ist mir noch nichts aufgefallen an ihr. Erst als sie vor meinem Bett zusammengebrochen ist, erfaßte mich eine lähmende Angst, die ich heute noch nicht beschreiben kann. Nachdem ich meinen ersten Schock überwunden hatte, kniete ich mich neben meine Mutter und versuchte sie wachzurütteln, was mir natürlich nicht gelang. Kurz entschlossen rannte ich ins Wohnzimmer, wo mein Vater auf dem Sofa schlief und unüberhörbar schnarchte. Ich versuchte ihn wachzurütteln, was mir ebenfalls nicht gelang, da ihm der Alkohol zu stark ins Gehirn gestiegen sein muß. Dann vernahm ich das Weinen meiner Geschwister und ich ging zurück ins Kinderzimmer, dort zog ich Hose und Hemd und Schuhe an, so schnell ich konnte. Meine Hüfte schmerzte, trotzdem beschloß ich, zu meinen Großeltern zu laufen, was eine Entfernung von ungefähr 3 km war. Unterwegs fing ich an zu weinen, ich konnte es nicht zurückhalten, erstens wegen meiner Mutter, und weil die Schmerzen in meiner Hüfte durch das Rennen mittlerweile unerträglich wurden. Als ich dann gegen elf Uhr bei den Großeltern vor der Türe war und sturmläutete, war ich erschöpft und konnte fast nicht mehr sprechen. Ich versuchte meinen Großeltern klar zu machen, daß meine Mutter sterben müsse, wenn sie keinen Krankenwagen rufen täten. Am Anfang haben sie mir nicht geglaubt, aber nach ein paar Minuten kam es ihnen doch spanisch vor, daß ich um diese Zeit bei ihnen auftauchte. Sie fuhren mit mir dann in die Wohnung zurück, und als sie die Bescherung gesehen hatten, ging alles sehr schnell. Der Krankenwagen kam und transportierte meine Mutter ab. Ich fing wieder an zu schluchzen, und auf einmal stand mein Vater vor mir, es war mir rätselhaft wie er wach geworden ist, aber er fragte mich drohend, warum ich ihn nicht geweckt hätte. Darauf erwiderte ich, daß ich ihn geweckt habe, er aber nicht aufgestanden sei, sondern sich nur rumgedreht und weitergeschlafen habe. Wir fuhren zum Krankenhaus und erfuhren dort, als sich meine Großeltern erkundigt hatten, daß meine Mutter überleben würde und bald wieder gesund sei.

Auf einmal überfiel mich eine merkwürdige Müdigkeit, aber ich konnte nicht schlafen, weder im Auto noch zu Hause im Bett. Irgendwie war ich ein klein wenig stolz auf mich selber, meine Mutter gerettet zu haben. Nach drei Tagen war meine Mutter wieder zu Hause, und sie war überrascht, daß die Großeltern sich um uns gekümmert hatten, da mein Vater ja arbeiten mußte. Auf jeden Fall war die ganze Familie froh, daß unsere Mutter wieder zu Hause war. Ich sagte ihr, das darfst du nie wieder machen, und sie antwortete mir, es wäre besser gewesen, wenn sie gestorben wäre. Auf einmal hatte ich wieder dieselbe Angst, daß sie es noch einmal tun könnte. Aber sie tat es nicht mehr an diesem Tag und auch am nächsten nicht, mir kam es vor, als wenn sich meine Eltern jetzt besser vertragen täten. Meine Schmerzen in der Hüfte hatte ich immer noch, und als ich meinen Vater und meine Mutter darauf ansprach, nahmen sie keine Notiz davon.

Das Leben ging bei uns weiter wie gewohnt, nur daß meine Mutter nicht mehr arbeitete und den ganzen Tag zu Hause war. Eines Tages war mein Vater mal wieder stinkbesoffen, als er nach Hause kam. Es gab Streit, und mein Vater warf meiner Mutter eine Blumenvase nach, die an der Wand zerschellte, danach wollte er ihr einen Stuhl nachwerfen, aber beherrschte sich noch im letzten Moment und stellte ihn auf den Boden zurück. Warum sie sich immer öfters gestritten haben, wußte ich nicht und habe es bis heute nicht erfahren, und ich werde es auch jetzt nicht mehr erfahren. Eines Tages kam mein Vater zu mir und fragte, warum ich nicht richtig laufen täte, ich sagte ihm, daß ich Schmerzen in der Hüfte hätte. Er glaubte mir nicht, denn er war wieder unter Alkoholeinfluß, und sagte, ich soll mal im Korridor auf- und ablaufen, und wenn ich wieder hinken würde, würde er mir eine scheuern. Ich faßte meinen ganzen Mut zusammen und lief im Flur einmal auf und ab. Auf einmal spürte ich einen brennenden Schmerz in meinem Gesicht, mein Vater hatte mir wirklich eine geklebt, und er sagte zu mir, ich soll mich nicht wie ein Krüppel anstellen und es nochmal versuchen. Ich fing nicht an zu weinen, im Gegenteil, ich biß meine Zähne zusammen und ging den Flur auf und ab, und jedesmal wenn ich wieder vor meinem Vater stand, habe ich eine Ohrfeige bekommen. Mir tat das ganze Gesicht weh, da mein Vater nicht gerade schwach gebaut war, aber ich hatte immer noch keine Tränen in den Augen. Dann kam meine Mutter dazwischen, und ich stürzte in ihre Arme und fing an zu weinen. Eines weiß ich ganz genau: mit diesen Schlägen, die mir mein Vater an diesem Tag gegeben hatte, hatte er mir für immer eine Angst eingeflößt, und ich habe immer versucht, einen Bogen um ihn zu machen, wenn er besoffen war. Seit diesem Tage hielt ich bombenfest zu meiner Mutter.

Die Schmerzen in meiner Hüfte ließen nicht nach, und als ich immer stärker hinkte, ging meine Mutter mit mir zu unserem Hausarzt. Der wiederum konnte nichts machen und schickte uns zu einem Spezialisten. Wir mußten lange im Wartezimmer sitzen, bis wir dran kamen, aber schließlich war es soweit und wir wurden aufgerufen. Ich hatte ein klein wenig Angst bekommen als ich den Arzt sah. Als wir dann ins Behandlungszimmer gingen, und ich die ganzen Spritzen und Instrumente sah, fühlte ich mich gleich besser und wollte wieder nach Hause. Meine Mutter meinte darauf, daß wir jetzt schon hier wären, und meine Hüfte endlich untersucht wird, und daß nicht gekniffen wird.

Also begann die Untersuchung, und der Arzt fing an, an mir herumzuklopfen, was mir überhaupt nicht paßte. Kurz darauf sagte er zu mir, daß er meine Hüfte mal fotografieren wolle, und ich hatte nichts dagegen und mußte mich auf einen merkwürdigen metallenen Tisch legen. Erst ein paar Jahre später erfuhr ich, daß man mich geröntgt hatte. Nach dieser merkwürdigen Methode zu fotografieren, also für mich merkwürdig, durfte ich mich wieder anziehen, und meine Mutter und ich mußten im Wartezimmer warten. Nach einer halben Stunde wurden wir vom Arzt ins Behandlungszimmer gerufen, und er erklärte meiner Mutter irgendwas, was ich nicht verstand, denn solche Fremdwörter hatte ich mein Leben lang noch nicht gehört. Aber eins verstand ich, nämlich daß wir in zwei Tagen wieder hier erscheinen müssen, was mir natürlich gar nicht behagte, denn ich hatte für heute genug vom Arzt und seiner Fotografiererei. Zwei Tage später saßen wir wieder in dem kleinen, nach Arzt riechenden Wartezimmer, und ich hatte ein ungutes Gefühl im Magen, daß heute noch irgendwas passieren würde, und das Gefühl blieb, bis ich ins Behandlungszimmer ging, denn dort vergaß ich es vor lauter Aufregung. Der Arzt befahl mir, daß ich mich ausziehen und auf eine merkwürdige Art von Werkbank legen sollte. Es lagen eine Menge weißer Rollen herum, auch in einem Eimer mit Wasser lagen ein paar weiße Rollen, und noch allerhand anderes Gerümpel. Der Arzt meinte zu mir, er würde mich eingipsen, und ich war damit einverstanden, wenn es nicht weh täte. Daraufhin gipste mich der Arzt ein, und als er mit der ganzen Sache fertig war und ich sein Werk betrachtete, war ich weniger begeistert, denn mein ganzes linkes Bein und mein halbes rechtes Bein vom Knie ab aufwärts lag im Gips bis zu meinem Bauchnabel. Das einzige was frei war, war mein Pimmel und ein Stück vom Hintern, damit ich meine Geschäfte nicht in den Gips machen mußte, was mich natürlich ungemein beruhigte. Auf einmal bekam ich Tränen in den Augen, und ich wußte nicht einmal warum. Meine Mutter stand neben mir mit bekümmertem Gesicht und versuchte mich zu trösten, was ihr auch nach langem Hin und Her und vielen Versprechungen gelang. Kurz darauf, nachdem der Gips richtig hart war, kamen zwei Sanitäter in weißen Kitteln und mit einer Tragbahre zu mir an die ärztliche Werkbank und grinsten mich an, mir gelang es zurückzugrinsen und ich fragte mich, was die nun von mir wollten. Sie legten mich dann zu zweit auf die Tragbahre und deckten mich sorgfältig zu, wahrscheinlich damit ich mich nicht erkälte, was ja sowieso nicht mehr ging, da ich in eine ungeheure Gipsmenge verpackt war. Die zwei hoben darauf die Tragbahre an und brachten mich zwei Etagen tiefer auf die Straße und hievten mich in einen Krankenwagen. Als ich nun im Krankenwagen lag, gesellte sich meine Mutter zu mir und einer der Sanitäter, die Türen des Wagens schlossen sich. Ich hatte auf einmal gar keine Angst mehr, im Gegenteil, ich verspürte auf einmal einen kleinen Stolz in mir, daß ich bestimmt der erste war von unserer Schulklasse, der in einem Krankenwagen mitgefahren ist. Ich dachte, ich komme jetzt ins Krankenhaus, so wie es auch in Fernsehfilmen immer ist, wenn ein Krankenwagen auftaucht. Um so überraschter war ich, als der Wagen dann vor unserer eigenen Haustür hielt und die Türen wieder aufschwangen. Die Sanitäter trugen mich in unser Kinderzimmer, das wir zu dritt teilten, und legten mich auf mein Bett, und ich fühlte auf einmal in mir eine beglückende Seligkeit, daß ich wieder zu Hause war und nicht im Krankenhaus, wo alles so fremd sein würde und ich bestimmt ganz allein wäre. Als ich mich dann bei den Sanitätern bedankt hatte, genauso wie meine Mutter es gemacht hatte, verließen die Sanitäter uns, und wir waren alleine im Zimmer zurückgeblieben. Meine Mutter hatte irgendwie ein besorgtes Gesicht, und ich wollte den Versuch machen sie aufzumuntern, was mir aber nicht gelang. Auf einmal verspürte ich das dringende Gefühl nach menschlichen Bedürfnissen, und sagte es meiner Mutter. Ich war mir also echt nicht im klaren, wie ich die erledigen sollte, und war überrascht, als meine Mutter mit einem Topf (Bettpfanne) und einer Flasche zu mir hereinkam. Sie erzählte mir, sie habe das alles schon im voraus gekauft und daß es in der Beziehung keine Schwierigkeiten gäbe. Sie schob mir die Pfanne untern Hintern und hängte meinen Pimmel in diese komische Flasche, dabei genierte ich mich, und lief rot an im Gesicht. Das erkannte meine Mutter sofort und meinte, ich brauchte mich nicht zu schämen, und ließ mich allein, damit ich mein Geschäft erledigen konnte. Als ich fertig war, mußte ich sie wieder rufen, denn ich konnte ja nicht ewig auf dem Topf liegen bleiben, denn es fing langsam an zu stinken, und selber saubermachen, also den Hintern abwischen, konnte ich nun ja auch nicht. Als sie fertig war mit mir, und ich jetzt so total vergipst in meinem Bett lag, überkam mich eine hundsgemeine Müdigkeit, und ich schlief in wenigen Minuten fest ein.

Als ich wieder erwachte, saßen meine beiden kleinen Brüder neben mir und fragten mich, warum mich der Onkel Doktor einbetoniert hätte, worauf ich ihnen keine Antwort geben konnte. Als sie dann meinen Gips bewundert hatten, widmeten sie sich wieder ihrem Spiel, und ihre Neugier war befriedigt.

Am Abend kam dann der Vater von der Arbeit. Er kam zu mir ins Zimmer, und als ihm Mutter alles erklärt hatte, sagte er, wieso so eine verdammte Scheiße gerade unsere Familie treffen müsse. Er schaute meinen Gips an, und nach einer Weile fragte er, ob ich Fernsehen schauen wolle; ich bejahte seine Frage, und er trug mich ins Wohnzimmer vor den Fernsehapparat. Ich wartete die ganze Zeit, daß er sich für die Ohrfeigen entschuldigte, aber er tat es nicht, und so breitete sich in mir eine große Enttäuschung aus, denn ich konnte doch nichts dafür, daß ich krank wurde. Ich sagte auch nichts mehr, und stierte auf die Glotze, wie meine Mutter das Fernsehen nannte, und ich es mittlerweile von ihr übernommen hatte. Meine Mutter sagte dann zu mir, daß ich in diesem Gips fast zwei Monate liegen müsse und dann fahren wir wieder zum Arzt, und er macht mir den Gips ab. So vergingen dann diese verdammten zwei Monate mit dauerndem auf dem Rücken Liegen, da ich mich ja nur ein kleines Stück aufsetzen konnte. Mein Freund kam fast jeden Tag vorbei und brachte mir die Hausaufgaben aus der Schule mit, damit ich nicht verblöden täte, hat er gemeint. Ich versuchte sie so gut wie möglich zu erfüllen, und freute mich täglich darauf, daß mein Freund wieder kommen würde, aber nach drei Wochen kam er nicht mehr regelmäßig, und nach fünf Wochen kam er überhaupt nicht mehr.

So vergingen fast zwei Monate, eines Tages kamen dann wieder zwei Sanitäter, und es war wirklich eine Freude als ich sie sah, denn ich dachte, daß ich heute meinen Gips loswerde. Der Krankenwagen brachte mich wieder zu dem Knochenspezialisten, und sie legten mich wieder bei ihm auf seine elegante Werkbank, wie ich es immer nannte. Er kam zu mir, also der Arzt, und gab mir freundlich die Hand, und sagte zu mir, daß er mich jetzt aus dem Gipsbett sägen wolle. Als ich das Wort raussägen hörte, bekam ich einen wahnsinnigen Bammel, und mir lief gleich der Schweiß die Stirn runter. Der Arzt kam auch gleich mit der Säge, es war ein kleines Ding. Als er die Säge ansetzte, da dachte ich nur noch, daß er mir jetzt den Fuß absägen wird, aber das geschah nicht. Innerhalb kurzer Zeit hatte er die Gipsschale so sorgfältig ausgesägt, daß er sie nur noch wie eine Dose öffnen brauchte. Als er die Gipsschale öffnete, war ich fast zu Tode erschrocken, denn mein linkes Bein war viel dünner als mein rechtes, und als ich es anwinkeln wollte, durchzuckte mich ein wahnsinniger Schmerz, und der Arzt drückte mich gleich wieder in die Horizontallage. Er sagte nur, daß das Bein sich erst wieder daran gewöhnen müsse, und außerdem müsse er mich erst röntgen und nachschauen, ob meine Hüfte in Ordnung ist. Also wurde ich wieder auf den Fototisch verfrachtet und ließ mich mal wieder von neuem fotografieren, was mir auch nichts ausmachte, da es ja nicht weh tat. Nach einer Weile trugen mich seine Arztgehilfen wieder auf die noble Werkbank, und der Arzt kam zu mir herein und sagte in einem traurigen Ton zu mir, daß er mich nochmal eingipsen müsse, da die Hüfte noch nicht in Ordnung sei. In mir brach meine ganze Hoffnung zusammen und ich bekam Tränen in den Augen, die mir auch ein paar Minuten später die Wange runterliefen. Auf einmal konnte ich den Arzt nicht mehr sehen, am liebsten hätte ich ihn verhauen, aber dazu war ich zu klein, und außerdem hätte meine Mutter etwas dagegen gehabt, und so beschränkte ich mich darauf, gar nichts zu tun und zu sagen, sondern mit mir alles geschehen zu lassen. Mir war in diesem Moment alles egal, und wenn der Arzt mich umgebracht hätte, wäre mir das gerade recht gewesen. Leider hat er mir keine Betäubung gegeben als er mich eingipste, und so wurde mein Zorn von Gipsbinde zu Gipsbinde größer, so daß ich zum Schluß, besser gesagt fast zum Schluß, dem Arzt nur ein Wort ins Gesicht brüllte, nämlich Kinderquäler, worauf mir meine Mutter gleich mit der flachen Hand über mein loses Mundwerk fuhr. Ich fing an zu schluchzen und beruhigte mich erst im Krankenwagen auf dem Weg nach Hause, auf dieser elenden rumtragbaren Pritsche. Naja, der Arzt hat gemeint, daß ich in vielleicht sechs Wochen den Gips losbekäme, aber ich wußte jetzt schon, daß er mich anlog, und ich redete mir schon selber ein, daß ich nie wieder laufen könnte und ewig ein Krüppel bleiben werde, der immer im Gips und in seinem Bett liegen muß.

Ich verfluchte den schneeweißen neuen Gips und den Arzt. Mir kamen die Tage endlos vor, und ich wurde von Tag zu Tag nervöser. Nichts passierte, jeden Tag derselbe Trott, und wenn Verwandte oder Bekannte kamen, bemitleideten sie mich so, daß ich sie, also die Besucher, ab und zu sogar anpflaumte. Meine Mutter fand das zwar gar nicht gut, glaube ich, denn ich sah es an ihrem Gesicht, und sie brauchte mir gar nichts zu sagen. Ich glaube, sie verstand mich aber in der Beziehung, und deswegen sagte sie auch nichts.

Eines Tages aber gab es wirklich Ramba Zamba in der Bude, und ich wurde da genauso in Mitleidenschaft gezogen wie meine Brüder.

Meine Brüder kamen von draußen, also vom Spielen nach Hause. Als sie im Kinderzimmer waren, stellte Mutter fest, daß sie irgendwie blaß aussehen täten, und so betrachtete sie meine Brüder genauer.

Sie fing an zu schnuppern und stellte fest, daß sie nach Zigarettenrauch stänken. Sie meinte, sie sollen sie mal anhauchen, was die zwei ehrfürchtig machten, worauf Mutter auch zornrot anlief und die zwei hysterisch anschrie, und von ihnen wissen wollte, ob sie geraucht hätten, wobei die zwei gleich mit einem lauten Ja antworteten und gar nicht den Versuch gemacht hatten, sie anzulügen. Mutter schrie, jetzt setze es eine Tracht Prügel, und die zwei Kleinen fingen gleich an zu weinen. Meine Mutter ging ins Schlafzimmer und kam mit einem breiten Hosengürtel von meinem Vater zurück, und wir Brüder wußten alle drei, was die Stunde geschlagen hatte. Sie nahm den Gürtel doppelt und forderte meine Brüder auf, sich über den Stuhl zu legen, was sie auch taten und dabei weinten, als hätten sie die Tracht Prügel schon hinter sich. Meine Mutter schlug zu, immer auf die Hintern meiner Brüder und immer abwechselnd, und das Geschrei meiner Brüder wurde immer lauter, bis ich es nicht mehr hören konnte, und Mutter anschrie, sie solle endlich aufhören, das sei genug. Sie drehte sich um, hob den Gürtel blitzschnell und zog ihn mir quer durchs Gesicht über den Mund. Ich spürte auf einmal den stechenden Schmerz in meinem Gesicht und spürte das leicht süßliche Blut in meinem Mund, aber ich war zu keinem Wort mehr fähig, sondern nur noch überrascht. Sie zielte noch zwei Schläge über die Hintern meiner Brüder ab und hörte dann auf zu schlagen. Darauf drehte sie sich zu mir und sagte, sie bestrafe ihre Kinder wie sie wolle und ich habe dabei die Schnauze zu halten, und beim nächsten Mal bleibt es nicht bei einem Schlag, dann tät ich die Hucke vollkriegen, daß ich mindestens zehn Tage meinen Arsch nicht mehr spüren täte. Ich nickte nur und war tödlich beleidigt, und habe mir geschworen, nicht mehr mit ihr zu sprechen, was ich natürlich nicht gehalten habe, denn nach einer Stunde mußte ich unbedingt, und ich mußte sie rufen und bitten, damit sie mir hilft.

Die Tage vergingen und meine Langeweile wurde immer größer, und so fing ich an zu malen, was meine Mutter für eine sinnvolle Freizeitbeschäftigung hielt. Aber eines Tages fand sie es nicht mehr so sinnvoll, nämlich als ich aus Versehen das Tuschfläschchen umgestoßen habe, und die ganze Tusche ins Bett gelaufen ist.

Ich rief meine Mutter und wollte ihr das schonend beibringen, was mir aber nicht gelang. Sie schrie mich an, nachdem sie den riesigen Tuschfleck im Bett gesehen hatte. »Du dämlicher Krüppel, wie hast du das wieder fertiggebracht, du bist ja zu nichts fähig«, und gab mir dann ein paar schallende Ohrfeigen und nahm mir mein Malzeug weg, und sagte: »Ab jetzt ist Schluß mit dem Unsinn.« Ich erwiderte gar nichts, sondern blieb reglos im Bett liegen und versuchte die Ohrfeigen zu vergessen. Am Abend kam dann Pappa nach Hause, setzte sich neben mein Bett und fragte, was ich denn da heute angestellt habe? Also wußte ich gleich, daß Mutter es ihm gesagt hat, das mit dem Tuschfleck. Ich sagte Pappa alles, was passiert ist, und verschwieg dabei bewußt die Ohrfeigen. Pappa meinte, das sei doch gar nicht so schlimm und strich mir sanft übers Haar, und lächelte mich an, dabei kniff er ein Auge zu und ich wußte, daß es so gemeint war, wie er es sagte. Ab diesem Tage war die Welt zwischen Pappa und mir wieder in Ordnung. Darauf trug er mich ins Wohnzimmer, und wir schauten Fernsehen, wobei er eingenickt war. Als ich dann abends im Bett war und nicht einschlafen konnte, hörte ich laute Stimmen aus dem Wohnzimmer und versuchte darauf, angestrengt zu lauschen. Die Stimmen waren unverkennbar, es waren Mutti und Pappa, sie stritten mal wieder, bloß machten sie immer einen Fehler, sie ließen aus Versehen wahrscheinlich die Tür einen Spalt breit auf. Um was sie stritten, habe ich nicht mitbekommen, aber ich bekam plötzlich einen merkwürdigen Kloß im Hals und mir kamen die verrücktesten Gedanken. Was ist, wenn Mutti wieder Schlaftabletten schluckt, es ist ja keiner da, der ihr diesmal helfen kann, oder wenn Pappa sie schlägt, was soll ich da tun. Oder wenn einer von beiden davonläuft, sind wir ja alleine. Mir kamen Tränen, aber kurz darauf muß ich auch schon eingeschlafen sein, denn der ganze Tag hat mich angestrengt, und das Fernsehen hat wahrscheinlich seinen Rest dazu beigetragen.

Am nächsten Morgen schien der Tag wieder in Ordnung zu sein als ich aufwachte. Ich hörte das mittlerweile vertraute Geschirrklappern, und meine Geschwister, die schon am frühen Morgen herumtollten. Ich hatte gleich als ich aufwachte an den gestrigen Abend gedacht, und meinte, es sei wieder alles in Ordnung.

Mutti kam mit dem Frühstück ins Zimmer, und ich wünschte ihr einen guten Morgen, aber sie erwiderte nichts, sondern drehte sich um und ging wieder aus dem Zimmer. Das machte mich natürlich stutzig, und ich fragte: »Mutti, was ist denn heute los mit dir?« »Laß mich in Ruhe, wegen dir habe ich schon genug Ärger am Hals, und das von gestern abend werd ich dir so schnell nicht vergessen«, und darauf ging sie aus dem Zimmer.

Ich starrte auf das Frühstück und hatte auf einmal keinen Hunger mehr. Ich fragte mich, was ich gestern abend nur angestellt haben mochte, und mir fiel nichts ein, ich habe doch nur Fernseh geschaut und bin dann später, als Pappa aufwachte, von ihm ins Bett zurückgetragen worden. Ich überlegte und überlegte, aber ich kam nicht auf des Rätsels Lösung. Aber daß ich noch darauf kommen sollte, stellte sich genau eine halbe Stunde später raus.

Mutti kam ins Zimmer, um wahrscheinlich das Frühstücksgeschirr zu holen, aber ich habe das Frühstück gar nicht angerührt, und so stand es noch genau wie vorher auf dem Tischchen neben dem Bett.

Sie schaute mich an und dann auf das nicht angerührte Frühstück. Dann sagte sie zu mir in einem ganz gehässigen Ton: »Bin ich dir nicht gut genug, um das Frühstück zu machen, oder muß es dir ab jetzt dein Vater machen, dem erzählst du ja sowieso alles, was ich mache, das hat sich ja gestern mit der Tusche mal wieder gezeigt. Du bist ja sowieso sein Lieblingssohn, aber ich werde dir noch helfen und zeigen, wie dein Vater ist.«

Ich lag mit geöffnetem Mund im Bett, und wußte nicht genau, was ich sagen sollte, und als ich sie fragen wollte, ob sie deswegen, also wegen der Tusche gestern abend gestritten hätten, sagte sie, bevor ich noch zu Wort kam: »Das was ich dir jetzt gesagt habe, kannst du ihm ja heute abend gleich wieder erzählen, dann kannst du dich heute abend freuen, wenn wir uns wieder streiten wegen dir, ich erzähle es dir dann, damit du dich freuen kannst, über deine Hetzerei.« Das war alles, sie drehte sich auf dem Absatz herum und verließ das Zimmer, mit dem unangerührten Frühstück. So, jetzt weiß ich endlich, warum sie gestritten haben, aber jetzt war mir überhaupt nicht mehr wohl in meiner Haut, denn ich wußte nicht mehr, was ich machen sollte. Warum haben die zwei jetzt bloß so ein Theater gemacht, ich habe doch Pappa die Ohrfeigen verschwiegen. Naja, nach langem Überlegen bin ich dann dazu gekommen, daß ich Pappa mit solchen Sachen nicht mehr unterhalte, damit erstens Mutti und Pappa nicht mehr streiten, und zweitens ich dann hinterher keinen Ärger mehr habe mit Mutti. Ich lag den ganzen Vormittag im Zimmer ohne daß Mutti mal nach mir geschaut hätte. Als sie dann das Mittagessen brachte, sprach sie kein Wort mit mir und zog eine Miene dahin, daß ich es für besser fand, lieber auch nichts zu sagen, außer wenn ich was brauchte, und Bitte und Danke, das war auch wirklich alles was gesprochen wurde.

Am Abend kam Pappa nach Hause und fragte mich wie es mir geht, und ich versicherte ihm, daß es mir gut geht. Als dann noch Mutti ins Zimmer kam, war sie auf einmal freundlich, und sprach wieder mit mir, und ich dachte schon, ihr Zorn sei verflogen, was sich dann am nächsten Tag als falsch rausstellte. Am nächsten Morgen war sie genauso grimmig wie am Tag vorher, und das trieb mich manchmal fast zur Verzweiflung. Am Tage, wenn Pappa nicht da war, war sie grimmig, und abends, wenn er da war, war sie die freundlichste und hilfsbereiteste Person, die es überhaupt auf der Welt gibt. Das ging fast zwei Wochen so, und mittlerweile stellte ich fest, daß meine Mutter so falsch sein kann wie die Nacht dunkel ist. Als sich ihr Zorn wieder gelegt hatte, war ich echt froh, und hatte wieder eine Lektion dazugelernt.

Trotzdem ich Pappa nichts mehr erzählte von unseren Streitigkeiten, oder besser gesagt Muttis Angriffen »auf Pappas Liebling«, also mich, stritten sie noch, und manchmal hatte ich regelrecht Angst, es sei wegen mir, obwohl ich nie mehr in dieser Beziehung etwas zu Pappa gesagt hatte, und außerdem hatte ich Angst, daß Mutti sich nochmal etwas antun könnte. So vergingen die letzten Wochen, und ich sollte wieder zum Arzt in die Stadt fahren, natürlich mit dem Krankenwagen. Ich sehnte mich so nach dem Tag, daß ich mir das Datum auf den Gips schrieb, denn ich versprach mir viel von diesem Besuch, und daß ich endlich den Gips wegbekomme und auch noch daß ich vielleicht wieder laufen könnte.

Dann war es endlich soweit, der Arztbesuch war für heute angemeldet, und mir war es egal, ob mich der Arzt nun röntgen oder mit seiner Spezialsäge in die Haut ritzen täte, Hauptsache der Gips kommt heute weg, das war der einzigste Gedanke, der für mich interessant war. Der Krankenwagen kam pünktlich, und zufällig waren es dieselben Sanitäter wie letztes Mal, und der eine sagte zu mir: »So mein Junge, heute macht er dir bestimmt den Gips weg, und du wirst bald wieder rumspringen wie früher.« »Ja, das wäre schön«, antwortete ich, und freute mich im geheimen schon. Na wenn der Sanitäter schon sagt, ich bekomme den Gips weg, dann muß der Arzt mir heute den Gips abnehmen. Nach einer halben Stunde lag ich wieder auf der ärztlichen Werkbank, und der Arzt kam zu mir herein.

»Nun Kleiner, wie geht es uns denn heute, wir haben uns ja schon eine ganze Weile nicht mehr gesehen«, sagte er, mit einem Anflug von Lächeln auf seinem Gesicht. »Gut, nur der Gips stört mich so wahnsinnig«, sagte ich und lächelte diesmal auch ein wenig.

Er ging dann aus seinem Gipserzimmer und kam ein paar Minuten später wieder mit einem Schnellhefter herein. Er legte ihn auf einen freien Tisch und sagte: »Dann wollen wir mal an die Arbeit gehen und dir deinen lästigen Gips abnehmen.« Ich wäre vor Freude am liebsten bis an die Decke gesprungen, aber ich konnte ja nicht, da ich noch im Gipsbett lag. Er nahm seine spezielle Gipssäge, schloß sie an der Steckdose an, und ließ sie anlaufen und kam dann zu dem Tisch, auf dem ich lag. »So dann wollen wir mal«, sagte er, und ich freute mich wie ein Schneekönig.

Während er mir den Gips aufsägte, malte ich mir schon aus, was ich machen täte, wenn ich nachher wieder auf die Straße dürfte. Erst täte ich mal spazieren gehen, und dann zu meinen alten Schulfreunden und vor ihnen hinstehen und sagen, da bin ich wieder, ich bin wieder vollkommen gesund, und jetzt können wir ja wieder zusammen in die Schule gehen, und auf dem Schulhof »Fangen« spielen, und ich will der Sieger sein, da ich der Schnellste war, und immer noch bin, und jetzt werde ich es noch beweisen, und dann spielen wir »Fangen«, bis die Schulglocke läutete und wir wieder ins Klassenzimmer mußten.

Mittlerweile war der Arzt auch fertig mit seiner Sägearbeit und sprach mich an, und dabei riß er mich aus meinen Gedanken, und ich fragte »Wie bitte«, da ich ihn nicht verstanden habe, oder besser gesagt es nicht mitbekommen habe, da ich ja wo ganz anders war.

»Wir sind fertig, versuche dich mal ganz aufzurichten, also hinsetzen, sagte ich«, wiederholte er. Ich versuchte mich aufzurichten, was mir auch sofort gelang, und ich freute mich, daß es mir keine Schwierigkeiten bereitete, und dachte sofort, daß es mit dem Laufen auch nicht schwieriger sein würde, und so lautete auch gleich meine nächste Frage: »Darf ich jetzt versuchen zu laufen?« »Nein, wir müssen dich röntgen und dann werden wir weitersehen«, sagte er.

Man brachte mich wieder auf den Röntgentisch und bereitete alles für die Röntgenaufnahmen vor. Nachdem diese erledigt waren, brachte man mich in eine Art Wartezimmer, wo eine Liege drinnen stand, und zwei oder drei Stühle, ein Rollstuhl, und noch ein paar andere Geräte. Dort wartete ich fast eine halbe Stunde, als der Arzt wieder zu mir kam und mich nochmal genau untersuchen wollte, also besser gesagt, abtasten. Ich lag erwartungsvoll auf der fahrbaren Liege, als er eintrat. »So mein Junge, jetzt will ich dich noch mal ein bißchen untersuchen, bis die Röntgenaufnahmen fertig sind, wir sind damit gleich fertig, und dann werden wir sehen, was wir mit dir weiter machen«, sagte er, so richtig routinemäßig.

Er stellte sich vor die Liege und winkelte mein Bein, also das linke, das ganz im Gips gelegen ist, an und sagte: »Wenn es anfängt weh zu tun, dann sag es.« Er hatte es nur leicht angewinkelt, als ich schon aufschrie: »Au! Das tut schon weh.« Er nickte und legte das Bein wieder kerzengerade auf die Liege. Dann tastete er mein Becken ab und fragte mich öfters, ob mir das und das oder das weh täte, worauf ich immer verneinte, da es mir ja wirklich nicht weh tat. Als er fertig war, ging er hinaus und kam gleich darauf wieder herein.

»So Kleiner, laufen darfst du noch nicht, aber du wirst die nächsten vier Wochen im Rollstuhl verbringen und nicht auftreten auf den linken Fuß, und dann kommst du wieder zu mir, und wir werden weitersehen«, sagte er, und rümpfte dabei die Nase. »Hast du mich verstanden?« fragte er, worauf ich gleich antwortete: »Ja.« Ich war nicht einmal so enttäuscht, als er mir sagte, ich darf noch nicht laufen, aber ich war heilfroh, daß er mich nicht wieder eingegipst hatte, und ich vermied es total, von Gips zu sprechen, damit er es sich nicht wieder anders überlegte und mich dann doch noch einbetonieren tut.

»Jetzt kannst du dir die Hosen anziehen, und ich schicke dir gleich deine Mutti und eine von meinen Helferinnen, die dir beim Anziehen helfen werden, und vergiß nicht, ja nicht auf den kranken Fuß auftreten, nur versuchen ihn ein klein wenig anzuwinkeln, damit du ihn nicht immer kerzengerade halten mußt, alles o.k.?«, fragte er dann noch, und ich versicherte ihm: »Ja, ich habe alles verstanden.«

Dann kamen Mutti und eine andere Frau, die die Arztgehilfin sein mußte, ins Zimmer, und halfen mir beim Anziehen. Auf einmal waren die zwei Sanitäter wieder da und sagten: »Heute fahren wir dich das letzte Mal nach Hause.« Einer nahm mich auf den Arm und trug mich hinaus, und unterwegs zum Krankenwagen verabschiedete ich mich vom Arzt, der mir zum Schluß noch zuwinkte und lächelte.

Als wir wieder zu Hause waren, und ich im Wohnzimmer saß, fühlte ich mich irgendwie besser als die ganzen letzten Wochen und freute mich wie ein Schneekönig über den losgewordenen Gips.

Nach zehn Minuten kam Mutti mit einem fahrbaren Stuhl ins Zimmer und sagte: »Der ist gerade für dich abgegeben worden, das ist jetzt dein Rollstuhl für die nächsten paar Wochen.« Ich schaute das komische Gefährt an. Es war ziemlich groß, hatte zwei Griffe an kurzen Stangen, die sich beim Fahren bewegten.

So vom Aussehen war mir der Rollstuhl gleich sympathisch. Ich setzte mich in den Rollstuhl und bewegte die Hebel, beide Vordrücken und dann nach hinten Ziehen, und der Stuhl bewegte sich kerzengerade nach vorn. Wenn man die Hebel jetzt einen nach vorn und einen nach hinten bewegte, konnte man auch Kurven fahren. Ich probierte also meine Neueroberung gleich aus und fuhr im Hof an den Garagen, die dort waren, ganz vorsichtig hin und her.

Nach zwei Tagen hatte ich mich daran gewöhnt, mit dem Rollstuhl durch die Gegend zu kurven, was mir natürlich mehr Spaß machte, als im Bett zu liegen mit einem Haufen Gips am Körper. Die Nachbarn schauten alle ganz dumm, als sie mich täglich im Rollstuhl sahen, den Erwachsenen tat es wahrscheinlich leid, und einigen von den Kindern ebenfalls. Aber wir hatten auch Nachbarkinder, die das sehr lustig fanden, da sie mich immer auslachten und mich mit ein paar nicht gerade angenehmen Schimpfwörtern bombardierten.

Eines Nachmittags fuhr ich mal wieder im Hof an den Garagen und den Terrassen über uns spazieren, damit ich frische Luft schnappen konnte und nicht den ganzen Tag in der Wohnung sitzen mußte, als plötzlich eines der Nachbarkinder auf mich zukam. Sie hieß Susanne und hatte noch fünf Geschwister, aber sie war durchtrieben, frech, unhöflich und hatte immer die größte Schnauze, wenn man das überhaupt noch Schnauze nennen kann, auf jeden Fall war es am besten davonzulaufen und nicht hinzuhören, wenn sie lossschimpfte, da man sonst alle Schandtaten von ihr an den Kopf geworfen bekommt. Also sie kam auf mich zu und musterte mich von Kopf bis Fuß, und fragte mich dann: »Darf ich mal mit dem Rollstuhl fahren?« »Nein«, antwortete ich kurz und bündig. »Ja warum denn nicht?« »Ganz einfach, weil ich nicht aus dem Rollstuhl darf und zweitens weil ich nicht laufen kann und drittens mir meine Eltern verboten haben, ihn auszuleihen, damit andere damit spielen können, und weil es nicht unser eigener ist, da er von der Krankenkasse gestellt worden ist.«

Sie fing an, um mich herumzulaufen und mich mit ein paar

gesalzenen Schimpfwörtern zu betiteln. »Du Eierkopf, Krüppel, kranker Idiot, Geizhals!«, alles was ihr gerade so einfiel.

Da drehte ich mich einmal im Kreis und fuhr direkt auf sie zu und brüllte lautstark: »Du dumme Gans, ich wäre froh an deiner Stelle, wenn ich es nicht hätte, du fieses Aas!«, und noch ein paar Schimpfwörter fielen mir ein, worauf sie panisch die Flucht ergriff.

Am nächsten Tag fuhr ich wieder im Hof, und da stand sie auf der Terrasse mit drei ihrer Geschwister und schaute zu mir herunter, und ich zu ihnen herauf. Da fragte sie mich: »Was gibt es denn so dämlich zu glotzen, du Affe im Rollstuhl?« Natürlich nahm ich das nicht gleich wörtlich, und schaute wieder über den Hof, wo meine Geschwister, also meine Brüder besser gesagt, im Sandkasten buddelten und Murmeln spielten.

Auf einmal fingen sie an, von oben von der Terrasse auf meinen Kopf zu spucken, und sie trafen auch nicht schlecht, also mußten sie einige Übung darin haben. Als ich dann lange genug in ihrer Schußlinie stand, fuhr ich so schnell wie möglich unter die Vorbauten der Terrassen, so daß sie mich nicht mehr sehen konnten und mich auch nicht mehr anspucken. Als ich dann in Sicherheit unter den Vorbauten war, fing ich an, mich maßlos aufzuregen, und schrie von unten rauf einige ganz gewaltige Schimpfwörter. Dabei muß die Mutter der Engelchen, so wie sie sie immer nannte, auf die Terrasse gekommen sein und mußte mich da unten schimpfen hören, was ihr ja gar nicht gepaßt haben muß. Als ich fertig war mit meiner Schimpfwortkanonade, fuhr ich zum Haupteingang und klingelte, daß mir jemand zu Hilfe kommt, damit ich wieder in die Wohnung komme, da ich es allein nicht schaffen konnte, da ca. neun Stufen dazwischen waren. Mutti kam dann raus und half mir in die Wohnung. Dort fuhr ich gleich ins Bad und wusch mir das Gesicht und die Haare, und da ich sowieso kurze Haare hatte, waren sie auch schnell wieder trocken. Dann fuhr ich ins Wohnzimmer und schaute meiner Mutter zu, wie sie Daniela fütterte. Ich wollte ihr an und für sich sagen, was gerade vorgefallen war, aber dann hielt ich es doch für besser nichts zu sagen, aus Angst, daß ich selber ein paar

Ohrfeigen kassieren würde, wegen meiner Schimpfworte, die ich selbst abgefeuert hatte, und was ja auch bei uns verboten war, mit solchen Ausdrücken rumzuwerfen. Kurz nach fünf kam dann Pappa von der Arbeit nach Hause und er schien heute sehr gut gelaunt zu sein, denn er sang leise vor sich hin. Nach dem Abendessen, als alle im Wohnzimmer vor dem Fernsehen saßen, klingelte es auf einmal an der Haustür und Pappa und Mutti schauten sich fragend an, was das wohl sein könnte. Pappa stellte sein Bier auf den Tisch und ging dann auf die Haustüre zu und schaute durch den Spion. Er drehte sich dann um und sagte zu Mutti, es ist die Nachbarin Frau Meier von nebenan, was will die denn hier um die Zeit, die kommt doch sonst auch nicht. In mir stieg eine Ahnung auf, und ich dachte gleich an meine Schimpfworte, die ich losgelassen hatte, und jetzt ist sie gekommen um sich zu beschweren. Pappa öffnete die Tür und begrüßte sie ganz höflich und bat sie dann, sie möchte doch bitte eintreten, was sie auch dann tat, und gleich anfing mit meinem Vater zu sprechen.

»Ihr Sohn ist unmöglich, Herr Mertens, er hat heute meine Tochter beschimpft, mit Ausdrücken, die nicht mehr menschenwürdig sind, so etwas gibt es ja nicht einmal in den Slums von Amerika.«

»Ja warum hat er denn das getan und wie hat sich das überhaupt abgespielt?« fragte mein Vater.

»Meine Töchter sind auf der Terrasse gestanden und haben auf Ihren Sohn heruntergeschaut, und als er das gesehen hat, fing er an, sie mit Schimpfwörtern zu betiteln, als er damit anfing kam ich gerade auf die Terrasse und schickte meine Töchter gleich wieder in die Stube, damit sie das nicht mit anhören mußten, ich will mir ja meine Töchter nicht versauen lassen.«

Mein Vater schaute sie prüfend an und schaute dann zu mir herüber und fragte: »Fritz, ist das richtig, was Frau Meier da sagt, und wenn, warum hast du das getan?« Im ersten Moment bekam ich keinen Ton heraus, aber dann, als ich mich unter Kontrolle hatte, sagte ich mit leiser Stimme: »Nun Pappa, ganz so wie es Frau Meier sagt, war es nicht, und ohne Grund schimpfe ich nicht auf andere Leute oder Kinder.« Und dann schilderte ich genau, was passiert ist, und mein Vater wurde von Wort zu Wort, das ich sprach, roter im Gesicht, und drehte sich dann zu Frau Meier. »Was haben Sie dazu zu sagen, Frau Meier. Sie haben also doch nicht alles mitbekommen?« »Das ist eine Lüge, Herr Mertens, was Ihr Sohn da erzählt, unsere Töchter lügen nicht, sowas täten sie niemals.« »Also dann holen Sie doch mal Ihre Töchter und ich werde sie fragen.« Sie stürzte in ihre Wohnung nebenan und kam nach ein paar Minuten mit ihren Mädchen wieder, und mein Vater fragte die drittälteste, was da los war, denn von den beiden ältesten hätte er sowieso nicht die Wahrheit erfahren, da sie immer lügen, daß sich die Balken biegen.

Die Kleine schaute meinem Vater genau in die Augen, und nach einem kurzen Moment fing sie an zu schluchzen, fiel ihrer Mutter in die Arme und sagte: »Susanne hat gesagt, ich darf nichts verraten, sonst kriegen wir alle ne Tracht Prügel und ich noch eine extra von Susanne, aber ich habe nicht ein einzigesmal getroffen, als wir von der Terrasse spuckten.« Das langte meinem Vater, und er wandte sich an Frau Meier. »Also dann wäre der Fall ja erledigt, und ich täte Ihnen empfehlen, Ihre Töchter besser im Zaum zu halten und sie dazu zu bringen, sie nicht mehr anzulügen, damit nicht mehr solche Mißverständnisse auftreten. Wollen Sie noch ein Glas Wein mit uns trinken, wir nehmen es niemandem übel.« Frau Meier kam auf mich zu, und entschuldigte sich bei mir, mit hochrotem Kopf, und ihre Töchter ebenfalls, dann schlug sie das angebotene Glas Wein aus und verschwand mit ihrer Sippschaft wieder aus unserer Wohnung.

Mann, hatte ich am Anfang Bammel gehabt, daß ich wegen meiner Schimpfwörter eine Tracht Prügel abbekommen tät. Pappa kam zu mir und kniete vor dem Rollstuhl hin und sagte dann zu mir: »Das, was die getan haben, war nicht richtig, aber ich muß dir auch eine Rüge erteilen, mit solchen Schimpfwörtern wirfst du mir nicht mehr rum, das nächstemal kommst du gleich nach Hause und erzählst alles, ohne zu lügen, wie es die jetzt getan haben, von Anfang an, und dann werden wir, also Mutti und ich, das Problem in die Hand nehmen und alles regeln. Haben wir uns verstanden?«

»Ja«, sagte ich und nickte mit dem Kopf.

Pappa stand auf und strich mir flüchtig mit der Hand über die Haare, und sagte dabei: »Dann ist ja alles wieder in Ordnung, und jetzt will ich die Nachrichten anschauen!«

Ich freute mich im geheimen und wünschte mir das erstemal, daß die Nachbarkinder heute endlich mal den Frack vollbekommen, damit es ihnen mal eine Lehre ist, und sie mich in Zukunft in Ruhe lassen.

Am nächsten Tag betrachteten mich die Nachbarkinder ziemlich schräg, aber ich wußte immer noch nicht, ob sie jetzt endlich ihre Tracht bekommen haben, aber sie hänselten und ärgerten mich an diesem Tag nicht, und ich war froh darüber.

Aber ein paar Tage später ging es wieder los, doch ich sagte nichts, ich leistete keine Gegenwehr mit Schimpfwörtern und erzählte zu Hause meinen Eltern davon auch nichts, ich war schon zufrieden, daß sie mich nicht mehr anspuckten, und so versuchte ich ihnen nur aus dem Weg zu gehen, damit ich nicht mehr in ihre Schußlinie kam, das genügte mir voll und ganz, und so beschäftigte ich mich immer alleine, da ich ja mit keinem sonst sprechen konnte, weil mir immer der Rollstuhl im Weg war.

Die Wochen im Rollstuhl vergingen schnell, und ich gewöhnte mich so an den Stuhl, daß ich gar nicht mehr an das Laufen dachte, und da ich mich noch ab und zu mit meinen Schulbüchern befaßte, verblödete ich auch nicht ganz und war einigermaßen zufrieden mit meinem jetzigen Leben. Nur ab und zu dachte ich noch daran, mal wieder laufen zu können, aber die Gedanken sind schnell wieder verflogen. Pappa und Mutti stritten immer noch miteinander, und mir kam es vor, als wenn Pappa jetzt in letzter Zeit mehr Alkohol trank, als jemals zuvor, wo ich es mitbekommen habe. Aber darüber machte ich mir nicht mehr viele Sorgen, denn ich hatte mich an die Streitereien gewöhnt, und da meine Mutter keinen Selbstmordversuch machte, war für mich das selbstverständlich nach einer Weile, denn meine Geschwister zankten ja auch oft miteinander, und es sind ja nicht nur Kinder die zanken, vielleicht war das ja auch bei Erwachsenen normal. Also Sorgen waren es keine mehr für mich.

Heute stand wieder der Arztbesuch in der Stadt bevor, und da ich immer meine Beingymnastik gemacht habe und mein Bein immer genug massiert habe und da ich es jetzt genug anwinkeln konnte, ohne daß es weh tat, mußte ich ja heute wieder laufen dürfen. Bei dem Gedanken wurde ich gleich nervös, und mein Herz schlug schneller.

Pappa hatte freigenommen von seiner Arbeit, damit er mich in die Stadt fahren konnte, was mich sehr freute, denn wenn ich mit Pappa in die Stadt fuhr, bekam ich immer ein Eis von der Eisdiele, und wir saßen dann im Auto und schlotzten gemütlich unser Eis. Pappa verfrachtete mich ins Auto und legte den Rollstuhl zusammen, verstaute ihn im Kofferraum und schwang sich gleich darauf hinters Lenkrad. Er steckte den Schlüssel ins Zündschloß, schaute mich an und fragte: »Na, mein Sohn, bist du nervös? Vielleicht darfst du heute schon wieder richtig laufen. Wenn du wieder laufen kannst, dann fahren wir nach Basel in den Zoo und bleiben dort einen ganzen Tag.« »Oh fein«, entgegnete ich und erinnerte mich, daß ich schon mal in einem Zoo war, nur wann und wo das war, daran konnte ich mich beim besten Willen nicht mehr erinnern. Pappa drehte den Zündschlüssel herum, und der Wagen sprang gleich an. Pappa war ein guter Fahrer, nur wenn er in der Stadt fuhr und es ihm nicht schnell genug ging, regte er sich immer maßlos auf, was ich natürlich nicht verstand. Wenn er dann immer aufs Lenkrad klopfte und ein paar fluchende Worte losstieß, mußte ich immer grinsen, da er es mir ja verbot, und er selber schimpft dann ziemlich oft in meiner Gegenwart. »Pappa, man darf doch nicht fluchen, hast du gesagt.«

»Ja, da hast du recht mein Kleiner, das darf man nicht, und ich selber darf auch nicht fluchen, jaja, da muß ich dir recht geben«, entgegnete mein Pappa. Aber kaum hatte er das letzte Wort gesprochen, da fluchte er schon wieder. »Himmel, Arsch und

Wolkenbruch, diese verdammten Sonntagsfahrer, die ganze Woche furzen sie in ihren Bürosesseln rum, und wenn sie nach Hause fahren, halten sie den ganzen Verkehr auf, und sonntags ist es noch schlimmer.« Als er ruhig war, räusperte ich mich und er blickte zu mir herüber, lächelte mich verlegen an, klopfte mir kurz auf die Schulter und meinte dann: »Na ja, mein Junge, du hast bei mir einmal fluchen gut, aber du darfst Mutti davon nichts sagen.«

»Ja Pappa, das geht schon klar, abgemacht ist abgemacht«, entgegnete ich.

»Du wirst ja jetzt schon zum Geschäftsmann, die sagen auch immer abgemacht ist abgemacht«, sagte Pappa, und im geheimen freute ich mich, daß er so mit mir reden tut, als wenn ich ein Freund für ihn wär und nicht sein Sohn, und das Verhältnis zu meinem Vater wurde besser in der letzten Zeit, stellte ich fest.

Nun waren wir bei der Arztpraxis angelangt, und Pappa schaute erwartungsvoll das Haus hinauf und zwinkerte mir dann mit einem Auge zu. »Na, dann wollen wir mal in die Höhle des Löwen gehen«, sagte er und schwang sich aus dem Auto, ging auf die andere Seite und öffnete bei mir die Wagentür. Er nahm mich auf den Arm, und plötzlich sprach ein Fremder meinen Pappa an.

»Darf ich ihnen helfen?« »Ja, sie können mir mal den Wagen zuschließen und mir die Türe zum Eingang aufmachen, damit es schneller geht«, entgegnete Pappa. Der Fremde tat das, was Pappa zu ihm sagte und verschwand dann wieder, bevor Pappa sich bei ihm bedanken konnte für seine Hilfe. Oben im Wartezimmer im zweiten Stock setzte mich Pappa dann auf einen Stuhl und er selbst stellte sich neben mich, weil das Wartezimmer fast voll war, und er in meiner Nähe bleiben wollte. Ich angelte mir ein Asterixheft vom Tisch, der vor mir stand und begann darin zu blättern, damit keinem meine Nervosität auffiel, und ich mich selber beruhigen konnte damit. Der Arzt kam ins Wartezimmer und sah mich dort sitzen, er kam auf mich zu und streckte mir die Hand entgegen, die ich nahm, und ebenfalls begrüßte er meinen Vater, mit einem kräftigen Guten Morgen.

»So mein Kleiner, wie geht es uns denn heute, so, wie du aussiehst, nicht schlecht. Ich werde mich beeilen, damit du schnell rankommst und nicht so lange hier sitzen mußt«, erzählte mir der Arzt und verschwand auch gleich wieder im Behandlungszimmer, bevor ich ihm seine Frage beantworten konnte. Pappa schaute mich an und fragte: »Ist der immer so?« »Ja«, entgegnete ich kurz. »Ist aber ein netter Arzt, da habe ich schon ganz andere kennengelernt, die machen aus einem einen kompletten Idioten, und fertigen einen ab wie am Fließband, als wenn man eine Waschmaschine wäre in Reparatur.«

»Ja, er ist schon nett, aber er hat mich schon zweimal eingegipst, was ich nicht gerne habe, aber jetzt hab ich ihn auch schon ein bißchen gerne«, sagte ich zu Pappa.

Wir warteten ungefähr noch eine halbe Stunde, als die Arzthelferin in den Warteraum kam, einen Rollstuhl vor sich herschob und auf mich zulief. Mein Vater setzte mich wie selbstverständlich in den Stuhl und wir gingen dann zu dritt ins Behandlungszimmer, also Pappa, ich und die Arzthelferin, für die Pappa eine besondere Aufmerksamkeit zu haben schien, wie ich feststellte, denn er sah sie die ganze Zeit an und wäre fast über den kleinen Dackel gestolpert, der in der Nähe der Tür zum Behandlungszimmer lag. Ich widmete dem aber keine Aufmerksamkeit, sondern dachte nur daran, jetzt kann ich bald wieder laufen, der Arzt gibt mir heute bestimmt die Erlaubnis.

Nun saß ich vor dem Arzt und blickte erwartungsvoll zu ihm auf und bemerkte erst jetzt, daß er bereits mit meinem Vater sprach. Als er fertig war, widmete er sich mir. »So, hast du in der letzten Zeit irgendwelche Beschwerden gehabt? Damit meine ich Schmerzen oder sowas?« fragte der Arzt mich. »Nein«, antwortete ich. »Nun dann werden wir dich mal röntgen gehen und dann werde ich nachschauen, was dein Hüftgelenk macht.« Nach dem Röntgen und der Untersuchung saß ich wieder im Behandlungszimmer und wartete auf den Arzt. Als er hereinkam hatte er zwei Krücken unter dem Arm und lächelte mich an. »So, die sind für dich, und damit wirst du jetzt mal ca. drei Wochen herumhüpfen können, bis wir die genauen Tests aus der Klinik haben und wissen, was wir dann machen.« Er drückte mir die Krücken in die Hand und forderte mich auf, einmal mit den Krücken aufzustehen, ohne auf das linke, also das kranke Bein zu stehen. Ich versuchte es und es gelang mir auch einwandfrei. Der Arzt verabschiedete sich von uns und sagte zu mir, als wir schon an der Tür waren, also ich auf dem Arm von meinem Vater, wegen der Treppen: »Junge, Kopf hoch, es wird schon wieder werden, du wirst sehen, bald kannst du wieder laufen, wir machen das Beste, um dir zu helfen.« »Danke Herr Doktor, ich weiß es«, entgegnete ich und wir gingen aus der Praxis zu unserem Auto.

Als ich dann wieder im Auto saß, und mein Vater neben mir, schaute er mir in die Augen und sah wahrscheinlich Tränen darin.

»Du wirst schon wieder laufen können, wenn du den festen Willen hast und immer das machst, was der Arzt gesagt hat. Zu Hause übst du dann erst einmal, mit den Krücken zu laufen, und du wirst sehen, daß es besser ist als der Rollstuhl, den wir jetzt noch auf die AOK fahren müssen. Und weißt du, was wir dann machen? Wir gehen ein großes Eis essen, und jetzt sei tapfer und weine nicht, ein Mann darf nicht weinen, das sieht nicht gut aus.«

»Ja, ist in Ordnung, es wird alles wieder gut werden«, antwortete ich, und mein Gesicht sah wieder fröhlicher aus.

Wir erledigten die ganzen Sachen, die wir noch zu tun hatten, so z. B. Einkaufen, an der Reinigung vorbeifahren und das Eis uns zu Gemüte führen haben wir natürlich auch nicht vergessen, was ja selbstverständlich war, und fuhren dann nach Hause. Als wir ankamen und Mutti die Krücken sah, verzog sie das Gesicht und meinte: »Das kann ja noch heiter werden.« Das war alles, was sie sagte. Ich ging dann mit Pappas Hilfe ins Kinderzimmer und setzte mich auf mein Bett und betrachtete meine Krücken ganz genau. Pappa kam ins Zimmer und stellte sie auf meine Größe ein, und wir fingen an zu üben, damit laufen zu lernen. Bei den ersten paar Versuchen knickte ich ein, da ich es nicht gewohnt war, auf einem Fuß zu stehen, geschweige denn überhaupt in der letzten Zeit zu stehen, und die Krücken waren auch noch ungewohnt für mich, aber Pappa fing mich jedesmal auf, und so gelang es mir nach einer halben Stunde, auf einem Bein und den Krücken durch die Gegend zu hoppeln, was ich dann sehr lustig fand. Nachdem ich noch eine halbe Stunde rumgehopst bin, fing ich an müde zu werden und die Arme taten mir weh. Ich setzte mich im Wohnzimmer auf das Sofa und neben mir, in einer Art Wiege, lag meine kleine Schwester und sabberte vor sich hin. Ich streckte ihr meinen Finger entgegen und sie griff danach und das ging dann eine ganze Weile so. Ich fand, so ein Baby ist schon etwas Schönes, und meine kleine Schwester fand ich besonders schön, wenn sie so dalag wie ein kleiner unschuldiger Engel. Als mein Schwesterchen eingeschlafen war, fragte ich Mutti ob ich den Fernsehapparat anstellen dürfe, was sie mir auch gleich erlaubte, da sie selber beschäftigt war mit dem Schreiben eines Briefes. Ich schaute fern bis zum Abendessen. Pappa ging am Mittag wieder zur Arbeit, und, wie gesagt, ich schaute das Kinderprogramm für die Sommerferien an. Als wir dann am Abendbrottisch saßen, war Pappa noch nicht zu Hause und ich fragte Mutti, wo er denn sei, worauf sie mir mit genau zwei Wörtern antwortete: »Auf Sauftour.«

Na ja, ich konnte zwar mit dieser Antwort noch nicht viel anfangen, da ich es nicht ganz begriff, aber diese Antwort hatte noch schwere Folgen.

Als Pappa dann nach Hause kam und mir Guten Tag sagte, fragte ich ihn: »Du Pappa, wo warst du denn zum Abendessen?« »Ich war bei der Oma und habe sie mal wieder besucht.« Also er war bei seiner Mutter.

»Ah«, sagte ich. »Mutti hat gedacht du bist auf Sauftour, was ist eigentlich eine Sauftour?« fragte ich ihn dann gleich darauf.

Er gab mir keine Antwort, sondern drehte sich rum und ging in die Küche und schloß hinter sich die Türe. Ein paar Minuten später hörte ich, wie meine Eltern mal wieder stritten, und ich fragte mich, was denn jetzt schon wieder los sein könnte, daß es wieder so ein Donnerwetter gab oder gibt. Dann nach einer Weile kam Pappa wieder aus der Küche und blieb an der

Küchentüre stehen und schrie: »Wenn ich mal mit meinen Arbeitskollegen etwas trinken gehe oder bei meiner Mutter ein oder zwei Bier trinke, hast du noch lange nicht zu den Kindern zu sagen, daß ich auf Sauftour bin, wegen ein oder zwei Bier nicht, und wenn ich auf Sauftour gehe, dann gehe ich in eine Wirtschaft oder auch in zehn, wenn es mir paßt, und komme stinkbesoffen zurück, dann kannst du sagen, ich sei auf Sauftour, aber nicht zu den Kindern, sondern zu dir selber. Und wenn ich auf Sauftour gehe, dann geht es dich einen Scheißdreck an, wenn ich zig Stunden am Tag in der Gießerei stehe und schufte, daß mir das Wasser im Arsch kocht, habe ich das Recht auch mal einen trinken zu dürfen. Ich hoffe wir haben uns verstanden.« Er machte die Küchentür zu, ging an die Garderobe und zog sich seine Strickjacke an und verließ die Wohnung sehr lautstark, da er die Wohnungstür so zuschlug, daß es mindestens einen Kilometer weit zu hören war.

Nun wußte ich also, was eine Sauftour war, und mir war gleich bewußt, daß dieses eine Wort mir wieder einen Haufen Ärger bereiten wird, was ich da nur wiederholt habe, und das auch noch unbewußt.

Mutti kam aus der Küche und schaute mich einen kurzen Augenblick an und fragte in einem gehässigen Ton: »Wo ist dein Vater, du Verräter?« »Er ist gegangen«, gab ich ihr zur Antwort, und ich wußte, daß sie stocksauer war auf mich. Sie ging auf mich zu, blieb vor mir stehen, und fragte mich, was ich mir dabei gedacht habe. Ich kam zu keiner Antwort, denn auf einmal gab sie mir Ohrfeigen, eine links, eine rechts, links, rechts und das mindestens vier oder fünf Mal. Ich fing an zu weinen und hielt mir die Wangen, und mir liefen die Tränen in dicken Tropfen aus den Augen.

»So, das hast du dir verdient, und wenn du Lust dazu hast, dann kannst du es deinem Vater erzählen, aber wenn du ihm das erzählst, dann mach dich gleich darauf gefaßt, daß ich dir eine Abreibung verpaß, die sich gewaschen hat. Du kennst ja deinem Vater sein Hosengürtel. So und jetzt ab ins Bett, ich will dich nicht mehr sehen, du miserables Miststück.« Ich stand auf, nahm meine Krücken und ging in mein Zimmer, also unser Zimmer, meine zwei Brüder schliefen ja auch darin. Ich habe alles, was sie gesagt hat, verstanden, nur ein Wort nicht und das war miserabel. Ich zog mich aus und legte mich ins Bett, vergrub mein Gesicht im Kopfkissen und fing wieder an zu weinen. Ich fragte mich, warum mach ich denn bloß immer alles falsch, ich habe doch nicht gewußt, was eine Sauftour ist. Nach einer Weile muß ich dann eingeschlafen sein.

Am nächsten Morgen erinnerte ich mich gleich als ich aufwachte wieder an gestern abend, und fing an, zu überlegen, was ich nun machen sollte. Ich kam dann zu dem Entschluß, Pappa nichts von gestern zu sagen, da ich mir keine Tracht Prügel mit Pappas Hosengürtel einhandeln wollte. Nun interessierte mich nur noch eins, nämlich das Wort »miserabel«, und so ging ich an den Schrank und holte mein Schullexikon und schaute nach. Als ich das Wort gefunden hatte und nun wußte, was es bedeutete, mußte ich mich damit abfinden, daß meine Mutter mich mit einem ziemlich miesen Schimpfwort betitelte, und ich war darüber nicht sehr erfreut. Ich stellte das Lexikon wieder in den Schrank, und ging ins Bad, um mich zu waschen, dabei begegnete ich Mutti auf dem Flur. »Guten Morgen Mutti«, sagte ich, und wartete darauf, daß sie meinen Gruß erwiderte. Sie tat es nicht. Sie sagte nicht eine Silbe und ging an mir vorbei, als wenn ich Luft wäre. Ich schaute ihr entgeistert nach, bis sie in der Küche verschwunden war.

Ich habe sowas schon vorausgeahnt, dachte ich mir, und ich hatte mal wieder recht. Dann ging ich ins Badzimmer und wusch mich und zog mich hinterher an. Als ich in die Küche kam und mich an den Tisch setzte, also auf meinen Platz, merkte ich, daß für mich gar nicht gedeckt war, und schaute meine Mutter an, worauf sie anfing mir zu erklären, daß ich Luft für sie sei.

»Du weißt ja, wo das Geschirr steht, und da du mir nur Schwierigkeiten machst, hab ich mir gedacht, mit dir nicht mehr zu sprechen und auch sonst weiter nichts mehr für dich zu tun, und wenn das so ist, kannst du mich auch nicht mehr bei deinem

Vater verkaufen.« Das war alles, was sie mit mir sprach, und ich wußte Bescheid, was damit gemeint war.

Ich stand auf und humpelte zum Schrank, um mir mein Frühstücksgeschirr zu holen. Als ich gefrühstückt und sehr umständlich mein Geschirr abgewaschen hatte, weil es mir Mutti aufgetragen hatte und sie mein Geschirr ja nicht abwaschen wollte, wie sie sagte, ging ich ins Kinderzimmer zurück und wollte etwas in meine Schulbücher schauen, als die Türe aufging und Mutti im Türrahmen stand.

»Vergiß nicht, dein Bett zu machen, das mußt du auch selber machen, und wenn du es nicht schaffst, dann kannst du ja deinen Vater um Hilfe fragen.« Sie sagte es in so einem gehässigen Ton, daß mir der Schauer eiskalt den Rücken runterlief.

Den ganzen Tag sprach sie kein Wort mit mir, erst wieder als Pappa von der Arbeit nach Hause kam, und auf einmal war wieder alles normal. Für mich war wieder gedeckt worden so wie sonst auch immer. Sie sprach sogar mit mir und fragte mich ganz scheinheilig, was ich den ganzen Tag gemacht habe. Ich antwortete kurz und bündig, indem ich sagte: »Ach nichts Besonderes« und aß weiter. Ich machte mir während dem Essen dann so meine Gedanken und schaute ab und zu dabei zu Pappa hin, der gemütlich sein Abendessen aß. Er schien also nichts zu wissen von dem, was den ganzen Tag hier los war, und meine zwei Brüder bekamen es auch noch nicht mit. So verging dann das Abendessen, und Pappa schien zu glauben, daß alles ganz normal ist. Danach saßen wir alle vorm Fernsehapparat und schauten einen Zeichentrickfilm an, wobei ich dann selbst vergaß, was den ganzen Tag los war. Nach dem Film forderte uns Mutti auf, ins Bad zu gehen und uns zu waschen und die Schlafanzüge anzuziehen. Als wir damit fertig waren und alle miteinander ins Wohnzimmer kamen, um wieder Fernsehen zu schauen, sagte sie: »So jetzt wird es aber Zeit für euch ins Bett zu gehen. Gebt Pappa noch einen Gutenachtkuß und dann ab in die Federn. Ich komme in fünf Minuten, um das Licht zu löschen.« Wir tappten alle an Pappa heran, gaben ihm einen Gutenachtkuß und verschwanden dann ins Kinderzimmer. Wir gingen gleich alle ins Bett und unterhielten uns ein wenig, indem wir uns gegenseitig von dem Zeichentrickfilm, den wir gerade gesehen hatten, erzählten. Dann ging die Tür auf und Mutti kam ins Zimmer, um jedem gute Nacht zu sagen. Sie ging zu Uwe und gab ihm einen Kuß auf die Wange und sagte ihm, er solle gut schlafen. Genauso war es auch bei Ralf und als sie dann zu mir ans Bett kam sagte sie nur: »Jetzt ist dann Ruhe und es wird geschlafen, haben wir uns verstanden?« Ich nickte nur, und sie drehte sich rum und ging aus dem Zimmer und vorher löschte sie noch das Licht aus. Ich fing an zu weinen und ich wußte jetzt, daß sie mich damit mal wieder für heute links liegen gelassen hat. Ich fühlte mich so allein und dachte nur, jedem hatte sie einen Gutenachtkuß gegeben und ganz wie normal gute Nacht gesagt, nur mir nicht. Ich weiß nicht, warum ich genau weinte, weil sie mir nicht gute Nacht gesagt hatte oder weil ich mich so alleine fühlte. Wahrscheinlich wegen beidem. Nur wußte ich, daß sie mich mit Verachtung mehr strafen tät, als wenn sie mir ein paar Ohrfeigen geben tut.

Als ich am nächsten Morgen aufwachte und den Rolladen hochzog, waren meine Brüder schon wach und spielten mit ihren Kuscheltieren in ihren Betten. Ich ging von unserem Zimmer direkt ins Bad um mich zu waschen, weil ich auch noch aufs Klo mußte. Als ich wieder aus dem Bad kam und ins Zimmer ging, hörte ich in der Küche Mutti das Frühstück zubereiten und ging schnell ins Zimmer um mich anzuziehen. Ich war fertig mit Anziehen und ging in die Küche, um Mutti einen guten Morgen zu wünschen, und als ich dann vor ihr stand und guten Morgen sagte, bekam ich wieder keine Antwort. In mir stieg wieder ein komisches Gefühl auf, und ich wußte, daß dieser Tag nicht anders wird als gestern. Sie würde mich wieder den ganzen Tag wie Luft behandeln, und wenn dann Pappa nach Hause käme, wieder alles normal ablaufen, damit er nicht mitkriegt was zu Hause vorging. Ich drehte mich auf dem Absatz herum und ging wieder ins Kinderzimmer. Dort tobten meine Brüder auf meinem Bett herum und machten eine Kissenschlacht. Ich ging zu ihnen hin, und schrie sie an: »Ihr Idioten, geht von meinem

Bett runter bevor ich einem von euch meine Krücke auf die Beine haue.« Jetzt erst merkte ich, daß Mutti im Türrahmen stand, und ich hörte auf, herumzuschreien. Mutti schickte die zwei vom Bett und sagte: »Wenn hier einer schlägt bin ich es«, drehte sich rum und ging aus dem Zimmer. Als es dann Abend war und wir alle am Abendbrottisch saßen, sagte Mutti zu Pappa: »Heute habe ich Fritz erwischt, wie er die anderen zwei mit den Krücken schlagen wollte, nur weil sie auf seinem Bett gespielt haben, das find ich nicht richtig, weis den doch du mal zurecht und treib ihm seine Flausen aus dem Kopf.« Pappa schaute mich an und fragte: »Stimmt das Fritz, was da Mutti gesagt hat?« Ich wußte nicht, was ich sagen sollte, und sagte dann gar nichts vorläufig. Und als mir Pappa zum zweitenmal die Frage stellte und dazu sagte: »Ich warte auf eine Antwort«, entschloß ich mich, einfach ja zu sagen, und riskierte damit eine Tracht Prügel. Pappa stand auf, ging auf mich zu, und gab mir eine gewaltige Ohrfeige, und kurz darauf fing ich auch schon an zu weinen. »Das wird dich lehren, deine Brüder nicht zu schlagen, besonders da sie jünger und schwächer sind als du, und wenn mir noch mal so etwas zu Ohren kommt, sitzt nicht nur eine Ohrfeige.« Er drehte sich rum und ging ins Wohnzimmer. Meine Brüder grinsten mich an, und Mutti sagte: »Das geschieht dir recht.« Da ich es nicht mehr aushielt in der Küche, stand ich auf vom Tisch und ging ins Kinderzimmer. Die nächsten Tage waren nicht besser, denn meine Mutter versuchte mich fast jeden Tag bei Pappa anzuschwärzen, und Pappa glaubte alles, was sie sagte. Aber ich bekam keine Tracht Prügel von meinem Vater, dafür Fernsehverbot und Bettarrest.

Zum Fernsehschauen kam ich nur noch ganz selten, und Bettarrest hat mir noch weniger gefallen. Wenn ich im Bett liegen mußte, sind meine Geschwister spielen gegangen, und wenn sie Fernsehen geschaut haben, durfte ich im Zimmer sitzen und auf einem Zettel schreiben was ich als Strafarbeit von Pappa aufbekommen habe. Z. B. mußte ich fünfhundertmal schreiben: »Ich soll meinen Vater und meine Mutter ehren.« So ging das tagelang, und Mutti versuchte immer wieder, daß Pappa mir mal eine Abreibung verpassen würde. Aber er hat mir nicht eine einzige verpaßt. Dafür hielt ich es bald nicht mehr aus und überlegte mir, ob ich nicht besser abhauen sollte von zu Hause, aber den Gedanken verwarf ich dann, da das ja unmöglich ist mit Krücken.

So vergingen die restlichen Wochen bis zu meinem nächsten Arztbesuch.

An dem Tag als ich dann wieder zum Arzt angemeldet war, hatte ich gerade gute Laune, und Pappa sagte zu mir: »Heute fahre ich dich wieder in die Stadt, damit wir gleichzeitig noch ein paar Sachen erledigen können, und außerdem hab ich mir heute sowieso frei genommen, und zu Oma gehen wir auch noch.« Das freute mich ungemein, und so vergaß ich ganz die letzten drei Wochen und was mir Pappa und Mutti angetan haben, denn wenn ich mit Pappa fahre, weiß ich, konnte ich zu Hause nichts falsch machen.

Heute war nun der Tag, wo sich alles herausstellen sollte, ob ich nun wieder laufen dürfte oder nicht, ob man mir wieder eine neue Methode gibt, um mich fortzubewegen. Ja das stellte sich alles heute heraus.

Ich zog mir meine Sonntagskleider an, weil Oma immer darauf schaute, ob man anständig angezogen ist, und vor allen Dingen wegen dem Arzt, vielleicht würde das einen besseren Eindruck machen, und er würde mich dann eher laufen lassen.

Als Pappa nun fertig war und ich ebenfalls, gingen wir zum Wagen. Pappa öffnete die Türen und setzte sich dann hinter das Steuerrad. Ich wurde immer aufgeregter, je näher die Untersuchung kam, und ich war überzeugt, daß ich heute wieder laufen dürfte, und der Arzt mich nicht wieder in Gips legen würde. Nun waren wir in der Stadt und standen mit dem Wagen vor der Praxis und Pappa fragte mich: »Na, ein bißchen aufgeregt mein Kleiner?«

»Ja, aber heute darf ich bestimmt laufen.«

»Wir hoffen es sehr, aber wer weiß, was diese Ärzte für Flausen im Kopf haben.«

»Du wirst sehen, er schaut mich nur an und sagt mir guten Tag, nimmt mir die Krücken weg und sagt, na jetzt lauf schon los, du bist wieder gesund. Ja, genau das wird er sagen.«

»Na, sei mal nicht so siegessicher, sonst ist die Enttäuschung nachher zu groß, wenn er sagt du mußt noch ein paar Wochen mit den Krücken rumlaufen.«

»Ach was, ich bin doch nicht siegessicher, ich weiß nur, daß es heute genauso sein wird, wie ich es gesagt habe.«

»Na dann wollen wir mal hochgehen und dem Herrn Doktor deine Krücken wieder zurückgeben.«

Wir stiegen aus dem Wagen und fünf Minuten später standen wir im Warteraum, und warteten, daß die Arztgehilfin kam und uns dem Arzt meldete. Ungefähr zehn Minuten später stand auch schon die Arzthelferin vor uns und begrüßte Pappa und mich mit sehr freundlichen Worten, wobei Pappa sie mit großen Kulleraugen ansah, die ich bei ihm noch nie gesehen hatte. Ich dachte mir, wenn die Arztgehilfin heute morgen schon so gut gelaunt ist, kann ja gar nichts mehr schiefgehen, und was jetzt kommt, ist so gut als wenn man jemandem auf Wiedersehen sagt.

Ungefähr zehn Minuten später wurden wir auch ins Behandlungszimmer gerufen, und ich war so aufgeregt, daß ich beim Aufstehen die Krücken fallen ließ. Wir gingen ins Behandlungszimmer und machten vor dem Schreibtisch des Arztes halt.

»Guten Tag, Herr Mertens, Guten Tag Kleiner.«

»Guten Tag, Herr Kühne«, antworteten Pappa und ich fast gleichzeitig.

»Fritz, hast du noch Schmerzen in der Hüfte oder sonst irgendwelche Beschwerden?«

»Nein, nur ich möchte mal wieder richtig laufen so wie früher.«

»Das geht nicht so schnell, da muß ich dich enttäuschen, aber jetzt setz dich dort mal auf die Liege, und Sie, Mertens, nehmen mal bitte hier Platz, damit ich mich mit ihnen unterhalten kann«, und dabei deutete er auf den Stuhl, der unmittelbar neben meinem Vater vor dem Schreibtisch stand.

»Ja, danke«, antwortete mein Vater.

Der Arzt fing an, einen Ordner aufzuschlagen, in dem Röntgenbilder lagen und verschiedene beschriebene Blätter, und sprach wieder mit Pappa.

»Nun, das ist das Ergebnis von dem Test, den wir eingeschickt haben, und es steht nicht gerade besonders um die Hüfte, also das Hüftgelenk ihres Sohnes. Er ist zu schnell gewachsen, und dabei ist die Gelenkpfanne nicht schnell genug mitgewachsen, und die Gelenkkugel kann somit sich nicht in der Gelenkpfanne richtig bewegen, und die Gelenkpfanne geht dadurch kaputt, oder besser gesagt, ist fast kaputt dadurch, und wenn Ihr Sohn dann aufgetreten ist, hat es ihm Schmerzen bereitet. Da wir ihn hier nicht richtig behandeln können, werde ich ihn nach Freiburg in die Orthopädische Klinik einweisen, damit die ihn mal genau unter die Lupe nehmen können, und ich muß Ihren Sohn leider noch mal in ein Gipsbett legen, damit das Gelenk auf gar keinen Fall mehr belastet wird.«

Als ich hörte, daß er mich wieder in einen Gips verpacken will, brach in mir eine Welt zusammen, und mir kullerten dicke Tränen die Wangen runter.

Der Arzt erhob sich, und kam auf mich zu und sagte zu mir: »Kleiner, das ist doch nicht so schlimm, daß man weinen muß. Du behältst den Gips ja nur so lange, bis du in Freiburg eingeliefert wirst, und das wird schon in zwei Wochen sein, dann machen die dir den Gips weg und werden dich genau untersuchen, und da dort unten wirklich gute Spezialisten sind, wirst du vielleicht schneller wieder laufen können als du glaubst.«

Nun kam Pappa auch noch zu mir, und strich mir mit der Hand über den Kopf, und sagte: »Na so ein großer Junge darf doch nicht mehr weinen, du bist ja schon ein Mann, oder hast du mich schon mal weinen gesehen?«

»Nein, Pappa«, antwortete ich und schluchzte dabei und bekam mich dann gleich unter Kontrolle und hörte auf zu weinen.

»Es hilft alles nichts, ich muß dich eingipsen, so leid es mir tut, ich will ja nicht, daß dein ganzes Hüftgelenk kaputt geht und du nie mehr laufen kannst, das will ich und die anderen Ärzte ja nur vermeiden. Ich will dir doch nur helfen. Na siehst du jetzt ein, daß ich kein Bösewicht bin, der dich nur ärgern will?«

»Und ich habe gedacht, ich kann heute wieder laufen, und daß sie ein Bösewicht sind habe ich nicht gesagt.«

»Naja, gesagt hast du das nicht, aber gedacht. Oder stimmt das etwa nicht? Ich kann dich ja verstehen.«

»Ja, gedacht habe ich das,« gestand ich dann aufrichtig, und fing wieder an zu schluchzen.

»Na, jetzt hör auf zu weinen, du bist doch ein Mann, und Männer weinen doch nicht, und außerdem bin ich ja bei dir«, sagte mein Pappa. Aber ich hörte nicht auf zu weinen, da ich mich nicht mehr unter Kontrolle bekam, und jede Aufmunterung und jeder Versuch, den mein Vater und der Arzt unternahmen, um mich zu beruhigen, schlug fehl.

Wir gingen dann alle zusammen in den Gipsraum, wo mich der Arzt aufforderte, mich auszuziehen und wieder auf die Werkbank zu legen, so wie ich sie immer nannte. Die Arztgehilfin hatte schon alles vorbereitet und die Gipsrollen in lauwarmes Wasser gelegt. Der Arzt sagte etwas zu ihr, und sie verließ das Zimmer und kam ein paar Minuten später mit einer Spritze in der Hand zurück. Der Arzt verpaßte mir das Ding, und es tat nicht einmal weh, ich spürte den Einstich fast gar nicht. Pappa fragte, für was die jetzt gutgewesen sei, und der Arzt sagte nur das ist, oder war besser gesagt, eine Beruhigungsspritze, damit er sich beruhigt und die Sache nicht so schwer nimmt.

Dann wickelte er mich wieder mit so komischen Stoffbändern ein und legte dann den Gips auf, wobei ihm die Arztgehilfin assistierte und mit meinem Vater verstohlene Blicke austauschte. Die Spritze begann schnell zu wirken, und ich hörte bald auf zu weinen und fühlte mich merkwürdig matt oder auch müde. Pappa streichelte mir ab und zu über das Haar und hielt meine Hand. Als der Gips angelegt war, verließ der Arzt den Raum, mit der Aufforderung, daß mein Vater ihm folgen soll. Sie, also die Arztgehilfin, fragte mich dann ein paar Sachen über Pappa, die ich ihr gerne beantwortete, und als sie mich fragte, ob Pappa mit Mutti glücklich und zufrieden ist, antwortete ich mit einem klaren Ja, worauf sie dann ganz traurige Augen bekam, denn sie hatte schöne Augen und außerdem hieß sie Constanze, der Arzt hatte sie ein paarmal so genannt. Ich konnte ihr aber ja nicht sagen, daß Pappa und Mutti sich oft stritten. Erst heute weiß ich, daß sie es auf meinen Vater abgesehen hatte damals, aber sie hatte es sich wahrscheinlich aus dem Kopf schlagen können, so wie ich die Sache sehe.

Der Arzt kam mit Pappa wieder ins Zimmer und musterte noch einmal den Gips und sagte dann, jetzt werde ich einen Krankenwagen bestellen der dich nach Hause bringt.

»Du Pappa, was hast du gerade gemacht, wo warst du denn?« fragte ich ihn.

»Ich habe mit dem Herrn Doktor gesprochen, und er hat mir gesagt, daß wir alles bereithalten sollen, da in nächster Zeit ein Krankenwagen bei uns vorbeikommt, der dich dann nach Freiburg in die Klinik bringt.«

Der Arzt verabschiedete sich von mir, und nur noch die Arztgehilfin war im Zimmer einschließlich Pappa und ich. Die Arztgehilfin sprach kein Wort und räumte gemütlich auf, und Pappa hielt mir die Hand, und wir warteten auf den Krankenwagen.

»Du Pappa, fährst du mit mir im Krankenwagen nach Hause?«

»Nein, das geht nicht, ich habe doch unseren eigenen Wagen unten vor der Tür stehen, aber ich fahre voraus bis wir zu Hause sind, das andere kann ich ja heute mittag erledigen.«

»Ja, ist gut«, antwortete ich gleichgültig.

Die Sanitäter kamen, aber diese zwei kannte ich noch nicht, sie machten genau dasselbe wie die anderen. Sie packten mich auf eine Bahre und trugen mich in den Krankenwagen. Pappa lief neben mir her, bis ich im Krankenwagen war, dann wendete er auf dem Absatz und ging zu seinem eigenen Wagen. Als wir zu Hause angekommen sind, war Pappa schon da und machte alle Türen auf, damit mich die Sanitäter ohne Schwierigkeiten gleich reintragen konnten. Als ich Mutti anschaute, war sie ganz blaß im Gesicht und mir fiel ein dabei, daß sie mich doch irgendwie gerne haben muß, wenn es sie so blaß machte. Ich wurde wieder auf mein Bett verfrachtet, und Mutti stand neben mir und versorgte mich gleich. Pappa fuhr gleich wieder weg, als die Sanitäter gegangen waren. Mutti stand nun neben mir und sagte in einem ganz traurigen Ton: »Schade, daß sie dich wieder eingegipst haben, und ich habe schon gedacht, daß du wieder gesund bist.« Da wußte ich, daß der Streit aufgehoben war, den wir in den letzten drei Wochen geführt haben, also besser gesagt sie geführt hat.

Am Nachmittag, als wir alle gegessen hatten und Pappa auch wieder zu Hause war, klingelte es auf einmal an der Haustür. Ich fragte mich schon, wer das sein könnte, aber dann vernahm ich die Stimme von Großmutter, und ein paar Minuten später stand sie vor meinem Bett und bemitleidete mich. Nach ein paar Begrüßungsworten, die ich ihr entgegenbrachte, sah ich, daß ihr Tränen über die Wangen kullerten, und sie tastend nach dem Stuhl griff.

»Ach Junge, was haben die nur wieder mit dir gemacht, das ist ja furchtbar. Ich hatte nun schon gedacht, daß du bald wieder herumspringen kannst und mich heute besuchen.«

Ich war so ruhig, daß ich Oma nur antwortete: »Es geht alles vorbei, wenn ich von der Klinik in Freiburg zurückkomme, dann kann ich bestimmt wieder laufen, denn da sind Spezialisten, die alles für mich tun können.«

»Ja, ja, Pappa hat mir schon erzählt heute morgen, daß du nach Freiburg in die Klinik kommen sollst.«

»Mach dir nur keine Sorgen, Oma, und höre doch auf zu weinen, große Frauen und Männer weinen nicht, hat Pappa gesagt, und du bist ja schon groß und erwachsen.«

»Ja, du hast recht«, antwortete sie und schniefte in ihr Taschentuch, das sie aus der Handtasche gezogen hatte. »Ach wenn nur alle Leute so tapfer wären wie du, aber ich bin es eben nicht, und deswegen darf ich auch weinen«, gab sie zurück.

Aha, dachte ich nur. Leute, die weinen, sind nicht tapfer und deswegen dürfen die weinen, also war ich heute morgen auch nicht tapfer, aber jetzt bin ich es wieder. Ich fand die ganze Szene amüsant, und als sie noch für jeden von uns, also auch für meine zwei Brüder, eine Tafel Schokolade aus der kleinen Handtasche zog und sie uns überreichte, bedankte ich mich bei ihr, einschließlich Ralf und Uwe, und sagte noch dazu: »Soviel Schokolade darf ich zwar nicht essen, wegen dem Gips, damit er nicht zu eng wird, aber es ist sehr lieb von dir«, und zog ihren Kopf zu mir herunter und gab ihr einen Kuß auf die Wange. Daraufhin fing sie wieder an zu weinen und ging aus dem Zimmer. Der Duft von frischem Kaffee verbreitete sich plötzlich in der ganzen Wohnung, und ich rief nach Mutti: »Du, darf ich bitte auch eine Tasse Kaffee haben?«

»Ja, aber nur einen Milchkaffee, das da ist richtiger Bohnenkaffee und kein Carokaffee.«

»Ist in Ordnung, mir schmeckt er sowieso besser mit Milch.«

Mutti kam mit dem Kaffee und brachte kurz darauf auch Daniela, meine kleine Schwester, und legte sie zu mir ins Bett, damit ich ein wenig auf sie aufpasse, damit sie sich richtig mit Oma unterhalten kann. Ich brauchte nicht viel auf sie aufzupassen, ich hob ihr meinen Finger hin und wir spielten unser altes Spiel, und kurz darauf ist sie auch schon eingeschlafen. Ich nickte nach einer Weile auch ein und hatte meinen Kaffee noch gar nicht angerührt. Ich wachte erst wieder auf, als mir mein Brüderchen ins Ohr pustete, was er ziemlich lustig finden mußte und dabei jedesmal kicherte.

Mein kleines Schwesterchen lag immer noch neben mir, und ich hörte an den Stimmen, die aus dem Wohnzimmer kamen, daß Oma noch da war.

Mein Kummer über den Gips war verschwunden, ich hatte mich merkwürdig schnell damit abgefunden. Nach einer halben Stunde kam Oma wieder zu mir ins Zimmer und schaute mich mit ihren traurigen Augen, die sonst vor Aktivität strotzten, an und sagte zu mir: »So Fritz, ich muß jetzt gehen, und nimm es nicht so schwer, es wird ja alles wieder gut werden.«

Ich lächelte sie an und dachte dabei, du nimmst es ja noch viel schwerer als ich, und das versteh ich nicht so ganz, warum nur, ihr müßtet doch alle froh sein, dann ist doch keiner mehr da, der alles falsch macht.

»Ja, ja, Oma, es wird alles in Ordnung kommen.«

»Also dann, auf Wiedersehen Fritz, und halt die Ohren steif.«

»Wiedersehen Oma, bis zum nächsten Mal.«

Sie drehte sich rum und ging aus dem Zimmer, und ich hörte wie kurze Zeit später dann die Haustüre zuging. Dann kam Mutti ins Zimmer und ich vernahm, wie sie in Gedanken sagte: »Endlich ist die dumme Zicke draußen.« Ich fand nicht, daß sie eine dumme Zicke ist, und ich tat so, als wenn ich nichts gehört hätte.

Tatsächlich genau neun Tage später klingelte es an der Türe, und als Mutti aufmachte, standen zwei Sanitäter draußen. Mutti war so überrascht, daß sie gleich zu mir kam und es mir erzählte und mich gleich noch fragte, ob ich alles beisammen hatte für die Fahrt, damit meinte sie mein Spielzeug, wie Puzzle, Malstifte und so weiter.

»Ja«, das war alles was ich rausbekam, denn ich war selber überrascht. Mutti nahm den Koffer, den sie schon für mich gerichtet hatte und führte die beiden Sanitäter zu mir ins Zimmer, die mich auch gleich in den Krankenwagen packten. Die Sanitäter kannte ich vom Sehen her, aber wir unterhielten uns nicht, außer ein paar Begrüßungsworte. Die beiden Sanitäter saßen im Wagen, und ich lag hinten auf der Bahre, und wir warteten auf Mutti, die ebenfalls mitfahren wollte. Als sie nun endlich kam, setzte sie sich zu mir hinten in den Wagen, und die Fahrt begann. Es kam mir vor, als wenn die Fahrt überhaupt kein Ende nehmen wollte. Dann aber auf einmal hielt der Wagen doch noch, und wir waren endlich da, denn mir war es schon ganz übel von den vielen Kurven.

Man holte mich aus dem Wagen und brachte mich in einen Raum, auf dessen Tür Aufnahme/Anmeldung stand. Mutti lief die ganze Zeit neben mir her und blieb auch in dem kleinen Raum bei mir. Auf der kleinen, fahrbaren Trage wurde es mir mittlerweile unbequem, und Mutti schien es zu merken. »Fühlst du dich nicht wohl?«

»Doch, doch«, versicherte ich ihr. »Wie kommst du eigentlich wieder nach Hause, Mutti?«

»Ich fahre mit dem Krankenwagen wieder zurück, mit dem wir gekommen sind, der ist nämlich aus Villingen.«

»Naja, dann ist es ja nicht so schlimm«, sagte ich noch.

Die Tür ging auf, und zwei Ärzte kamen herein und forderten meine Mutter auf, daß sie sich verabschieden sollte, da der Krankenwagen gleich zurückfährt.

Sie beugte sich über mich und gab mir einen Kuß auf die Stirn und flüsterte mir ins Ohr: »Also auf Wiedersehen, ich werde dich auch besuchen kommen, und sei schön brav, die Ärzte erzählen es mir, wenn du nicht anständig bist, und dann kriegst du Ärger mit mir.«

»Ja Mutti, also auf Wiedersehen.« Dann verließ sie das Zimmer und die Ärzte fuhren mich auf der tragbaren Bahre durch die langen Gänge und wir fuhren auch mit einem Aufzug. Dann fuhren sie mich in ein großes Zimmer mit noch ein paar Kranken, die ebenfalls irgendeine Krankheit haben mußten, sonst wären sie ja nicht hier. Sie lagen alle in großen weißen Betten, und einige hatten sogar Flaschen an ihrem Bett hängen, mit Schläuchen daran. Man fuhr mich an ein großes Bett und legte mich dann dort hinein, deckte mich zu und hängte einen Karton vorne ans Bett, und später erfuhr ich, daß dies eine Fieberkurve sein soll. Kurz darauf bekam ich auch schon ein Fieberthermometer in die Achselhöhle, und etwas Blut abgezapft, indem man mir mit einem spitzen Ding in den Finger stach und das Blut in ein kleines Glasröhrchen hineinzog, das wie ein dünner roter Faden in einem Glas aussah. Danach ließ man mich alleine, und ich war hundemüde und nickte ein klein wenig ein.

Man rüttelte mich an der Schulter, und als ich die Augen aufschlug, stand eine Krankenschwester neben mir mit einem Tablett, also das Essen.

»Na kleiner Mann, keinen Hunger oder verschlafen?«

»Verschlafen«, gab ich zur Antwort und lächelte sie an. Sie

stellte das Essen auf den Nachttisch und verschwand wieder. Das Essen war nicht schlecht, und ich hatte alles aufgegessen, was man mir gebracht hatte. Als ich fertig war mit allem, was ich mich fragen und tun wollte, schloß ich die Augen und schlief ein.

Am nächsten Morgen kam der Arzt mit ein paar Helfern und betrachtete mich und mein Krankenblatt, das man ihm reichte, ganz genau und gab dann den Befehl, mir den Gips nach der Visite abzunehmen und mich zu röntgen. Der Gips wurde mir nach dem Mittagessen abgenommen und ich wurde auch geröntgt, wie es der Arzt befohlen hat. Am nächsten Tag kam der Arzt wieder und schaute sich die Hüfte an und die Röntgenbilder, die man gestern gemacht hatte. Dann passierte überhaupt nichts mehr, genau fünf Tage lang, und ich dachte, man habe mich vergessen.

Mutti und Pappa kamen zu Besuch und als sie vor meinem Bett standen, trat der Arzt hinzu. Der Arzt meinte, daß sie mich operieren und mir ein Plastikgelenk einsetzen wollen, und die Operation öfters wiederholt werden müsse, bis ich voll ausgewachsen bin. Dazu brauchte er aber die Genehmigung beider Elternteile und die von dem Jungen, wenn es erforderlich sein sollte.

Pappa fragte: »Gibt es denn keine andere Lösung als operieren?«

»Doch, dann schicken wir ihn nach Bad Rappenau in eine Spezialklinik, die es mit anderen Mitteln versuchen. Es liegt also nur an ihnen, was wir jetzt machen, und deswegen bin ich hier, um ihre Entscheidung zu hören.«

»Nein, ich bin gegen die Operation, ich entscheide mich für die zweite Lösung«, sagte Pappa ganz entschieden.

»Und ich bin für die Operation«, entgegnete Mutti ganz energisch.

»Also dann liegt die Entscheidung bei ihrem Sohn«, sagte der Arzt und fragte mich: »Für was also entscheidest du dich, für die Operation oder gegen die Operation?«

»Gegen die Operation, ich will mich nicht operieren lassen und das auch noch öfters.«

»Also damit ist die Entscheidung getroffen und nächste Woche schicke ich dann ihren Sohn nach Bad Rappenau in die Spezialklinik.«

Ich war froh, daß ich nicht operiert wurde, und Pappa anscheinend auch. Der Arzt verabschiedete sich, und Mutti und Pappa unterhielten sich noch eine Weile mit mir und gingen dann auch. Mutti hatte Pappa und mir noch ein paar Vorwürfe gemacht, weil wir gegen eine Operation waren, das war aber auch alles, was sie noch groß sprachen mit mir, bevor sie gegangen sind.

Tatsächlich wurde ich die darauffolgende Woche mit einem Krankenwagen nach Bad Rappenau gefahren, in diese Spezialklinik. Dort wurde ich wie in Freiburg untersucht und nach genau zwei Wochen wieder eingegipst. Als sie mir den Gips anlegten, war ich der Verzweiflung nahe und hätte am liebsten den Arzt umgebracht. Der Arzt sagte, es sei nur für so lange, bis in St. Oberit, einem Hospital für solche Sachen, ein Platz frei sei, und solange müsse ich nach Hause, und in spätestens drei Wochen ist dort ein Platz frei. Man hatte meine Eltern verständigt, und an dem Tage, als ich nach Hause gefahren werden sollte, war auch Mutti gekommen, um mit mir zu fahren. Sie erklärte mir, daß ich nicht nach Hause komme, sondern zu Oma, da sie wieder arbeite und vorläufig nicht für mich sorgen könnte, aber die Arbeit ebenfalls nicht aufgeben kann, da wir das Geld brauchen.

Also wurde ich mit dem Krankenwagen von Bad Rappenau nach Villingen in Omas gute Stube gefahren, wo ich im Kinderzimmer untergebracht wurde. Als ich Mutti fragte, wer sich denn um Uwe, Ralf und Daniela kümmert, wenn sie arbeiten ist, sagte sie mir, daß sie sie in der Nachbarschaft gegen Bezahlung untergebracht habe und ab und zu kommen sie auch zu Oma, damit die Nachbarin auch mal frei hat, und da kannst du dann deine Geschwister sehen.

Ich sah Mutti und Pappa wie meine Geschwister nur ganz selten in den paar Wochen, wo ich bei Oma untergebracht war. Oma kümmerte sich ganz rührend um mich, und ich fühlte mich wohl. Sie erlaubte mir zwar nicht, bis ultimo Fernsehen zu schauen, und ein paar andere Sachen, aber sonst war sie immer nett, und wenn ich mal was falsch machte, schrie sie mich nicht an und schlug mich auch nicht, wofür ich ihr immer sehr dankbar war. So zum Beispiel rutschte mir mal der Teller aus und das ganze Essen lag im Bett und auf dem Teppichboden. Das Bett war total versaut und den Teppichboden mußte man kräftig schrubben wegen der Sauce. Oma kam ins Zimmer und sah die Bescherung, und als ich mich damit abgefunden hatte, jetzt eine Tracht Ohrfeigen zu kassieren, war dem gar nicht so. Stattdessen sagte sie nur: »Oh je, das ist ja eine schöne Bescherung, aber halb so schlimm, das Bett kann man frisch beziehen und den Teppich muß man halt ein wenig schrubben. Nur ich habe kein Fleisch mehr gemacht, bekommst halt die Hälfte von mir ab.« Das war alles, was passiert ist, und das war praktisch für mich gar nichts, aber ich hatte es ja auch nicht mit Absicht gemacht. Das einzigste, was mir nicht gefiel bei Oma, war ihr Kleietick, den sie hatte. Ich hatte Bauchschmerzen und schon drei oder vier Tage keinen Stuhlgang mehr, und als Oma meine Bauchschmerzen und meinen nicht vorhandenen Stuhlgang registrierte, meinte sie, das werden wir gleich haben, und ging in die Küche. Einen Augenblick später kam sie wieder ins Zimmer, mit einer Pakkung und einem Eßlöffel in der Hand. Auf der Packung stand groß das Wort Kleie, und ich konnte noch nichts damit anfangen, da ich gar nicht wußte, für was das gut sein sollte.

Sie zwang mich, zwei Eßlöffel davon zu verkonsumieren und mit etwas Wasser nachzuspülen. Die Kleie schmeckte mir zwar nicht, aber ich tat trotzdem was sie sagte, und schluckte das Zeug runter. Tatsächlich mußte ich zwei oder drei Stunden später auf die Bettpfanne und ich dachte, ich scheiß meine Gedärme mit aus. Oma war sehr zufrieden, daß ihr altes Hausrezept funktionierte, und so mußte ich dann jeden Tag konstant einen Eßlöffel Kleie in mich hineinwürgen, obwohl ich ab und zu widersprach, was aber nichts nützte, denn Oma hatte einen eisernen Willen, und so ließ sie nicht einen Tag ohne Kleie vergehen, damit das ja nicht mehr passierte mit den Magenschmerzen. Sonst war Oma immer gut zu mir und ich fand, daß es mir bei Oma besser ging als zu Hause, und war froh, nicht zu Hause zu sein.

Die Wochen bei Oma vergingen sonst ohne besondere Vorkommnisse, und eines Morgens rief Mutti an, daß in einer Stunde der Krankenwagen kommt und mich nach St. Oberit bringt und sie täte mitfahren, wir sollten alles richten.

Eine Stunde später war wirklich der Krankenwagen zur Stelle, und wir fuhren nach St. Oberit. Man brachte mich in ein Zimmer, wo noch andere lagen, und verpflanzte mich in ein Bett. Mutti blieb noch ungefähr eine halbe Stunde bei mir und mahnte mich mal wieder, ich solle anständig sein. Dann verließ sie mich und fuhr mit den beiden Sanitätern zurück.

Am Nachmittag nahm man mir gleich den Gips ab und machte alle ärztlichen Untersuchungen, wie schon in den anderen Kliniken. Es war wieder ein herrliches Gefühl, ohne den Gips zu sein, und doch noch so ungewohnt. Dann kam ich auf den Gedanken, wenn jetzt noch einer versuchen sollte, mich in einen Gips zu verpacken, der müßte mich erst umbringen, denn ich hatte es satt, immer wie eine Statue im Bett zu liegen. Am Abend durften wir alle vom Bett aus Fernsehen schauen, der Fernseher stand auf einem Schrank, und schon gefiel es mir hier besser als in irgendeiner anderen Klinik.

Ich hatte auch gleich Anschluß, also Kontakt, zu dem Jungen, der neben mir lag, und der hieß Günter. Er war noch viel schlimmer dran und schon über ein Jahr hier, da sein linkes Bein nach einem Sturz mit dem Fahrrad gelähmt war und er noch ein paar häßliche Narben dazu hatte, da er in ein paar herumliegende Glasscherben bei dem Sturz hineinrutschte. Er war ungefähr drei Jahre älter als ich, und so konnte ich mich mit ihm immer gut unterhalten. Am nächsten Morgen war Visite, und der Arzt ging von Bett zu Bett. Dabei schaute er sich Krankenbilder an und gab seine Anweisungen. Er sprach mit jedem ein paar Worte und ging immer weiter an das nächste Bett, wobei ihm die Krankenschwestern folgten mit dem fahrbaren Tischchen, auf dem, für mich sah es so aus, aller mögliche Kram und Gerümpel drauflag. Dann stand er vor meinem Bett.

»Aha, ein neuer Patient. Guten Morgen. Geht es dir gut?«

»Ja, Herr Doktor, mir geht es einwandfrei.«

»Geben Sie mir das Krankenblatt und die Röntgenbilder.« Er schaute sich das Krankenblatt und die Röntgenbilder in aller Ruhe an und meinte dann an die Krankenschwester gerichtet: »Lassen Sie ihn nochmal röntgen, damit wir feststellen, ob sich schon etwas geändert hat. Dann werden wir ihm noch eine Gipsschale machen und Gewichte an die Füße hängen, damit sich das ganze ein wenig streckt.«

Als ich Gipsschale hörte, dachte ich, daß sie mich schon wieder eingipsen wollen bis zum Bauch, und entgegnete dem Arzt: »Nein, eingipsen laß ich mich nicht mehr, ich war jetzt lang genug im Gips gelegen und es hat gar nichts geholfen, nur über meine Leiche laß ich mich eingipsen.«

»Nein, wir wollen dir nur ein Gipsbett machen, so daß du dich dort reinlegen kannst, und dann wird es mit ein paar Schnallen versehen, die dich darin festhalten. Du kannst also jederzeit aus dem Gipsbett raus, wenn du die Schnallen losmachst. Es ist kein geschlossener Gips.«

Ich war beruhigt und damit einverstanden. Der Arzt verabschiedete sich und ging dann aus dem Zimmer, da ich der letzte war in dem Raum, bei dem er noch nicht war.

Günter und ich waren gute Freunde geworden und das schon nach einem Tag. Er erzählte mir, daß es hier ein Schwimmbecken gibt und sogar eine Schule im zweiten Stock oben. Mit den anderen hatte ich noch keinen Kontakt, was mich auch nicht besonders interessierte, vorläufig auf jeden Fall.

Man röntgte mich und ich bekam auch eine Gipsschale, so wie es der Arzt angeordnet hatte, und über ein komisches Gestell an der unteren Seite des Bettes hingen Gewichte, die mit einem Lederband an meinen Fußfesseln festgemacht waren und so immer meine Füße gestreckt hielten.

Wenn ich auf die Toilette mußte, stand ein Rollstuhl bereit, und auf mein rechtes Bein durfte ich ja stehen und so konnte ich alles allein erledigen. Dreimal am Tag wurde ich für eine Stunde von den Gewichten befreit, um das linke Bein, das noch steif war vom Gips, ein bißchen zu beugen und ein paar Übungen damit zu machen, damit ich es wieder richtig anwinkeln konnte. Später durfte ich, als ich mein Bein wieder bewegen konnte, sogar einmal in der Woche ins Schwimmbecken, das sich im Keller befand. Dort lernte ich schwimmen und nach einer Weile bewegte ich mich im Wasser wie ein Fisch, was ich heute noch nicht verlernt habe. Das Wasser wurde damals zu meinem Element.

Ich hatte mich gut eingelebt und nun auch Kontakt zu den anderen im ganzen Stockwerk, da ich am Mittag, oder besser gesagt wenn ich den Rollstuhl hatte, im ganzen Stockwerk rumgekurvt bin.

Des Morgens hatten wir Schule im zweiten Stock, bei einer sehr gut aussehenden Lehrerin, die auch sehr nett war. Die Schule machte mir keine Schwierigkeiten, und so ging ich dann auch gerne zur Schule, da ich aus dem Bett rauskam und so nur noch am Abend und über die Nacht an den Gewichten hing. Günter und ich waren unzertrennliche Freunde, und so legte man uns auch nicht auseinander.

Als ich eines Abends im Bett lag und mal wieder mit Günter quasselte, kam die Krankenschwester herein mit dem Rollstuhl und sagte zu mir, daß ein Telefongespräch für mich im Büro sei. Ich löste mich aus der Gipsschale und schnallte die Gewichte ab und war in nullkommanichts im Büro, da der Rollstuhl eine ganz nette Geschwindigkeit draufbekam, wenn man damit umgehen konnte.

Ich nahm den Hörer in die Hand, und vom anderen Ende der Strippe vernahm ich Muttis Stimme. Sie hatte mich nicht einmal besucht, seitdem ich hier war, nur Pappa kam in den ganzen Monaten, die ich nun hier war, drei- oder viermal vorbei. Er brachte mir ein paar Socken mit, die ich von ihm verlangte, und auch meine Briefmarkensammlung, die ich angefangen hatte, seitdem ich krank war.

»Hallo Mutti«, rief ich ins Telefon, »wie geht es dir denn?«

»Ach mir gehts gut, ich hab jetzt eine Arbeit in der Sparkasse als Putzfrau und da kann ich dann mit dir telefonieren. Da kostet mich das nichts, weil ich den Chef hier vom Büro kenne. Wie geht es dir so mein Kleiner?«

»Ach soweit ganz gut, ich habe hier viele Freunde, gehe zur Schule und einmal die Woche schwimmen und gegen Abend schau ich dann Fernsehen.«

»Du, jetzt kann ich dich auch mal besuchen kommen, da ich sonntags frei habe und Pappa auch, dann kommen wir zu dir runter und bringen vielleicht noch jemand von der Verwandtschaft mit. Wie findest du das?«

»Das finde ich gut. Wann kommt ihr denn vorbei?«

»Vielleicht übernächsten Sonntag, und übermorgen ruf ich dann wieder an.«

Wir sprachen noch ein paar Minuten und beendeten dann das Gespräch. Ich ging zurück und legte mich wieder ins Bett, schnallte mich wieder in der Gipsschale fest und befestigte die Gewichte an den Fußfesseln. Dann erzählte ich Günter meine Neuigkeit, und er war ganz begeistert. Günter hatte nie Besuch, da seine Eltern schon tot waren, und seine Pflegemutter sich nicht besonders um ihn kümmerte, was ich nicht gerade anständig von ihr fand. Tatsächlich rief Mutti jeden zweiten Tag an und wir sprachen ein paar Minuten miteinander und da es ja umsonst war, war das alles nicht weiter schlimm.

Tatsächlich kamen Mutti und Pappa wie verabredet und brachten sogar Oma mit. Ich lag festgeschnallt in meinem Bett, und als sie hereinkamen, döste ich gerade vor mich hin, genau wie es Günter tat. Ich schlug die Augen auf und erspähte meine Verwandtschaft. Ich war ganz aus dem Häuschen und freute mich, da ich es total vergessen hatte. Oma kam zu mir ans Bett und Mutti und Pappa auch. Wir begrüßten uns herzlich und ich stellte ihnen Günter vor und flüsterte Pappa die ganze Sachlage ins Ohr. Oma war dann entsetzt als sie an mir herabschaute.

»Was haben die denn mit dir gemacht? Du bist ja total festgebunden, das ist ja eine Quälerei.«

»Ach das ist nicht so schlimm, Oma, denn ich bin ja nicht den ganzen Tag angebunden.«

»Trotzdem find ich das nicht gut.«

»Aber es ist ja nur zu meinem Besten, Oma, und die Ärzte wissen bestimmt, was gut ist für mich.«

Oma war nach einer Weile beruhigt und wir fingen an, uns zu unterhalten. Zwischen Mutti und Pappa war irgendeine Spannung, die ich feststellte, denn wenn die zwei sich unterhielten, war immer ein oder mehrere provozierende Wörter dabei. Ich machte mir jedoch darüber keine Sorgen und plauderte mal mit Oma, Pappa oder Mutti, und manchmal mit allen drei gleichzeitig. Oma machte dann ihre Tasche auf und gab mir einen neuen Schlafanzug, den sie mir schenkte, es war ein sehr schöner Schlafanzug. Dazu packte sie noch ein paar Süßigkeiten aus und gab sie mir ebenfalls. Pappa und Mutti hatten auch eine ganze Tragtüte voll Zeug mitgebracht. Pappa nahm aus der Tüte ein paar Sachen und ging zu Günter ans Bett, überreichte sie ihm und fing an mit ihm zu sprechen. Was er mit Günter sprach, bekam ich nicht mit, da Oma wieder anfing mit mir zu plaudern. Nach anderthalb Stunden war die Besuchszeit rum. Günter und ich verabschiedeten uns, und sie gingen alle wieder. Günter war total aufgedreht, weil ihm Pappa was mitgebracht hatte. Ich machte mich aus meiner Gipsschale frei und mit der Tüte, die mir mitgebracht worden ist, zu Günter ans Bett, und wir packten sie gemeinsam aus, da wir ja sowieso alles teilten, was wir hatten. Es war alles mögliche in der Tüte. Als erstes packten wir die ganzen Süßigkeiten aus und verstauten sie in den Schränken. Dann kam die Sensation, in der Tüte befand sich auch ein kleines Transistorradio, es war ca. zehn cm lang und sieben cm breit, aber wir waren so begeistert, daß wir ganz vergaßen, es auszuprobieren. Dann waren noch ein paar Kleinigkeiten darin sowie Briefmarken, die noch nicht abgelöst waren, und für meine Sammlung bestimmt waren, Waschzeug, und so weiter.

»Du Fritz, du hast aber einen netten Vater«, sagte Günter. Ich überlegte mir meine Antwort und erwiderte dann: »Er ist nicht immer nett, er kann auch ganz anders sein wenn er will. Du kennst ihn jetzt nur vom Sehen und hast einmal mit ihm gesprochen.«

Mutti rief weiterhin jeden zweiten Abend an, und der Krankenschwester schien es nichts auszumachen, mich jedesmal zu holen. Das Radio funktionierte fabelhaft, und die Süßigkeiten waren innerhalb von zwei Tagen total unter Dach und Fach gebracht, wo sie unserer Meinung nach auch hingehörten, nämlich in unsere Mägen. Mit den Krankenschwestern kamen wir immer gut aus, und einige von ihnen spielten sogar ab und zu Mensch-ärgere-dich-nicht, wobei sie aber meistens verloren, da wir ja darin mehr Übung hatten. Einige von den Schwestern sahen sehr gut aus und wir machten uns immer einen Spaß daraus, sie ein bißchen zu necken, indem wir zu ihnen sagten, sie sähe häßlich aus, wenn sie Schminke drauf hat, oder sie hätte eine Laufmasche im Strumpf, wobei sie dann ganz krankhaft die Laufmasche suchte. Aber sie wußten, daß wir nur Spaß machten und lachten dann mit uns.

So unterhielten wir uns immer und hatten auch nie groß Zeit, um an unsere Krankheit zu denken. Die Schwestern hatten uns gerne und genauso war es andersrum. Sie waren praktisch unsere zweiten Mütter, und wenn man mal etwas nicht verstanden hatte in der Schule, setzten sie sich mit einem zusammen und machten mit einem die Hausaufgaben, übten mit einem das, was man nicht verstanden hatte, bis man es konnte. Der Arzt kam alle zwei Tage zur Visite und manchmal plauderten wir sogar mit ihm. Einmal zeigte ich ihm sogar meine Briefmarkensammlung, und bei der nächsten Visite zog er einen Briefumschlag heraus und legte ihn mir auf den Nachttisch. Als ich hineinschaute, waren eine ganze Menge Briefmarken darin für meine Sammlung. Ich bedankte mich bei ihm und ich stellte fest, daß der Arzt gar nicht so schlimm war, wie ich bei den ersten Visiten gedacht hatte. Als Günter und ich die Briefmarken dann am Mittag in das Album steckten, stellten wir fest, daß der Arzt sie genau ausgesucht hatte, denn fast jede, dich ich einsetzte, paßte zu irgendeinem Satz. Als wir fertig waren stellten wir fest, daß jetzt fast alle Sätze vollständig waren bis auf meine Auslandsätze. Aber meine Briefmarkensätze von der Bundesrepublik Deutschland waren fast alle vollständig.

Bei der nächsten Visite zeigte ich dem Arzt die Sammlung

wieder und fragte ihn: »Haben Sie die Marken alle doppelt gehabt, die Sie mir das letztemal mitgebracht haben?«

»Ja, ich habe eine ziemlich große Sammlung beieinander und da sind auch eine ganze Menge Doppelte dabei.«

Er schaute meine Sammlung wieder ganz an und sagte, daß er mir, wenn er wieder mal in seiner Sammlung aufräume, seine Doppelten bringt.

So kam es denn öfters vor, daß er mir Briefmarken mitbrachte und meine Sammlung wurde immer größer, so daß meine zwei Briefmarkenalben nicht mehr ausreichten. Mit dem Arzt kam ich immer gut aus und bald sprachen wir jedesmal, wenn er da war, von Briefmarken anstatt von meiner Krankheit.

Die Zeit verging schnell im Krankenhaus, und Mutti und Pappa kamen alle fünf bis sechs Wochen einmal zu Besuch. Die Besuche waren zwar nicht so, wie man sie sich vorstellt, aber immerhin hatte ich dann Gelegenheit, mal meine Schwester oder Brüder zu sehen.

So zum Beispiel ist mal ein Besuch abgelaufen. Mutti, Pappa und mein kleines Schwesterchen Daniela, die schon ein wenig mehr als nur auf allen Vieren krabbelt, kamen mich besuchen. Mutti und Pappa standen an meiner Seite am Bett und Daniela krabbelte auf meinem Bauch herum. Ich sprach ungefähr fünf Minuten mit Mutti und Pappa, als sie auf einmal anfingen sich im gedämpften Ton, damit es nicht jeder hören konnte, zu streiten. Da ich mich da nicht einmischen wollte oder nicht konnte, stritten sie die ganze Besuchszeit über miteinander. Mich interessierte es nicht, über was sie miteinander stritten, aber ich hörte ab und zu ein paar unanständige Worte heraus, so wie zum Beispiel Miststück, Arschloch, Hurenbock und noch ein paar andere, die ich jetzt aber nicht aufzählen möchte. Während der ganzen Besuchszeit spielte ich mit Daniela, die auch jedesmal aufquietschte, wenn ich ihr mit dem Finger leicht in das Bäuchlein stupfte. Die ganze Zeit, die ich mich mit Daniela unterhielt, stand auch Günter bei mir und Daniela fand ihn ganz amüsant und kniff ihn auch ab und zu in die Nase. Als der Besuch aufgefordert wurde, sich zu verabschieden, entsannen sich Mutti und Pappa, daß sie ja zu Besuch hier waren. Sie verabschiedeten sich und fuhren weg. Daniela fing zwar an zu weinen, als sie von meinem Bauch runtermußte, aber was nicht zu vermeiden ist, muß eben gemacht werden.

Am Abend sagte Günter zu mir: »Deine Eltern sind aber komisch. Kommen im Monat allerhöchstens einmal und dann streiten sie sich, das verstehe ich noch nicht ganz. Und hast du die Ausdrücke gehört, die sie sich gegenseitig an den Kopf geschmissen haben?«

»Ja, einen Teil davon habe ich mitbekommen, waren ganz schön harte Brocken.«

»Aber dein Schwesterchen ist ein süßer Fratz, genau so, wie du mir erzählt hast.«

»Ja, ich hab mich auch sehr gefreut, sie mal wiederzusehen.«

»Die Welt ist schon eine komische Gesellschaft, so wie deine Eltern zum Beispiel.«

»Ja meine Eltern sind schon ein wenig komisch, aber vielleicht sind alle Erwachsenen, die Kinder haben, so komisch.«

So liefen die Besuche meistens ab, und ich beschäftigte mich nur ganz selten mit meinen Eltern, immer nur mit dem dritten, der dabei war.

Günter und ich sprachen noch eine Weile miteinander und dann schliefen wir auch ein. Am nächsten Morgen war der Besuch vergessen, und die Tage verliefen weiter wie bisher.

Dann kam der Winter und mit dem Winter kam auch Weihnachten. Pappa versuchte mit dem Arzt zu sprechen, daß ich über Weihnachten drei Tage nach Hause durfte, um dort mit meinen Geschwistern zu feiern. Der Arzt erlaubte es, und Pappa holte mich auch am Morgen des Heiligen Abend ab. Als ich mich von Günter für die drei Tage verabschiedete, fing er an zu schlucken und ich sah die Tränen in seinen Augen. Da wurde mir bewußt, daß mich Günter verdammt gerne mochte. Günter blieb über Weihnachten in der Klinik. Das einzigste, was seine Pflegemutter machte, sie schickte ihm ein Geschenk in die Klinik. Ich dachte nur, daß ich Pappa überreden konnte, für ihn ein

Geschenk zu kaufen, was ich auch später, als wir zu Hause waren, versuchte und auch klappte. Weihnachten verlief bei uns fabelhaft und ich bekam ein großes Puzzle mit 3000 Teilen, ein neues Briefmarkenalbum, einen Haufen Süßigkeiten und noch Marken für meine Sammlung. Mutti und Pappa stritten sich nicht, was mich sehr wunderte. Meine Geschwister, Pappa und Mutti und ich waren eine richtige Familie an Weihnachten, was mich sehr froh machte. Wir überzogen den Urlaub von der Klinik um einen Tag, damit wir für Günter noch das Geschenk kaufen konnten. Ich suchte für ihn im Spielwarenkatalog einen Modellbaukasten aus, von dem er schon immer schwärmte, seitdem wir in der Klinik waren. Pappa kaufte ihn mit der Bemerkung »ist ja nicht gerade billig«. Wir fuhren zurück in die Klinik und ich nahm meine ganzen Geschenke mit und das von Günter ebenfalls. In der Klinik war dann eine Mordsbegrüßung und vor allen Dingen die Schwestern waren richtig begeistert, daß ich wieder da war. Die Oberschwester sagte gar nichts, weil wir uns einen Tag verspäteten. Als ich dann mit Günter wieder allein war, gab ich ihm das schon verpackte Geschenk.

Er schaute auf das Geschenk, als wenn ich das siebte Weltwunder in der Hand halte.

»Ist das wirklich für mich, Fritz?«

»Na klar, sonst würde ich es dir ja nicht geben.«

»Was ist denn da drinnen?«

»Mach es auf und du wirst es sehen.«

Er riß das Geschenkpapier auf, und als er sah, was darin war, zuckte er vor lauter Erstaunen mit der Hand zurück. »Das darf doch nicht wahr sein, das habe ich mir ja schon immer gewünscht. Wo hast du das denn her?«

»Das lag bei mir unterm Weihnachtsbaum mit einer Karte daran. *Bitte dem Günter geben, ich hatte keine Zeit in der Klinik vorbeizukommen. Gruß, dein Weihnachtsmann*«, antwortete ich ihm.

Darauf fingen wir beide an zu lachen, denn wir wußten ja beide, daß es keinen Weihnachtsmann gibt.

Günter war so glücklich über das Geschenk, daß ich mich bald noch mehr freute als er selber. Das Modell hatte er schon nach ein paar Tagen zusammengebaut und es stand nun ausstellungsreif auf dem Nachttisch, daß es jeder bewundern konnte.

So verging die Zeit, und eines Tages gab es eine freudige und eine schlechte Überraschung. Erst mal die gute Überraschung, Günter durfte die Klinik verlassen.

Nun die schlechte. Wenn Günter die Klinik verläßt, verliere ich ja meinen besten Freund.

Als Günter alles verpackt hatte, setzte er sich auf mein Bett, und ich sah, daß ihm Tränen auf den Wangen herunterliefen. Als ich ihn fragte, wo er jetzt hingehe, sagte er mir, zu seiner Pflegemutter. Und als ich ihn fragte, warum er weine, gab er mir zur Antwort: »Weil ich jetzt meinen besten Freund verliere, den ich je im Leben gehabt habe, ach ich wäre froh, wenn ich noch ein bißchen bei dir bleiben dürfte.« Darauf liefen mir auch die Tränen herunter. Der Abschied von Günter war echt schwer, und so kam es dazu, daß ich fast zwei Tage keine Nahrung zu mir nahm. Aber die Krankenschwester tröstete mich, und so ging es mir wieder besser. Das Kapitel Günter war abgeschlossen.

Die Tage vergingen jetzt langsamer, seitdem Günter nicht mehr da war, denn ich allein fand nicht immer die richtige Beschäftigung für mich.

Ich fand später keinen so guten Freund mehr wie Günter, aber ich hatte ja noch genug andere Freunde. Mit dem Doktor kam ich weiterhin gut aus, aber mein Interesse an Briefmarken ließ mit der Zeit nach. Als ich nun über ein Jahr in der Klinik war, kam eines Tages ein neuer Arzt, und der wollte mir einen Gipsabdruck von meinem Bein nehmen. Von Gips war ich ja nun nicht begeistert, und so verweigerte ich, mich eingipsen zu lassen. Erst als mir der Arzt erklärte, daß der Gips gleich wieder weggemacht wird wenn er hart ist, genehmigte ich ihm sein Vorhaben. Die Krankenschwestern kannten meine Abneigung gegen Gips und so kicherten sie die ganze Zeit herum, als der Arzt mir sein Vorhaben erklärte. Der Gips diente dazu, mir eine Art Gehapparat zu entwerfen, der um mein Bein gelegt wird, und ich dann darauf laufen kann ohne richtig auf das kranke Bein zu stehen. Der Arzt panschte dann mit dem Gips rum und legte mein ganzes linkes Bein in Gips und als er trocken war, nahm er ihn mir wirklich ab, was ich ihm anfangs nicht so recht glauben wollte. Der Arzt verdünnisierte sich dann mit dem Gipsabdruck, und ich war ganz weiß am Fuß und mußte nun die Schweinerei wegmachen. Am Nachmittag durfte ich dann ins Schwimmbecken, wo ich mich so richtig austoben konnte, da ich mich ja im Wasser bewegen konnte wie ich wollte, ohne auf mein Bein zu stehen. Am Abend lag ich dann im Bett und schlief vor lauter Müdigkeit gleich ein, ohne auch nur einen Blick auf den Fernsehapparat zu werfen.

Am nächsten Morgen kam der Arzt zur Visite, und ich fragte ihn, was das gestern bedeutete, das mit dem Eingipsen. »Dein Gelenk ist soweit wieder verheilt, aber du darfst noch nicht richtig auf das Bein auftreten und der Apparat, den wir dir da entwerfen, damit kannst du wieder laufen, ohne daß du richtig auf das kranke Bein auftrittst. Es wird dich zwar einige Mühe kosten, bis du wieder richtig laufen kannst, aber du kannst ja nicht ewig in einer Gipsschale liegen mit Gewichten an den Beinen.«

»Also dann kann ich praktisch bald wieder richtig durch die Straßen gehen?«

»Natürlich wird es auffallen, da du etwas am Bein hast, aber mit ein bißchen Übung wirst du bald wieder laufen können und durch die Straßen gehen.«

»Das ist ja prima, wenn ich nur mal wieder aufrecht gehen kann, dann bin ich schon zufrieden«, antwortete ich kurzerhand. Der Arzt lächelte mich an und ging weiter ans nächste Bett.

An diesem Tag war ich sehr happy, da ich wußte, daß ich bald wieder laufen konnte. Als die Krankenschwester zu mir kam, gab ich ihr einen raschen Kuß auf die Wange, daß sie weiß, daß ich heute total happy bin. Sie schaute mich entgeistert an, und fragte: »Für was war denn der?«

»Ach weil ich bald wieder laufen kann, und ihr sollt alle

teilhaben an meinem Glück.« Sie beugte sich nochmal zu mir runter und gab mir nun einen Kuß auf die Wange, und sagte: »Das war dafür, damit du weißt, daß ich mich auch darüber freue, und jetzt mach dich fertig für die Schule.«

»Ja, ist in Ordnung«, erwiderte ich und packte meine Schulbücher auf dem Nachttisch zusammen. An diesem Tag war ich zu nichts mehr fähig, denn in der Schule paßte ich nicht auf, sondern malte kleine herumlaufende Strichmännchen ins Schulheft, die ich schon auf Straßenampeln gesehen hatte. Die Lehrerin verstand es, und sagte dazu gar nichts, denn während der ganzen Unterrichtsstunden träumte ich vor mich hin und stellte mir vor, was ich alles machen kann, wenn ich wieder laufen könnte.

Am Abend rief sogar noch Mutti an, und ich erzählte ihr gleich die Neuigkeit. Sie freute sich darüber, und ich sprach die ganze Zeit darüber, was wir dann alles machen, wenn ich wieder laufen kann. Mutti rief nicht mehr alle zwei Tage an, sondern nur noch einmal in der Woche, und so sprachen wir dann immer fast eine halbe Stunde. Als ich auflegte, bemerkte ich, daß die Krankenschwester im Zimmer stand, und so erzählte ich auch ihr gleich, was ich alles machen werde. Sie brachte mich darauf zurück ins Bett und wünschte mir eine Gute Nacht. Ich schlief nicht sofort ein, denn ich war viel zuviel aufgeregt. Aber nach einer Weile müssen mir dann doch die Augen zugefallen sein, und ich in einen schönen Traum verfallen sein, denn ich wachte diese Nacht nicht einmal auf und spürte die Gewichte nicht an meinem Fuß, was sonst ja normal ist.

Acht Wochen nach dem Abdruck mußte ich ins Behandlungszimmer. Da stand der Arzt, der mir den Abdruck gemacht hatte, die Oberschwester und der Arzt, der immer die Visiten machte. Vor ihnen auf dem Tisch lag ein Gehapparat. Er hatte zwei Schienen, die links und rechts an mehreren Schnallen und Riemen sowie Lederpolstern befestigt waren, und das ganze sah aus wie ein gestrecktes Bein, wenn man ein wenig Phantasie hatte. Ich schaute sie alle erwartungsvoll an und begrüßte sie dann. Der Arzt von der Visite stellte mir meinen Gehapparat vor und sagte, daß er mir auch die dazugehörigen Spezialschuhe mitgebracht habe.

Man probierte mir den Gehapparat an und ebenfalls die Schuhe. Dabei stellte ich fest, daß die Sohle vom rechten Schuh um einiges höher war als die des linken. Als ich das Ding nun am Fuß hatte, forderte der Arzt mich auf, aufzustehen, was mir nicht gleich gelang, da keinerlei Gelenke in dem Apparat eingebaut waren, und somit das Bein vollkommen steif war. Als ich dann mit der Hilfe der Ärzte auf beiden Beinen stand, stellte ich fest, daß ich mit dem kranken Fuß gar nicht den Boden berührte und der Fuß ungefähr zwei Zentimeter vom Boden weg war. Der Arzt klemmte mir dann zwei Krücken unter die Arme und forderte mich auf, ein paar Schritte zu machen, was mir ohne weiteres gelang. Danach wurde ich gefragt, ob der Apparat irgendwo drückte, oder ob es mir irgendwo wehtäte, was ich mit einem Nein beantwortete, da es mir ja nirgendwo weh tat. Der Arzt meinte dann, daß ich später, wenn ich genug Übung hätte, die Krücken weglassen kann, und ohne sie laufen könne. Die Ärzte verabschiedeten sich und meinten, ich solle jeden Tag damit üben, und wenn ich Glück habe und mein Zustand sich nicht verschlechtert, kann ich in zwei Monaten entlassen werden. Ich übte jeden Tag ein paar Stunden im Gang, und schon nach einer Woche konnte ich mich ohne die Krücken fortbewegen, worauf ich sehr stolz war. Natürlich sah man, daß ich etwas am Fuß habe, da ja das Bein vollkommen steif war, wenn ich den Apparat umgeschnallt hatte. Ich verspürte keine Schmerzen beim Gehen, und so lag ich nur noch des Nachts in meiner Gipsschale, denn sonst war ich den ganzen Tag unterwegs im Haus. Nach ungefähr zwei Monaten mußte ich wieder zum Röntgen und man stellte fest, daß sich mein Zustand nicht verschlechtert hat. Der Arzt meinte daraufhin, daß man mich ja jetzt entlassen könnte und wieder nach Hause lassen dürfte. Im ersten Moment war ich froh und bedankte mich beim Arzt. Danach fuhren wir wieder zurück, da ich ja jedesmal in Freiburg in der Klinik geröntgt worden bin. Ich erzählte natürlich jedem meine Neuigkeit voller Begeisterung.

Am Abend lag ich dann im Bett und mir kamen plötzlich Gedanken, die ich mir selber nicht erklären konnte und bis heute noch nicht kann. Ich überlegte, daß zu Hause sich die Eltern streiten, daß ich geschlagen werde, und war irgendwie traurig, daß ich weg muß von St. Oberit. Hier bin ich jetzt zufrieden, ich bekomme keine Schläge, muß nicht arbeiten, kann spielen, komme mit den Schwestern und den Ärzten gut aus und muß mir keine Streitigkeiten anhören. Ja, solche Gedanken schossen mir dann durch den Kopf, und ich wußte nicht, ob ich traurig sein sollte oder glücklich, daß ich jetzt nach Hause komme. Ich muß dann irgendwie eingeschlafen sein, denn als ich am nächsten Morgen geweckt wurde, stand auf meinem Nachttisch ein kleines eingepacktes Geschenk und ein kleines Blumensträußchen, worüber ich mich sehr wunderte.

Als ich nun die Schwester fragte, für was das sein sollte, bekam ich zur Antwort: »Gestern haben wir deine Entlassung vom Krankenhaus Freiburg angekündigt gekriegt, und heute wirst du entlassen. Wir Schwestern haben dir da ein kleines Entlassungsgeschenk gekauft und wir hoffen, daß du dich darüber freust und es dir gefällt.« Sie drehte sich um und ging, und mir kam es vor, als wenn sie über meine Entlassung nicht gerade froh war. Sie mußte mich irgendwie gerne haben.

Als ich das Geschenk öffnete, fand ich eine Uhr darin vor. Mir kamen die Tränen und ich war plötzlich so traurig über meine Entlassung, daß ich am liebsten hier bleiben wollte. Ein paar Minuten später kam wieder eine Schwester zu mir.

»Guten Morgen, Fritz. Wie gefällt dir unser Abschiedsgeschenk und warum weinst du?«

»Ja, das Geschenk gefällt mir gut, und ich weine, weil ich euch verlassen muß, und ihr seid immer so gut zu mir gewesen. Dankeschön noch für das Geschenk«, sagte ich zu ihr und gab ihr einen Kuß auf die Wange.

»Wir haben deine Eltern verständigt, sie kommen heute nachmittag und holen dich ab. So und jetzt ziehst du dich an, und packst deine Sachen zusammen, ich helfe dir.«

»Ja, o.k.«, antwortete ich und sprang auf die Bettkante um

mich anzuziehen. Nach einer Stunde hatten wir mein Gepäck zusammen, und wir bestaunten unser Werk, das sehr ordentlich aussah. Danach ging ich in die großen Krankenzimmer und verabschiedete mich von den anderen Mitkranken.

Am Nachmittag kamen tatsächlich meine Eltern, um mich abzuholen. Ich verabschiedete mich von jeder Schwester und gab auch jeder einen Kuß auf die Wange. Jede der Schwestern hatte feuchte Augen und eine meinte sogar, jetzt wird es hier ziemlich ruhig werden, und keiner ist mehr da, der unsere Schönheit bewundert. Ich fing an zu lachen, und die Schwestern stimmten alle mit ein, was dann doch noch zu einem fröhlichen Abschied führte. Meine Eltern verabschiedeten sich auch noch von den Schwestern, und bezahlten bei der Oberschwester noch meine Telephonrechnung. Danach gingen wir zu unserem Auto auf dem Parkplatz, es war ein großer grauer Ford Transit und er hatte viel Platz im Innern. Das war meine Entlassung aus der Klinik St. Oberit, in der ich mich zum Schluß wie zu Hause gefühlt hatte.

Ich wußte schon fast nicht mehr wie es zu Hause aussah, und so war ich ganz überrascht, als Pappa die Haustüre aufschloß.

Es waren überall neue Möbel, und die Wände waren alle schön und neu tapeziert. Das Kinderzimmer war auch neu eingerichtet, mit zwei neuen Stockbetten sowie Tischen und Stühlen. Meine kleine Schwester schlief noch immer im Schlafzimmer bei den Eltern, und so waren wir immer noch zu dritt in dem Zimmer einquartiert.

Als ich mir alles angeschaut hatte, stellte ich fest, daß meine Geschwister gar nicht anwesend waren und fragte nach ihnen. Ich bekam zur Antwort, daß sie bei den Großeltern sind, und wir sie jetzt gleich abholen werden. Pappa trug dann mein Gepäck ins Kinderzimmer, und kurz darauf fuhren wir zu den Großeltern, worauf ich mich schon freute. Als wir dann vor der Türe standen, war ich ein klein wenig nervös, und ich wußte nicht einmal warum. Die Tür ging auf und Oma stand vor mir und lächelte mich an. Sie nahm mich gleich in den Arm und begrüßte mich ganz freudig. Danach ging ich ins Wohnzimmer, in dem meine Geschwister spielten und einigen Lärm dabei machten. Als die Begrüßung perfekt war, saß ich dann in der Küche am Kaffeetisch. Dabei musterte Oma meinen neuen Gehapparat und war ganz verstört, weil sie dachte, ich müßte ihn ewig tragen. Nachdem man sie aber aufgeklärt hatte, daß ich ihn nur so lange tragen mußte bis mein Gelenk wieder ganz in Ordnung sei, war sie sichtlich beruhigt, und der Kaffeeklatsch begann, der mich nicht interessierte. Ich ging dann in der Wohnung auf Entdeckungsreise, was sich denn bei Oma in der Wohnung verändert hatte während meiner Abwesenheit. Das einzigste war, daß sie sich ein neues Schlafzimmer geleistet hatte, was auch sehr schön ausgesehen hatte. Meine Neugier war befriedigt und wir brachen auf um nach Hause zu gehen. Zu Hause gab es dann Abendbrot und wir mußten zu Bett gehen. Da mich der Tag ziemlich angestrengt hatte, schlief ich auch schnell ein, und schlummerte vor mich hin.

Am nächsten Morgen war ich ganz überrascht, daß Mutti nicht zur Arbeit ging, aber sie erklärte mir, daß sie nur abends arbeitete und immer noch als Putzfrau in der Sparkasse. Später nach dem Frühstück gingen wir zur Schule, um mich wieder anzumelden. Mir wurde nur das Jahr im Krankenhaus angerechnet, und so wurde ich um praktisch ein Schuljahr beschissen. Meine Lehrerin war sehr nett und da sie schon ein wenig älter war, bemitleidete sie auch gleich mein Bein. Schulbücher und Hefte besorgten wir gleich auf dem Nachhauseweg.

Am nächsten Tag ging ich auch schon in die Schule, und da ich ein wenig blaß aussah, erklärte mir Frau Lang, also meine Lehrerin, daß ich mehr Vitamine zu mir nehmen müsse. Meine neuen Mitschüler sahen alle erstaunt auf mein Bein, und als Frau Lang ihnen erklärt hatte, daß ich einen Gehapparat trage, war ihre Neugier so ziemlich befriedigt. Ich bekam meinen Platz zugewiesen, und breitete gleich meine Schulbücher aus. Mein Nachbar fragte mich auch gleich aus, woher ich komme, warum ich einen Gehapparat trage und noch ein paar andere Fragen, die ich ihm alle beantwortete, worauf er dann sichtlich zufrieden wieder seiner Aufgabe nachging. So wurde ich also wieder in die Schule eingegliedert. Es machte mir sehr viel Spaß, aber meine Noten wurden nicht gerade gut, was ich gleich nach den ersten Klassenarbeiten bemerkte. Jedesmal wenn ich eine schlechte Note nach Hause brachte und Mutti sie unterschreiben mußte, schimpfte sie mich aus und wenn sie sich ganz vergaß, gab sie mir auch mal eine Ohrfeige.

Frau Lang erklärte mir, daß ich mehr Vitamine essen soll, fast jeden Tag, und wenn ich dann mit einer miesen Arbeit nach Hause kam gabs Ohrfeigen. Den Vitamintick von Frau Lang nahm ich bald nicht mehr für voll und jedesmal wenn sie mit ihren Vitaminen anfing, antwortete ich immer nur mit einem Ja und dachte mir dabei, du hast dein Recht und ich meine Ruhe.

Alle vier Wochen mußte ich zum Arzt in die Stadt, der mich röntgte und meinen Gehapparat kontrollierte. Da der Arzt mich noch kannte wie auch die hübsche Arzthelferin, begrüßten sie mich freudig. Jede Kontrolle ergab dasselbe, ich mußte den Gehapparat weiter tragen. Mir machte das Laufen keine Schwierigkeiten und bereitete mir auch keine Schmerzen. Ab und zu beschimpfte mich einer aus der Schule, ich sei ein Krüppel und täte auch immer einer bleiben. Da ich mich nicht wehren konnte, drehte ich mich um und fraß jedesmal meine Wut in mich hinein. Ab und zu weinte ich auch, aber das half nichts und so zog ich mich in mich selber zurück und es gab fast keinen Tag an dem ich mal richtig fröhlich war. Mit Mutti und Pappa konnte ich ja darüber nicht sprechen, weil sie mir ja sowieso nicht zuhörten und wenn ich ihnen mal was sagen wollte, bekam ich nur immer dieselbe Antwort: »Laß mich in Ruhe, ich habe genug andere Sorgen.« So ging jedesmal das Gespräch aus, das ich mit Mutti oder Pappa anfing. Eines Tages beschimpfte mich wieder mal jemand, worauf ich mich nicht mehr beherrschte, zu einem Stein griff und ihn ihm nachschleuderte. Der Stein traf sogar einwandfrei ins Kreuz, weil er versuchte sich wegzudrehen. Darauf ging ich nach Hause und kümmerte mich gar nicht mehr um den Betroffenen.

Die Eltern des Jungen beschwerten sich bei der Lehrerin, und diese wiederum beschwerte sich bei meinen Eltern, und natürlich war ich der Schuldige. Man sagte, ich hätte grundlos den armen Jungen mit Steinen beworfen und ihm damit sogar einen blauen Fleck im Rücken verpaßt.

Mutti und Pappa kamen auf mich zu und fragten mich erst gar nicht, was da los war. Am Nachmittag bekam ich von Mutti eine Abreibung und am Abend von Pappa. Jeder Versuch, ihnen die Lage zu erklären war fehlgeschlagen, denn sie hörten mir gar nicht zu und droschen mit dem Gürtel auf mein Hinterteil ein. Da ich laut genug schrie, hörten sie auch nach ein paar kräftigen Schlägen wieder auf, denn je lauter man schreit desto weniger Schläge bekommt man. Das sollte mir nun eine Lehre sein, nicht mehr mit Steinen zu werfen.

Ich verfluchte nach der Abreibung die ganzen Schulkameraden sowie meine Eltern. Nachdem ich dann zwei Tage die beleidigte Leberwurst gespielt hatte und eine Visage hinzog, als wenn ich ein Glas saure Gurken verschluckt hätte, drohte mir Mutti und Pappa mit noch einer Abreibung, wenn ich jetzt nicht bald aufhöre, beleidigt zu sein.

Diese Drohung hatte gereicht und ich gab das Beleidigtsein auf. Aber ich dachte trotzdem noch an die Schläge, denn sie hatten bei mir einige Striemen hinterlassen, und ich fand und war davon überzeugt, daß ich die Schläge ungerecht bekommen hatte.

Ich versuchte meine Eltern zwar nicht mehr davon zu überzeugen oder es ihnen zu sagen was da los war, aber vergessen konnte ich die Abreibung nicht und so ließ ich mich auch von den anderen Schulkameraden weiter beschimpfen, und dachte nur immer daran, wenn ich mich wehre, bekomme ich eine Abreibung.

Das Schuljahr ging langsam zu Ende und es gab die lieben netten Zeugnisse.

Da die Schule im Hospital nicht dasselbe war wie die Schule

draußen, sah mein Zeugnis auch dementsprechend aus. Es war wortwörtlich miserabel. Als ich das Zeugnis ausgehändigt bekam, mit der Aufforderung es am nächsten Tag unterschrieben wieder mitzubringen, beschlich mich schon so ein ungutes Gefühl. Nachdem ich das Zeugnis durchgeschaut hatte, wußte ich auch warum ich das ungute Gefühl hatte. So miserabel war wie gesagt das Zeugnis.

Die letzten Schulstunden bekam ich schon gar nicht mehr richtig mit, denn ich wußte, daß wenn ich mit dem Zeugnis nach Hause komme, gibt es einen ganzen Arsch voll Ärger. Endlich läutete die Schulglocke und ich war froh, daß die Schule aus war. Als ich dann auf dem Schulhof stand, schlug meine Meinung wieder um, und ich wäre jetzt froh gewesen, wenn die Schule überhaupt nicht zu Ende gehen würde. Ich saß dann noch eine Weile auf dem Schulhof und überlegte, was ich nun machen soll. Wenn ich jetzt nach Hause gehe und das Zeugnis vorlege, dann kann ich auch gleich den Hosengürtel von Pappa dazulegen und warten, bis ich meine Abreibung kassiere.

Also beschloß ich, nicht nach Hause zu gehen, sondern in die Stadt.

Auf dem Weg in die Stadt kam mir dann wieder ein Gedanke. Wenn ich später nach Hause komme, gibt es auch Ärger und wenn ich dann noch das Zeugnis dazu lege, kann ich bestimmt vierzehn Tage nicht mehr auf meinem Arsch sitzen. Also beschloß ich, doch nach Hause zu gehen und das Zeugnis vorläufig zu verschweigen und gar nichts zu sagen. In der Schule konnte ich ja sagen, daß ich vergessen hätte das Zeugnis unterschreiben zu lassen. Ich schlenderte gemütlich nach Hause und fühlte mich dabei so beschissen, daß ich am liebsten davongelaufen wäre. Eine unheimliche Angst beschlich mich vor meinem eigenen Elternhaus.

Nun stand ich also vor der Haustüre und ich drückte mutig auf die Klingel und dachte dabei an das bevorstehende Donnerwetter. Wenn Schläge doch nur nicht so weh täten, dachte ich mir, dann wäre das alles halb so schlimm. Der Summer ertönte und ich drückte die Türe auf.

Auf dem letzten Treppenabsatz blieb ich stehen und überlegte noch mal, was ich jetzt machen sollte. Als ich mich entschlossen hatte, ging ich gleich in die Wohnung, begrüßte Mutti mit einem lautstarken Guten Tag, stellte meine Schulmappe ab und hängte meine Jacke an die Garderobe. Ich ging in die Küche, schaute kurz Mutti an und verkroch mich gleich ins Kinderzimmer. Nach zehn Minuten kam dann die befürchtete Frage: »Wo ist denn dein Zeugnis?«

»In meiner Schulmappe, du mußt es nur unterschreiben«, sagte ich so gelassen wie ich konnte.

»Na dann bring es mal her, damit ich mir es ansehen kann.«

Ich ging zu meiner Schulmappe, holte das Zeugnis und brachte es Mutti. Sie putzte sich die Hände ab und griff nach dem Zeugnis. Sie schlug es auf, lief dabei rot an und schrie mich an: »Was ist denn das? Soll das ein Zeugnis sein? Man sollte es nicht glauben, du bist ja strohdumm. Na warte, das unterschreibe ich nicht, das wird Pappa unterschreiben, damit er sieht, was er für einen Musterknaben hat.« Dann spürte ich nur noch wie mir das links und rechts um die Ohren flog.

Ich entfernte mich so schnell wie möglich aus der Küche und verkroch mich ins Kinderzimmer. Als es dann Mittagessen gab, rief Mutti meine Brüder, und da ihre Stimme freundlich war, mußte Ralf ein einigermaßen gutes Zeugnis haben. Ich erhob mich und ging zum Mittagstisch. Als ich mich an den Tisch setzen wollte bemerkte ich, daß für mich gar kein Gedeck aufgelegt war. Mutti stand am Tisch und sagte nur: »Für dich gibt es nichts zu essen, du kannst gleich wieder ins Zimmer gehen, machst dann deine Hausaufgaben und legst dich ins Bett. Du hast bis heute abend, bis Pappa nach Hause kommt, auf jeden Fall Bettarrest.«

Ich hatte einen wahnsinnigen Hunger, aber gegen ihren Entschluß konnte ich ja nichts einwenden. So ging ich ins Kinderzimmer, und da wir keine Hausaufgaben hatten, zog ich mich aus und legte mich ins Bett.

Mann, hatte ich eine Muffe, daß Pappa nach Hause kommt und ich wünschte mir, daß er sich heute abend so betrinkt, und daß er so spät nach Hause kommt, daß er mir keine Abreibung mehr verpassen könnte. Mein Wunsch ging nicht in Erfüllung, Pappa kam pünktlich kurz vor sechs Uhr nach Hause. Mein Herz fing plötzlich heftig an zu schlagen, und ich spürte, wie mir das Blut durch die Adern schoß.

Pappa aß dann erst sein Abendbrot, so wie ich es mitbekam. Dann sprachen Mutti und Pappa miteinander, wobei Mutti ziemlich heftig auf mich schimpfte, Mutti kam darauf ins Zimmer und sagte zur mir: »Zieh dich an und komm ins Wohnzimmer.«

Die Tür wurde sofort wieder angelehnt.

Ich schnallte meinen Gehapparat um und zog meine Kleider an. Darauf ging ich ins Wohnzimmer. Pappa stand im Wohnzimmer und hielt in der einen Hand das Zeugnis und in der anderen schon den Hosengürtel. In mir kam ein komisches Gefühl auf, und ich hatte plötzlich einen merkwürdigen Kloß im Hals. Pappa fragte mich irgendetwas, aber ich hörte es nicht, denn der bloße Anblick des Hosengürtels versteinerte mich, und ich war nicht fähig, eine Antwort zu geben. Ich verstand nur noch das eine: »Wenn du mir keine Antwort geben willst und du es nicht anders haben möchtest, dann leg dich über den Hocker.«

Auf einmal konnte ich wieder sprechen und fing dabei an zu weinen: »Pappa bitte nicht schlagen, bitte, bitte nicht!«

Es half nichts, ich mußte mich über den Hocker legen und dann spürte ich die Schläge, der Schmerz schoß mir bis in den Kopf, obwohl mich Pappa auf den Hintern schlug. Ich schrie so laut ich konnte, aber ich bekam dieses Mal mein volles Quantum, und als mein Vater fertig war, spürte ich, daß mein ganzer Hintern in einem brennenden Schmerz wehtat. Ich hatte die einzelnen Schläge nicht gezählt. Als ich dann wieder aufrecht stand, sagte Pappa zu mir: »Zucht und Ordnung muß sein. Mir macht es keinen Spaß, dir den Arsch voll zu hauen, aber solche Noten müssen bestraft werden, denn sonst wirst du immer fauler, und ich habe doch keinen Idioten in die Welt gesetzt. Das nächstemal will ich anständige Noten sehen, und so ein Zeugnis unterschreibe ich das erste und das letzte Mal. Du mußt deinen

Brüdern ein Vorbild sein, du bist ja schließlich der Älteste und von dir muß ich sowas erwarten können. Haben wir uns verstanden?«

»Ja Pappa«, antwortete ich schüchtern.

Mir liefen immer noch die Tränen herunter und ich hob meine Handflächen ebenfalls noch auf den Arsch, denn er brannte höllisch. Dann bekam ich noch Bettarrest für zwei Wochen und wurde dann ins Bett geschickt. Im Bett lag ich dann noch eine ganze Weile wach und ich verfluchte Pappa und wünschte ihm alle Qualen, die es überhaupt auf der Welt gibt. Irgendwann muß ich dann eingeschlafen sein und dabei mußte ich auch aufgehört haben zu weinen.

Am nächsten Morgen hatte ich einen Hunger wie ein Bär, und da ich den gestrigen Tag nur zum Frühstück etwas zu essen gehabt hatte, fraß ich beim Frühstück soviel ich konnte. Ich habe wirklich nicht mehr gegessen, ich habe gefressen, was in mich hineinging. Das unterschriebene Zeugnis lag neben mir auf der Bank und ich war froh, daß es unterschrieben war. Mein Hintern schmerzte immer noch, sobald ich mich beim Sitzen bewegte, und ich dachte gleich an die Schläge von gestern. Dann, als ich fertig war mit dem Frühstück, schnappte ich das Zeugnis, verstaute es in der Schulmappe und machte mich auf den Weg in die Schule.

Das Zeugnis gab ich ab, und als mich meine Kameraden fragten, was meine Eltern dazu gesagt hatten, antwortete ich so gut und glaubwürdig wie ich konnte: »Ach gar nichts, die hatten unterschrieben und nur gesagt, daß es besser sein könnte.«

Ich wußte nicht warum ich sie anlog, aber wahrscheinlich weil ich Angst hatte, sie könnten mich auslachen und mich hinterher damit ärgern. Komisch, bei uns zu Hause gab es Schläge bei so einem Zeugnis, und die anderen bekamen keine, ach wenn ich doch nur andere Eltern hätte, dachte ich mir und in dem Moment wünschte ich unbewußt sogar meinen Eltern den Tod. Am Mittag, als ich dann von der Schule nach Hause kam, gab es Mittagessen und darauf mußte ich mich gleich ausziehen und ins Bett legen. Da wir keine Hausaufgaben auf hatten und es kurz vor den Ferien war, wünschte ich mir, daß die zwei Wochen bald vorüber waren. Ich kam nur noch zum Abendessen aus dem Bett, und da ich nicht spielen durfte im Bett, ließ Mutti immer die Rolläden herunter, und es war fast ganz dunkel im Zimmer. Mann, mir hat es gestunken, die ganzen zwei Wochen. Einen Tag nach der Tracht Prügel schaute ich im Bad meinen Hintern an. Er war überzogen mit blauen Striemen, und ich war froh, daß es keiner sehen konnte oder besser, daß es keiner gesehen hat. Meine Brüder durften jeden Tag spielen und durften auch jeden Tag Fernsehen schauen. Ich wurde regelrecht wütend als sie mir immer davon erzählten, und es war das erste Mal, daß ich meinen Brüdern am liebsten eine aufs Maul gehauen hätte, aber ich dachte daran, daß es nur Ärger gäbe, wenn ich das täte.

Mein Gehapparat fing auf einmal an zu spinnen. Die Schrauben lösten sich und er fing an, am Innenschenkel des linken Beins zu scheuern, und so war ich ganz wund an der Stelle, und es bereitete mir höllische Schmerzen, damit zu laufen. Ich sagte es Mutti, aber sie meinte nur: »Stell dich nicht so an, das geht schon wieder weg. Jetzt hat er so lange gehalten und er wird auch noch weiter halten.«

Aber es wurde nicht besser, und so mußte ich sie nochmal belästigen. Sie ging darauf mit mir zum Arzt in die Stadt.

Der wiederum meinte, daß ich bald einen neuen Apparat bekommen würde und er muß deshalb von mir einen Abdruck machen.

Er machte einen neuen Abdruck, verarztete meinen aufgescheuerten Innenschenkel und legte den Gehapparat mit einer Art Watte aus, für die paar Wochen bis der neue Apparat kommt. Die Schrauben zog er auch gleich noch an, und so war der Gehapparat wieder voll gebrauchsfähig.

Es ging wieder einwandfrei mit dem Laufen und der Schmerz am Innenschenkel war fast weg. Ich bummelte mit Mutti noch in der Stadt rum und dann gingen wir wieder nach Hause.

Ein paar Wochen später war ich wieder beim Arzt. Vor mir auf dem Tisch lag mein neuer Gehapparat. Er sah ganz anders aus als mein alter Apparat. Es waren Gelenke dran und der Apparat hatte die Form eines ganzen Beines.

Der Arzt probierte ihn an und er saß einwandfrei. Ich probierte mit ihm zu laufen, was mir auch keinerlei Schwierigkeiten bereitete. Ich konnte nun das Bein beugen und so fiel es fast nicht mehr auf, daß ich etwas am Bein hatte.

Auf dem Heimweg kauften wir noch ein Paar neue Schuhe für mich, da ich ja jetzt nicht mehr so hohe Sohlen tragen mußte. Mit dem Apparat ließ es sich gut laufen, aber dennoch störte er mich noch ein paar Wochen, und jedesmal wenn ich zum Arzt mußte, bekam ich immer dasselbe zu hören, daß ich den Apparat noch weiter tragen müsse. Mittlerweile fingen die Schuhe an zu quietschen und wir mußten sie ölen, da es sehr auffiel. Denn wenn man so durch die Gegend läuft und bei jedem Schritt so ein markerschütterndes Geräusch zu hören ist, drehen sich alle Leute nach einem um, denn man konnte ja ein Roboter oder ein Ding aus einer anderen Welt sein. Die Zeit verging weiter und so trug ich meinen neuen Gehapparat schon ein halbes Jahr. Die Eltern stritten sich immer noch, und Schläge gab es auch genug, so daß es mir nie langweilig wurde.

Eines Morgens hatte ich dann den Horror. Ich saß auf dem Bett und schaute meinen Gehapparat an. Er ekelte mich direkt an, und so beschloß ich, von einer Sekunde auf die andere, ohne dieses Scheißding wieder laufen zu lernen.

Ich stellte beide Beine fest auf den Boden. Dann versuchte ich auf beide Beine mich zu erheben. Als ich stand, sackte mein linkes Bein ein und ich fiel auf den Boden. Sofort raffte ich mich wieder auf, und hüpfte mit einem Bein zu den Stühlen im Zimmer. Ich stellte mich so zwischen die Stühle, daß ich mich auf den Lehnen abstützen konnte. Ich stellte mich wieder auf beide Beine und hielt dabei krampfhaft die Stuhllehnen fest. Es gelang mit Müh und Not, daß ich auf beiden Füßen stehen konnte. Nach über einer halben Stunde legte ich mich total erschöpft ins Bett, und als kurz darauf Mutti ins Zimmer kam, stellte sie fest, daß ich krank bin. So blieb ich für den ganzen Tag in meinem Zimmer und brauchte nicht zur Schule gehen. Ich probierte dann fast jeden Tag und merkte so, daß mein Bein von Tag zu Tag mehr Kraft bekam. Mutti und Pappa erzählte ich nichts davon, denn es könnte ja sein, daß ich dann die Hucke voll kriege, weil ich ohne den Apparat auf dem Fuß gestanden bin, obwohl es der Arzt verboten hat. So vergingen fast zwei Wochen, wenn ich zur Schule ging, hatte ich den Apparat am Bein, und wenn ich Zeit hatte, versuchte ich ohne Apparat auf dem Fuß zu stehen.

Eines Morgens in der Schule wurde es mir ganz komisch, und drei bis vier Sekunden war mir ganz schwarz vor den Augen und ich merkte nichts mehr. Ich war bewußtlos, und als ich wieder erwachte, stand die Lehrerin neben mir. Ich setzte mich wieder auf den Stuhl, und kurz darauf wurde ich von einem anderen Lehrer nach Hause gefahren. Mir ging es zwar wieder gut bis auf ein paar Bauchschmerzen, aber ich mußte trotzdem ins Bett liegen.

Die Schwindelanfälle häuften sich mit der Zeit und so ging ich ziemlich oft nicht zur Schule. Meine Lehrerin wurde mittlerweile sauer, denn ich hatte dadurch schon einige Klassenarbeiten verpaßt. Sie drohte mir an, wenn ich nochmal fehlen sollte bei einer Klassenarbeit, dann bekomme ich einen Sechser dafür ins Notenbuch eingetragen. Vor Sechsern hatte ich eine Heidenangst, denn das bedeutet ganz einfach: ein Sechser gibt schlechte Zeugnisnoten, und schlechte Zeugnisnoten ergeben zu Hause eine Tracht Prügel. Folglich zog ich vor, immer zur Schule zu gehen. Ich hatte jeden Tag Bauchschmerzen und die wurden so schlimm, daß mir manchmal die Tränen in die Augen kamen. Als ich es Mutti erzählte, daß ich solche Bauchschmerzen habe, sagte sie, ich soll nicht so wehleidig sein.

Eines Morgens, in der Schule, hatte ich solche Bauchschmerzen, daß ich mich nicht mehr auf die Tafel konzentrieren konnte, es wurde mir auch noch schwindlig, und ich fiel kurzerhand vom Stuhl.

Man brachte mich nach Hause und da kam unser Hausarzt. Der stellte fest, daß ich was am Blinddarm habe und mein Kreislauf nicht in Ordnung ist, und wies mich sofort ins

Krankenhaus ein. Mutti packte alles zusammen und so lag ich schon am Nachmittag im Krankenhaus. Als ich dann dort erfuhr, daß ich operiert werden soll, hätte ich vor Angst fast in die Hosen geschissen.

Am Abend bekam ich nichts zu essen und ich hatte einen wahnsinnigen Hunger. Die Schwester gab mir trotzdem nichts zu essen, außer eine Tablette und so schlief ich auch bald ein.

Am Morgen bekam ich ebenfalls nichts zu essen, stattdessen mußte ich ein frisches weißes Hemd anziehen, das aussah wie ein Leichenhemd, und bekam eine Spritze in den Arsch. Dann wurde ich auf eine Tragbahre gelegt und in den OP-Saal gefahren. Dort lag ich dann auf einem Tisch, den Arm festgeschnallt, und die Ärzte sind durch die Gegend gerannt. Ich bekam immer mehr Angst, und als die Krankenschwester mit einer riesigen Spritze kam, hätte ich am liebsten geschrien und wäre weggelaufen. Ich fragte die Krankenschwester, ob die Operation weh tut. Sie sagte zwar nein, aber das glaubte ich ihr nicht. Sie stach mir darauf die Spritze in den Arm und den Stich spürte ich kaum. Kurz darauf spürte ich dann gar nichts mehr, denn das war ja eine Betäubungsspritze.

Ich wachte erst wieder in meinem Bett auf und nicht auf dem OP-Tisch. Ich war zwar noch sehr benommen, aber als mich die Krankenschwester fragte, ob es schlimm ist, sagte ich nein. Ich schlief dann noch den ganzen Tag und die Nacht vor mich hin und am nächsten Morgen betrachtete ich erst mal meinen Verband. Schmerzen hatte ich fast keine und so interessierte mich, was unter dem Verband wohl sein könnte. Die Krankenschwester und die Ärzte kamen zur Visite und nahmen den Verband ab. Es war zwar nicht viel zu sehen, aber das Desinfektionsmittel, das der Arzt draufgeschüttet hatte, war eiskalt und ich bin richtig erschrocken. Fast zwei Wochen kam der Arzt jeden Tag zur Visite und eines Tages nahm er mir dann die Klammern weg, die die Wunde zusammenhielten. Ich mußte noch drei Tage dableiben, dann wurde ich entlassen. Mutti holte mich vom Krankenhaus ab und sprach noch eine Weile mit der Oberschwester, die für mich sowieso eine doofe Ziege war.

Zu Hause wurde ich dann freundlich begrüßt von Pappa.

Ich ging wieder zur Schule und es war alles bestens in Ordnung. Meine heimlichen Gehversuche machte ich dann trotzdem weiter. Ich hatte keinerlei Schmerzen und konnte bald darauf richtig laufen, wenn man die paar Schritte richtig laufen nennen kann. Eines Morgens dann stellte ich den Apparat ganz in die Ecke, denn ich konnte mittlerweile schon ganz gut laufen. Ich ging in die Küche zu Mutti und zeigte ihr stolz, daß ich ohne Apparat laufen kann. Sie sah mich erstaunt an und nach einer längeren Diskussion mit ihr sah sie ein, daß es das Beste war, was ich gemacht habe. So machte ich dann jeden Tag meine Gehübungen und nach einer Weile ging ich ohne Apparat zur Schule. Ich konnte also wieder richtig laufen. Pappa war ganz begeistert und mir schien, er freute sich mehr als ich. Den Apparat verstaute Pappa im Keller, so wie alles andere, was von meiner Krankheit übrig war. Den Arzt besuchte ich nicht mehr, da ich keinerlei Schmerzen oder sonstige Beschwerden hatte. Ja, das Laufen machte mir immer mehr Spaß, und ich konnte nicht genug davon kriegen.

Das war das glückliche Ende meiner Krankheit.

Da ich nun ja nicht mehr krank war, kam eine ganze Menge Arbeit auf mich zu. Pappa arbeitete nach wie vor in dem Aluminiumwerk und kam immer später nach Hause, weil er den Alkohol sehr schätzte. Wenn er nach Hause kam, war er meistens betrunken oder zumindest stark angeheitert. Mutti wechselte die Arbeitsstelle und arbeitete als Bedienung von vierzehn Uhr bis in die Nacht. Da kann man sich vorstellen, was auf mich zukam.

Am Morgen ging ich zur Schule, und gleich nach der Schule nach Hause. Zu Hause machte ich dann meine Hausaufgaben und übte meistens noch eine halbe Stunde für die nächsten Klassenarbeiten. Da Mutti bis in die Nacht arbeitete, schlief sie fast den ganzen Morgen und so blieb die Hausarbeit liegen. Nach den Hausaufgaben ging ich dann an die Hausarbeit, da es mir von Pappa und Mutti aufgetragen wurde. Mutti half selbstverständlich bei der Hausarbeit. Ich wusch meistens das Geschirr ab und machte die Küche sauber, dann Staub wischen und Staubsaugen, und wenn ich noch Zeit hatte, durfte ich noch irgend eine andere Arbeit verrichten. Um halb vier mußten wir dann alle ins Bett, da Mutti ja arbeiten ging. Mutti machte den Rolladen herunter, das Licht aus und schloß uns ins Zimmer ein. Dann ging sie arbeiten, und wir durften den Rolladen nicht hochziehen und auch nicht spielen. Wenn mal jemand aufs Klo mußte, so mußte er auf einem Eimer, den sie uns reinstellte, sein Geschäft verrichten.

Für uns war das wie eine Strafe, obwohl es für Mutti und Pappa keine Strafe war. Das diente nur zu dem Zweck, daß wir keine Dummheiten machen konnten. Andere Kinder durften draußen bei schönem Wetter spielen, und wir mußten im Bett liegen. Meiner kleinen Schwester machte das nicht viel aus, denn sie schlief ja noch genug, und wenn sie aufwachte, beschäftigte sie sich sowieso alleine.

Da man um vier Uhr mittags noch nicht schlafen konnte, unterhielten wir uns halt immer. Wir erzählten uns Witze und Geschichten und wer weiß was noch alles. Das wurde natürlich mit der Zeit langweilig und so ließen wir uns andere Sachen einfallen. Ab und zu zogen wir den Rolladen einen Spalt breit hoch und spielten mit Autos, machten eine Kissenschlacht oder sonst irgend etwas, was uns gerade einfiel.

Das mußte Mutti irgendwie mitbekommen haben, und wir drei Brüder bekamen eine Abreibung. Das war uns natürlich eine Lehre, denn so ein Hosengürtel tut schon gewaltig weh.

So lagen wir des Abends wieder im Zimmer und erzählten uns irgendetwas. Natürlich ging das nicht lange und so fingen wir wieder an, etwas anderes zu tun, obwohl wir wußten, daß wir Schläge bekommen, wenn Mutti das herausbekommt. Sie bekam es auch heraus, da sie die Ritze im Rolladen sah, den wir vergessen hatten wieder herunterzumachen.

Diesmal gab es eine gewaltige Abreibung. Uwe schlug sie fast gar nicht, aber Ralf und mich dafür umsomehr. Erst mit

Kochlöffeln, und als die abgebrochen waren, mit der Hand, dabei muß ich irgendwie an ihr Gesicht gekommen sein ohne daß ich es wollte. Sie dachte natürlich gleich, daß ich sie schlagen wolle, und so bekam ich dann noch mit dem Hosengürtel. Sie schlug drauf, wo sie treffen konnte. Ralf und ich hatten dann am ganzen Körper blaue Flecken, und sämtliche Knochen taten uns weh.

Mann, wenn ich vor nichts Angst gehabt hätte, aber vor Schlägen hatte ich immer Angst, denn das tut verdammt weh, wenn man hinhalten muß und dann auf einen eingedroschen wird. Erstens waren es starke Schmerzen, und zweitens konnte man vor den Schmerzen nicht davonlaufen. Wir bekamen noch öfters Prügel, weil wir nicht im Bett geblieben sind. Aber welcher normale Mensch kann ab vier Uhr abends, oder besser gesagt nachmittags, im Bett liegen und schlafen?

Mutti fing dann an, ganztags zu arbeiten, also von morgens um zehn Uhr bis mittags um drei Uhr und von vier Uhr bis in die Nacht. Ich mußte nun das meiste an Arbeit machen, was mir natürlich nicht gerade gefiel. Des Mittags kam ich von der Schule, wärmte das Mittagessen für meine Geschwister und mich auf, danach machte ich die Hausarbeit, und wenn Mutti schnell nach Hause kam, gab sie mir dann meistens das Abendessen in die Hand, das sie aus der Stadt mitgebracht hatte. Um vier mußten wir trotzdem schon wieder im Bett sein. Meine Hausaufgaben konnte ich nicht immer machen und so mußte ich zwischen den Pausen in der Schule abschreiben. Für mich war das ein ganz schöner Streß und manchmal wußte ich nicht, wo mir der Kopf steht. Mitten in der Nacht hörte ich oft Pappa und Mutti miteinander streiten, und einmal hörte ich sogar Pappa weinen, da die Türen nur angelehnt waren. Mutti dachte sowieso, wir schlafen, da sie ja immer in die Zimmer schaute, wenn sie von der Arbeit kam. Da wir im Bett lagen und alles still war, mußten für sie ja alle schlafen, was aber nicht zutraf. Da war ab und zu ganz schön die Hölle los im Wohnzimmer, wenn sich Mutti und Pappa stritten. Ich hatte immer Angst, daß Mutti sich eventuell wieder was antun würde, oder daß Pappa sie vielleicht mal totschlägt, ich hatte halt meistens dieselben Gedanken.

Wenn man dann Mutti am nächsten Tag sah, war sie immer niedergeschlagen und grätig, was ich natürlich dann verstand. Einmal sah ich auch, wie Pappa Mutter geschlagen hat. Er war total betrunken, und ich stand hinter der Tür und sah die ganze Szene durch den Türspalt.

Mein Herz fing ganz heftig an zu schlagen und ich hatte wahnsinnige Angst. Trotzdem war ich zu feige, irgendetwas zu tun, was Mutti helfen könnte. Anstatt hinter der Tür vorzutreten und etwas zu sagen, blieb ich da stehen, wo ich war, und machte überhaupt nichts. Später ging ich wieder ins Bett und die Szene spielte sich noch ein paarmal vor meinen Augen ab, bis ich einschlief.

Am nächsten Morgen ging Mutti nicht zur Arbeit, was ich auch verstand, denn sie muß ja ziemlich fertig mit den Nerven gewesen sein. Pappa ging trotzdem zur Arbeit als wenn nichts geschehen wäre.

Am Abend kam dann Pappa wieder angetrunken von der Arbeit. Ich sagte keinem, daß ich die ganze Szene vom gestrigen Abend gesehen hatte, denn es brauchte ja niemand zu wissen. Wir mußten an dem Abend gleich ins Bett, aber ich hörte trotzdem jedes Wort, das Mutti und Pappa sprachen, denn ich hatte die Tür nur angelehnt, was auch keiner bemerkte. Pappa hatte heute seine Arbeit gekündigt und er wird morgen schon eine Arbeit annehmen als Möbeltransporter und er wird fast die ganze Woche nicht nach Hause kommen, außer am Wochenende. Er wird in Hotels schlafen und essen, aber trotzdem noch mehr verdienen als im Aluminiumwerk. Das bekam ich alles mit und auch den darauffolgenden Streit.

Pappa blieb tatsächlich die ganze Woche weg und Mutti hörte auf zu arbeiten. Pappa kam nur am Wochenende nach Hause und da gab es auch immer Streit genug. Erst erzählte Mutti was wir alles angestellt hätten die Woche über, und wir bekamen ab und zu noch eine Sondertracht Prügel, mit Pappas Hosengürtel, die sich gewaschen hat.

Pappa ging dann meistens fort und als er wiederkam, war er auch fast immer besoffen. Dann bekamen Pappa und Mutti sich meistens in die Haare und es blieb auch nicht aus, daß sie sich gegenseitig geschlagen haben. Sie versuchten die Streitigkeiten gar nicht mehr heimlich zu machen, sondern direkt vor uns. Wir bekamen fast jede Szene mit und jedesmal machte ich mir vor lauter Angst bald in die Hosen. Das spielte sich meistens am Wochenende ab, unter der Woche war Ruhe, bis auf die einzelnen Abreibungen, die wir ab und zu von Mutti verabreicht bekamen. Obwohl Mutti nicht mehr arbeitete, mußte ich noch genug arbeiten. Zwar hatte ich jetzt mehr Zeit für meine Hausaufgaben, aber zum Spielen hatte ich keine Zeit. Denn jedesmal wenn ich anfing zu spielen, wie z. B. ein Puzzle bauen oder sonst irgend etwas, und Mutti sah es, trug sie mir gleich eine neue Arbeit auf. Mutti war fast jeden Tag launisch und griesgrämig, was ich zwar verstand, aber nicht gerade für gut hielt, daß sie ihre Launen an uns ausließ.

Es war Montag und Schulferien.

Am frühen Morgen klingelte es an der Tür und ich fragte mich, wer das wohl sein konnte. Mutti war schon aufgestanden und angezogen, was mich sehr wunderte, also mußte sie den Besuch erwartet haben. Pappa war am Sonntagabend um zehn Uhr ja schon weggefahren, in Richtung Halim, der konnte es also nicht sein.

Als Mutti öffnete, stand ein Mann in der Tür und behauptete er sei von der Möbeltransportfirma Neukern und er müsse hier die Faltkartons abgeben für den Umzug am nächsten Tag. Ich war ganz überrascht, als ich feststellte, daß wir umziehen werden, denn es war das erstemal, daß ich etwas davon hörte. Pappa hatte auch nichts verlauten lassen, und so kam mir die Sache spanisch vor, irgendein Haken mußte da dran sein.

Ich erfuhr es auch ein paar Minuten später, als der Mann wieder weg war. Mutti hatte den Umzug heimlich organisiert und Pappa wußte gar nichts davon und dabei erfuhr ich auch, daß sie schon lange geschieden waren und nicht mehr verheiratet. Da sie das Sorgerecht für uns hat, hat Pappa überhaupt nichts zu bestimmen, meinte sie. Ich dachte mir nur in dem Moment, daß das ein riesiges Theater gibt, wenn Pappa nach Hause kommt und eine leere Wohnung vorfindet. Mutti fing daraufhin gleich an zu packen. Sie faltete die großen Kisten zusammen, und legte alles hinein, Kleider, Geschirr und alles, was so in den Schränken war. Es war eine beachtliche Menge Kram, denn wir brauchten eine ganze Weile dazu, und als wir fertig waren, standen im Hausflur die ganzen Kisten und man hatte kaum noch richtig Platz überhaupt im Flur zu laufen.

Mutti erklärte mir noch so nebenbei, warum sie auszog aus der Wohnung. Wir ziehen nur einen Kilometer weiter in eine Vierzimmerwohnung, die vom Sozialamt bezahlt wird. Pappa wird nicht mehr bei uns wohnen und er wird auch nicht in die Wohnung kommen, da sie ihn nicht reinläßt. Sie bekommt Geld vom Sozialamt zum Leben und sie wird allezeit Ruhe vor Pappa haben.Wenn er wieder kommen sollte, wird sie die Polizei anrufen und ihn ins Gefängnis bringen lassen. Sie wußte nicht, daß sie sich da gewaltig irrte, bei dem was sie da vorhatte, genausowenig wie ich.

Am nächsten Morgen stand auch schon der Möbelwagen vor der Haustüre. Vier starke Männer bauten die ganzen Möbelstücke auseinander und trugen alles in den großen Möbelwagen. Es war eine ganze Menge Zeug, denn als die Leute fertig waren, waren der Möbelwagen und der Anhänger voll beladen.

Wir fuhren also die paar Häuserblocks nach vorne, und ich war ganz überrascht, als Mutti die Wohnungstür zu unserer neuen Wohnung aufschloß. Die Wohnung war geräumig, groß und hatte allerhand Extras. Es waren zwei Kinderzimmer, ein großes Wohnzimmer, ein großes Schlafzimmer, eine geräumige Küche, zwei Toiletten, eine mit Bad, ein Abstellraum und ein großer Flur. Also die Wohnung war schon enorm, aber der Balkon war um die Hälfte kleiner als unser alter. Die Möbelpakker trugen alles gleich in die Wohnung. Mutti gab Anweisungen, wo die einzelnen Teile hingestellt werden sollten, da sie schon eine gewisse Vorstellung hatte, wie die Wohnung eingerichtet werden sollte. Die Möbelpacker folgten ihren Anweisungen, und als alles aus dem Möbelwagen in der Wohnung stand, fingen sie auch gleich an, die Möbel wieder zusammenzubauen. Die Arbeiter legten mehrere Pausen ein, und Mutti spendierte ihnen auch einen Kasten Bier. Das Bier war zwar in Windeseile ausgetrunken, aber die Arbeiter schwankten nicht und führten sich auch nicht wie die Wilden auf.

Am Abend stand dann alles an seinem Platz, so wie es Mutti haben wollte.

»Na Fritz, wie gefällt dir unser neues Zuhause?« fragte mich Mutti.

»Nicht schlecht, am meisten gefällt mir, daß wir jetzt zwei Kinderzimmer haben und wir nur noch zu zweit in einem Zimmer schlafen müssen.«

Das war auch schon alles, wir aßen noch zu Abend und dann gingen wir ins Bett. Es war ein herrliches Gefühl, nur zu zweit in einem Zimmer zu sein. Es war nicht so eng, und man konnte auch viel besser reden, da mein kleiner Bruder nicht bei uns im Zimmer lag, sondern Ralf, der Zweitälteste, und der quatschte nicht so viel bei Mutti oder besser gesagt er verquatschte sich nicht so oft.

Am nächsten Morgen, als ich aufwachte, wußte ich im ersten Moment gar nicht wo ich bin, aber mir kam dann gleich die Erinnerung. Draußen hörte ich schon das Geschirr klappern, und so stieg ich gleich aus dem Bett. Das Frühstück war schon gemacht und kurz darauf waren wir alle um den Frühstückstisch versammelt.

Mutti schärfte uns beim Frühstück ein, daß wir die Tür nicht aufmachen dürften, wenn Pappa draußen stehen sollte. Er dürfte nicht in die Wohnung kommen, sonst müssen wir hier wieder ausziehen.

Naja, wir versprachen alle, Pappa nicht in die Wohnung einzulassen, und der Fall war dann für alle klar.

Die ganze Woche hatten wir auch mit Aufräumen und Saubermachen zu tun, und da wir genug Arbeit hatten, gab es auch keine Langeweile. Die neuen Nachbarn waren alle sehr freundlich bis auf eine. Das war eine alte Ziege mit Namen Jendritschek und dazu hatte sie auch noch einen kleinen giftigen Pudel. Sie konnte keine Kinder leiden und regte sich bei der kleinsten Kleinigkeit auf. Sie mußte sich immer gleich beim Vermieter beschweren, und so hatten wir schon nach den ersten zwei Tagen eine Beschwerde weg. Aber der Vermieter meinte nur, daß wir das nicht so ernst zu nehmen brauchen.

Am Wochenende war aber dann schon der Teufel los.

Am Samstagmittag klingelte es an der Haustüre. Mutti schaute durch den Spion und stellte fest, daß es Pappa war. Sie machte natürlich nicht auf, und wir verhielten uns alle ruhig, damit er nicht merkte, daß wir zu Hause waren. Nach ein paarmal Klingeln gab er es dann auf und verschwand wieder. Ich dachte mir, na wenn das alles war, dann gibt es ja keinen Ärger mehr.

Am Abend gegen elf Uhr klingelte es aber wieder und Pappa stand total betrunken unten vor der Haustüre. Da wir ja Parterre wohnten, hatten wir die Rolläden alle unten, damit keiner in die Wohnung kommen und etwas stehlen konnte. Trotzdem hörten wir Pappa noch grölen. Er wollte in die Wohnung und vor allen Dingen seine Kinder sehen. Mutti kippte das große Fenster im Kinderzimmer, damit es einen Spalt breit aufstand, und zog den Rolladen ein paar Zentimeter nach oben. Dann sagte sie zu Pappa, wobei sie schreien mußte: »Du kannst gleich wieder verschwinden, du hast hier nichts mehr verloren, und am besten du läßt dich nicht mehr hier blicken. Die Kinder brauchst du auch nicht besuchen, und in die Wohnung kommst du auch nicht rein. Also scher dich zum Teufel!«

Plötzlich war nur noch ein gewaltiger Knall zu hören. Die Fensterscheibe flog mit einem lauten Klirren auseinander und Mutti fiel zu Boden. Im ersten Moment blieb ich wie angewurzelt stehen, denn ich wußte nicht, was ich machen sollte. Dann, als ich mich wieder gefangen hatte, rannte ich zu Mutti, die am Boden lag und stöhnte. Am Hinterkopf bei ihr, oder besser gesagt am Hals, war eine kleine Schramme, aus der Blut sickerte. Mutti kam wieder auf die Beine und sie stellte fest, daß ihr außer der Schramme nichts weiter fehlte. Dann schauten wir uns die

Bescherung an, die Pappa da angerichtet hatte. Mir saß der Schreck in den Knochen und ich brachte noch immer keinen anständigen Satz zusammen. Pappa hatte einen riesigen Stein durch den Rolladen ins Zimmer geworfen. Die Scheibe war total im Eimer und der Rolladen war auch kaputt. Als Mutti dann aus dem Fenster schaute, stellte sie fest, daß von Pappa keine Spur mehr war. Er war wie vom Erdboden verschluckt.

Kurze Zeit später hörten wir Polizeisirenen und dann stand die Polizei auch schon vor der Tür. Einer der Nachbarn mußte sie alarmiert haben, denn wir hatten noch kein Telephon in unserer neuen Wohnung, obwohl Mutti sofort eins anschaffen wollte. Die Polizei fragte zuerst, ob sie einen Krankenwagen rufen sollten, da Mutti verletzt worden ist. Mutti lehnte es ab mit der Begründung, es sei ja nur eine Schramme. Dann fragte die Polizei Mutti, wie das passiert sei, und ob sie den Übeltäter kenne.

Mutti erzählte dem Polizisten alles, wobei der immer fleißig mitschrieb. Für mich war das sehr interessant, denn mit der Polizei hatte ich das erste Mal zu tun gehabt, also ich hatte mit denen ja nichts zu tun, aber es war halt das erste Mal, daß ich einen Polizisten so nah vor mir sah. Am meisten imponierte mir an dem Polizisten seine Pistole. Als der Polizist mit Mutti fertig war, fragte ich ihn, ob seine Pistole echt ist oder auch nur eine Spielzeugpistole, so wie ich eine habe. Er versicherte mir, daß sie echt ist, nahm seine Pistole aus dem Halfter, entfernte das Magazin, und gab sie mir in die Hand, weil ich ihn gefragt hatte ob ich sie mal kurz halten darf. Das Ding war bedeutend schwerer als meine Spielzeugpistole. Ich gab ihm sein Schießeisen wieder zurück und war stolz, daß ich mal eine echte Pistole in der Hand halten durfte. Der Polizist wechselte noch ein paar Worte mit Mutti und verließ dann die Wohnung.

Mutti hatte sich wieder total gefangen und fing gleich an, die Scherben zusammenzukehren, und dabei belegte sie Pappa mit einigen interessanten Schimpfwörtern, die ich gleich in mein Schimpfwörterlexikon aufnahm.

Das war schon eine ganz nette Bescherung, wir sind ja erst vor ein paar Tagen hier eingezogen und schon ist die Hölle los, da muß ein Außenstehender so wie z. B. die Nachbarn sich ja schon seinen Teil denken. Als wir dann aufgeräumt hatten, gingen wir alle wieder ins Bett, denn es war jetzt ja schon fast ein Uhr vorbei.

Am nächsten Morgen rief dann Mutti beim Nachbarn gleich den Glaser an, damit er die Fensterscheibe ersetzt. Dann noch den Handwerker, damit der Rolladen auch repariert wird.

Innerhalb von zwei Tagen war dann wieder alles in Ordnung, die Scheibe und der Rolladen waren repariert und das Leben ging normal weiter. Von Pappa hörten wir die ganze Woche gar nichts, erst dann wieder gegen das Wochenende.

Er kam im Anzug am hellichten Sonntagnachmittag und klingelte an der Haustüre. Mutti fragte ihn, was er wolle. Pappa antwortete ihr darauf durch die noch immer geschlossene Tür: »Ich will die Kinder besuchen und mit dir vernünftig reden. Ich mache kein Radau und wenn du sagst, ich soll die Wohnung verlassen, dann werde ich auch sofort gehen, und außerdem muß ich noch ein paar Kleider von mir mitnehmen.«

Mutti machte ihm die Türe auf, und er trat in die Wohnung. Pappa begrüßte uns und fragte nur, wie es uns geht.

Dann setzte er sich an den Eßtisch im Flur und fing mit Mutti an zu reden. Mutti schickte uns in die Zimmer, denn wir sollten von dem Gespräch anscheinend nichts mitbekommen. Wir verzogen uns gleich und schlossen die Türe, so wie es uns Mutti befohlen hatte.

Mutti und Pappa sprachen eine ganze Weile miteinander, bis Pappa auf einmal ins Zimmer kam, um sich bei uns zu verabschieden. An der Haustüre standen zwei Koffer, die er wahrscheinlich mitnehmen wollte. Er schnappte die zwei Koffer und verließ die Wohnung. Als er sich verabschiedete, hatte er Tränen in den Augen und als er mich dann noch umarmte, tat er mir irgendwie leid.

Mutti erzählte uns am Abend, daß sie sich mit Pappa darauf geeinigt habe, daß er uns alle zwei Wochen besuchen darf.

Mutti ging nicht arbeiten, sie holte das Geld vom Sozialamt.

Das Geld reichte aber nicht, wie sie immer sagte war es viel zu wenig.

Pappa kam zwei Wochen später tatsächlich wieder zu Besuch, und ich freute mich richtig darüber, was ich aber niemals Mutti hätte sagen dürfen, da sie ja sowieso immer sagte, ich sei Pappas Liebling. So vergingen etliche Wochen, aber das Geld langte nicht zum Leben und auch nicht zum Sterben, und Mutti schaute sich nach einer Arbeit um. Sie fand auch eine als Bedienung in einem Gasthaus. Es durfte aber niemand davon wissen, da sie sonst die Sozialunterstützung gestrichen kriegt. Sie ging zwar nur abends arbeiten, und wenn es nötig war auch mal morgens. Pappa kam immer regelmäßig zu Besuch, alle zwei Wochen, und brachte uns auch meistens ein paar Süßigkeiten mit. Er gab sogar Mutti ab und zu Geld, da sie sich bei ihm beklagte, daß die Sozialunterstützung nicht langt. Pappa wußte ja nicht, daß sie noch nebenher arbeiten ging.

Die Arbeit blieb zum Schluß wieder an mir hängen. Wenn ich von der Schule kam, durfte ich erst mal die Wohnung sauber machen, da Mutti jetzt nicht nur ab und zu ganztags arbeitete, sondern konstant. Daniela war, so lange ich in der Schule war, bei den Nachbarn untergebracht, und wenn ich dann nach Hause kam, holte ich sie gleich ab. Das Mittagessen war keine Schwierigkeit, da ich es meistens nur aufwärmen mußte. Abends machte ich dann meistens etwas Kaltes, was auch keine großen Schwierigkeiten machte. Außerdem war ich mittlerweile schon Spezialist im Nudelkochen und dazu gab es dann immer Ketchup. Nudeln mit Ketchup aßen wir alle gern und es gab nie großes Aufheben wegen dem Essen. Am schlimmsten war für mich immer das Saubermachen der Wohnung, denn wenn die nicht richtig sauber war, konnte ich mir gleich einen Anschiß bei Mutti holen und wenn sie schlecht gelaunt war sogar eine Tracht Prügel. Ich brauchte also manchmal stundenlang bis ich alles fertig hatte. Das Aufpassen auf meine Geschwister war nicht so schwer, denn sie waren ganz brav, und wenn sie es einmal nicht waren, drohte ich ihnen nur, es Mutti zu sagen, wenn sie nach Hause kommt und dann setzt es eine Tracht Prügel. Wenn ich zu ihnen das gesagt habe waren sie ziemlich schnell wieder brav, und ab und zu half mir Ralf sogar bei der Hausarbeit.

Pappa kam nun immer öfters zu Besuch und eines Morgens kam er aus dem Schlafzimmer und frühstückte mit uns. Mutti erzählte uns dann, daß Pappa wieder bei uns wohne und jetzt für immer bei uns bleibe. Ich weiß nicht, ob ich darüber froh war oder nicht, ich dachte nur an die Streitigkeiten und was sonst so alles passiert ist. Ich war halt davon überzeugt, daß es genau wieder so wird wie es gewesen war, auch wenn Mutti uns versicherte, daß es anders werden wird. Da das Sozialamt herausbekommen hat, daß Pappa jetzt bei uns wohnte, wurde Mutti die Sozialunterstützung gestrichen, aber das machte nichts aus, da ja Pappa jetzt wieder Geld ins Haus brachte.

Obwohl Pappa gut verdiente, hörte Mutti nicht auf zu arbeiten, und so wurde meine Arbeit nicht weniger, denn Pappa war meist nur am Wochenende da. Aber deswegen hatte ich anstatt weniger Arbeit mehr Arbeit, da Pappa selber ja nichts sauber machte, sondern sich noch von mir bewirten ließ. Pappa hatte oft an meiner Arbeit herumzunörgeln. Hier war es nicht richtig sauber, dort nicht richtig aufgeräumt, und da konnte es auch besser aussehen. Anstatt daß ich mal ein Lob bekommen hätte, wurde nur an allem rumgemeckert.

Mutti war auch nicht besser, sie hatte an allem rumzunörgeln, wenn sie mal was gefunden hatte, was ihr nicht paßte, so erzählte sie es gleich Pappa und sagte immer dazu, daß er mir mal den Arsch vollhauen sollte. Wenn sie ihn dann immer so anstichelte, bekam ich eine Heidenangst, daß mir Pappa wirklich den Arsch vollhaute. Ab und zu verpaßte er mir auch eine Tracht Prügel, aber vorher hatte ich von Mutti schon eine bekommen. Nur weil ich der Älteste war, mußte ich für alles verantwortlich sein, oder für alles, was passierte, verantwortlich gemacht werden. In der Schule klappte fast gar nichts mehr, warum konnte ich mir auch nicht erklären, aber das war halb so schlimm, ich konnte mich ja auf den Arsch setzen und lernen, was ich dann auch tat. Hervorragend waren zwar meine Leistungen nicht, aber sie wurden besser, das merkte ich an den nächsten Klassenarbeiten, die ich geschrieben hatte. Eines Tages gab es dann zwischen Mutti und Pappa wieder einen riesigen Krawall, und Pappa gab Mutti dabei zwei gewaltige Ohrfeigen. Ich bekam das alles vom Kinderzimmer aus mit, da wir schon im Bett lagen. Nach den Ohrfeigen war der Streit noch nicht zu Ende, denn sie stritten noch bis morgens. Mutti beschimpfte Pappa und seine krupplige Verwandtschaft, wie sie immer sagte, und Pappa beschimpfte sie und die ganzen Kommunistenratten, da Mutti ja aus der Deutschen Demokratischen Republik ist und er die von drüben immer so zu nennen pflegte. Pappa war natürlich angesoffen, und ich glaube Mutti diesesmal ebenfalls. Ich traute mich nicht aus dem Bett, denn ich war viel zu feige aufzustehen und dazwischen zu gehen. Ich hatte zwar Angst um Mutti, aber meine Angst oder Feigheit war größer. Pappa beschimpfte Mutti als Hure und mit weiß Gott was für Worten, und Mutti machte es genauso. Gegen Morgen muß ich dann eingeschlafen sein, denn das Ende von dem ganzen Streit habe ich nicht mehr mitbekommen.

Am nächsten Morgen war wieder alles wie normal, und ich traute mich auch nicht Mutti auf den gestrigen Streit anzusprechen, denn wer weiß wie sie darauf reagieren würde. Ich ging wie immer zur Schule und da gab es dann für mich eine Überraschung. Der Lehrer verteilte Einladungen zum Elternabend, und die sollten wir unterschrieben wieder am nächsten Tag mit in die Schule bringen. Ich hatte zwar kein schlechtes Gewissen, aber bis jetzt gab es immer Ärger, wenn Mutti von so einem Elternabend nach Hause kam, denn so ein Lehrer hatte ja immer etwas auszusetzen. Naja, ich brachte die Einladung nach Hause, in der Hoffnung, daß Mutti keine Zeit dazu hat dort hinzugehen. Zu Hause legte ich dann Mutti die Einladung zum Unterschreiben hin, was sie auch ohne weiteres tat. Sie vermerkte sich das Datum und die Uhrzeit, und das war auch schon alles. Den Zettel gab ich dann wieder in der Schule ab und für mich war der ganze Mist erledigt, und da Mutti ja nichts gesagt hat, wird sie auch nicht hingehen, dachte ich mir.

Ungefähr eine Woche später hatte Mutti einen freien Abend

und sie machte sich zurecht, wahrscheinlich wollte sie ausgehen.

»Du Mutti wo gehst du denn hin heute abend?« fragte ich.

»Zum Elternabend«, gab sie mir zur Antwort, und es breitete sich ein komisches Gefühl in mir aus. Als Mutti dann fertig war, schickte sie uns ins Bett und sagte, daß sie bald wieder da wäre. Ich hörte noch die Haustüre, aber kurz darauf muß ich auch schon im siebten Himmel gewesen sein, denn ich hörte sie nicht nach Hause kommen.

Ich wurde geweckt und wunderte mich, daß es noch dunkel war. Ich schlug die Augen auf und Mutti stand da. Sie forderte mich auf, ins Wohnzimmer zu kommen. Ich kroch aus dem Bett und schaute auf die Uhr, es war kurz nach einundzwanzig Uhr. Warum weckt mich Mutti bloß um diese Zeit, fragte ich mich, und da fiel mir dann auch gleich wieder der verdammte Elternabend ein. Sie mußte gerade erst vom Elternabend nach Hause gekommen sein, und wenn sie mich dann weckte, kann es nur Schlechtes bedeuten. In mir kroch gleich so ein Gefühl von Angst und Ungewißheit auf, und ich fragte mich, was jetzt wohl kommen wird.

Ich ging dann also ins Wohnzimmer. Mutti saß auf dem Sofa und Pappa stand da mit einem Hosengürtel in der Hand. Als ich das sah, wäre ich am liebsten gleich weggelaufen. Pappa mußte nach Hause gekommen sein während ich schlief, denn vorher war er noch nicht da.

»Na, ich komme gerade vom Elternabend. Hast du mir nichts zu sagen?« fragte mich Mutti.

»Nein, ich wüßte nicht was«, erwiderte ich zögernd.

»Dein Lehrer hat gesagt, du tätst dich nicht konzentrieren, auf den Unterricht, sondern Löcher in die Luft glotzen, einmal wärst du sogar während dem Unterricht fast eingeschlafen, und deine Hausaufgaben, die er dir aufgegeben hat, die hattest du auch ein paarmal nicht gemacht.«

Ich konnte darauf nichts erwidern und so fing ich an zu schluchzen, ohne daß ich es wollte. Naja, ich kassierte halt meine Tracht Prügel, und diesmal war sie wahrhaftig nicht von schlechten Eltern, denn je mehr ich anfing zu schreien um so mehr

Prügel bekam ich. Pappa schlug diesmal fürchterlich zu, denn er war besoffen.

»Beim nächsten Elternabend will ich was anderes hören, wenn du wieder so einen Mist baust, dann kriegst du nicht nur von Pappa eine Abreibung, sondern von mir noch eine dazu. Ich hoffe wir haben uns verstanden?« sagte Mutti zu mir.

»Ja«, gab ich sofort zur Antwort.

»Und jetzt hau ab ins Bett, du Flegel«, gab mir Mutti den Befehl.

Ich weinte immer noch und im Bett mußte ich mich auf den Bauch legen, da mir der ganze Arsch weh tat. Ich spürte nicht mehr den einzelnen Schmerz der Striemen, sondern nur einen einzigen Schmerz und das war mein ganzer Arsch. Ich heulte noch eine ganze Weile vor mich hin und wünschte Lehrer und alles was auf der Welt ist in die Hölle.

Wenn die Lehrer gewußt hätten, daß ich für das was sie gesagt haben, so eine Tracht Prügel kassiere, hätten sie bestimmt ihren Mund gehalten. Aber so endete fast jeder Elternabend. Bettarrest konnten sie mir ja nicht geben, da ich saubermachen und auf meine Geschwister aufpassen mußte, wenn Mutti und Pappa arbeiten waren.

Eines Tages, als ich aus der Schule kam und die Haustür aufschloß, hörte ich Mutti schreien. Sie mußte heute ihren freien Tag haben. Ich trat ein und registrierte, daß die Stimmen aus dem Kinderzimmer kamen. Ich ging sofort hinein, um zu schauen was los war. Auf dem Sofa saß Ralf, vor ihm stand Mutti und schrie ihn an. Nach den Wortfetzen, die ich mitbekommen habe, mußte Ralf sie angelogen haben oder sowas. Auf jeden Fall mußte es gleich krachen, daß es nur so knallt. So war es dann auch. Mutti rannte in die Küche und holte einen Kochlöffel, kam damit ins Kinderzimmer gestürmt und schlug auf Ralf ein. Als der Kochlöffel abgebrochen war, war es ihr noch nicht genug und sie ging in die Küche und holte einen neuen. Den schlug sie auch auf Ralf kaputt und den dritten ebenfalls. Dann schlug sie noch drei, vier Mal mit der Hand zu und verschwand aus dem Kinderzimmer. Ich stand fassungslos da, aber einmischen konnte ich mich nicht, sonst hätte ich auch noch Dresche bekommen. Ralf lag vorm Sofa, total verkrümmt. Ich ging zu ihm hin und da sah ich erst, daß er aus einer Kopfwunde und aus der Nase blutete. Ich half ihm auf die Beine und ging mit ihm ins Badezimmer. Dort wusch ich ihm das Blut aus dem Gesicht und schaute mir seine Kopfwunde an. Sie war zwar halb so schlimm, aber trotzdem fand ich es nicht richtig von Mutti so zuzuschlagen. Da wir noch ein wenig Jod im Alibertschrank hatten, und ich wußte, daß das gut ist wenn man es auf eine Wunde tut, machte ich etwas davon auf einen Wattebausch und drückte es Ralf auf die Wunde. Er zuckte kurz zusammen, aber er wußte ja, daß ich ihm nicht weh tun wollte. Ralf tat mir richtig leid, und ohne daß ich es merkte, stieg in mir eine Wut gegen Mutti auf, die aber bald wieder verflogen war. Am Abend, als Ralf und ich zu Bett gingen, musterte ich seinen Körper als er sich ausgezogen hatte. Überall auf dem ganzen Körper zeigten sich nun blaue Flecken, und ich dachte mir, daß Ralf fürchterliche Schmerzen haben muß. Ralf ging zu Bett, aber er sagte mir trotzdem nicht, warum er diese Abreibung bekommen hatte. Nach ein paar Tagen war die Sache auch schon wieder vergessen.

Ich kam eines Tages von der Schule nach Hause, und als ich die Tür aufschloß, sah ich Mutti am Eßtisch sitzen und weinen. Ich dachte mir gleich was nun schon wieder passiert sein mag. Sie hat sich bestimmt wieder mit Pappa gestritten oder so etwas. Aber dem war nicht so.

Ich ging an den Tisch und fragte Mutti, warum sie denn weine. Sie gab mir keine Antwort im ersten Moment, aber als ich sie dann nochmals fragte, sagte sie: »Ich habe Daniela halb totgeschlagen.«

Ich bekam einen Kloß im Hals und fragte Mutti: »Wo ist Daniela jetzt?«

»Im Schlafzimmer.«

Ich ging sofort ins Schlafzimmer, und da saß Daniela vor dem großen Spiegel und jammerte vor sich hin. Es war ein mitleiderregendes Bild, wenn man das kleine Geschöpf so dasitzen sah. Als Daniela mich sah, streckte sie mir ihre Arme aus und ich ging auf sie zu und nahm sie in die Arme. Sie fing gleich an richtig loszuweinen, und ich streichelte ihr über ihr blondes Haar.

Als Daniela fertig war, also besser gesagt aufgehört hatte so stark zu weinen, schaute ich sie mir genauer an. Sie hatte ein anlaufendes Auge, was sehr verdächtig nach einem Veilchen aussah. Dann noch einen Abdruck von fünf Fingern im Gesicht. Naja, halbtot hatte sie Daniela nicht geschlagen, aber sehr gut sah das auch nicht gerade aus, was sie da gemacht hatte, sie konnte doch so ein kleines Mädchen nicht einfach mit solch einer Wucht ins Gesicht schlagen. Ich ging mit Daniela ins Bad und cremte ihr das Gesicht mit Niveacreme ein und versprach ihr, daß das im Gesicht bald wieder weg sei, ich hatte ja schon meine Erfahrung mit blauen Flecken. Sonst hatte Daniela nichts. Ich ging zu Mutti und sagte ihr, daß es halb so schlimm sei, sie hätte Daniela nicht halb totgeschlagen, aber trotzdem täten die Flekken im Gesicht nicht gerade gut aussehen. Sie hörte darauf auch auf mit Heulen und so war der Fall dann für sie erledigt. Ich hoffte halt nur, daß Mutti das einmal eine Lehre gewesen ist und sie in Zukunft etwas humaner draufschlägt. Aber das half bestimmt auch nichts.

Pappa wechselte nun wieder die Arbeitsstelle und er schaffte jetzt als Raumgestalter. Er brachte öfters neue Teppiche mit nach Hause und innerhalb von ein paar Wochen war die ganze Wohnung mit neuen Teppichen ausgelegt. Für mich war das einwandfrei, denn wenn ich normalerweise den Boden aufwischen mußte, brauchte ich jetzt nur noch mit dem Staubsauger durchlaufen, was erstens weniger Zeit kostete und zweitens hatte ich eine Arbeit weniger, die ich besonders verabscheute. Ralf half mir immer mehr bei der Hausarbeit und so waren wir etwas früher fertig. Uwe brauchte noch nicht mitzuhelfen, wir spornten ihn halt nur an, sein Zimmer sauber zu halten.

Am Wochenende war Pappa meistens gar nicht zu Hause tagsüber, denn er ging Samstag und Sonntag immer zum Frühschoppen und kam dann meistens sternhagelvoll nach Hause. Dann, wenn er zu Hause war, musterte er die Wohnung, ob sie auch ja richtig sauber war, wenn nicht, gab es öfters ein paar

Ohrfeigen. Es kam oft vor, daß ich wegen der Wohnung ein paar Schläge einstecken mußte, aber nicht nur von Pappa, auch von Mutti. Pappa hatte mal was am Abstellraum zu motzen, z. B. daß die Schuhe in den Regalen nicht geputzt seien, oder daß im Wohnzimmer nicht richtig Staub gewischt war, so ging es immer hin und her. Mutti hatte meistens am Schlafzimmer und an der Küche rumzumeckern. Mir wurde die Sache manchmal zu dumm, und so ging ich hin und brachte alles auf Hochglanz. Dann waren sie ein paar Tage ruhig und wenn sie wieder anfingen zu meckern, brachte ich die Wohnung wieder auf Hochglanz, und manchmal brauchte ich dazu sieben bis acht Stunden. So verging dann eine ganze Weile, und manchmal kam es mir vor, als wenn Mutti und Pappa im Monat ihr bestimmtes Quantum Schläge verteilen würden, denn jedesmal bei der kleinsten Kleinigkeit gab es schon auf die Ohren, und wenn es nur eine Ohrfeige war, und oft gab es auch eine richtige Tracht Prügel. Mit den Zeugnissen, die wir nach Hause brachten, war Mutti nie zufrieden, immer hatte sie etwas daran auszusetzen. Wenn man in Deutsch eine Drei hatte, so kam immer die Bemerkung, das könnte ja auch eine Zwei sein. Ich glaube, ich habe nie etwas richtig gemacht in meinem Leben, immer war etwas dabei, was falsch war.

Pappa und Mutti stritten sich weiterhin wie richtige Streithähne, und eines Tages zog Pappa wieder aus. Ich glaube ich war sogar froh darüber, ich weiß aber nicht, ob es mich richtig gefreut hatte, ich wußte nur, daß die Streitereien jetzt aufhören würden, und ich Pappa vorläufig nicht zu Gesicht bekommen würde, wenn er besoffen war. Wenn Pappa besoffen war gab es nämlich meistens Streit, weil sich Mutti nicht alles gefallen ließ, und wir Kinder mußten auch ab und zu herhalten. Pappa zog in eine Wohnung, die möbliert war. Sie war nicht weit weg von uns, man brauchte gerade fünf Minuten, um dort hinzulaufen. Mutti wusch für ihn zwar die Wäsche, aber das war auch alles, was sie für ihn tat, um den Rest mußte er sich selber kümmern.

Wir Kinder blieben alle bei Mutti, und Pappa kam öfters zu Besuch, wobei er meistens mit Mutti redete, anstatt sich mit uns zu beschäftigen, denn er war ja angeblich wegen uns zu Besuch gekommen. Für uns Kinder war natürlich das ein großer Streß, denn nach der Schule mußten wir die ganze Wohnung aufräumen und Essen machen durfte ich jetzt auch immer öfters, da Mutti nur noch ganz selten für Mittags vorkochte. Mutti ging den ganzen Tag arbeiten, aber das Geld reichte vorne und hinten nicht. Auch das Geld, das Pappa ihr gab, langte nicht und so ging sie auf das Sozialamt, ohne Pappa davon etwas zu sagen. So kassierte sie das Geld vom Sozialamt, das von Pappa und ihren eigenen Verdienst. Das Sozialamt durfte nicht wissen, daß sie arbeitete, und Pappa durfte nicht wissen, daß sie auf das Sozialamt ging, und jede finanzielle Frage, die Pappa an Mutti stellte, wurde mit einer kräftigen Lüge beantwortet. Fremde Männer bekam ich nie zu Gesicht wenn Pappa nicht da war, also schloß ich daraus, daß Mutti keinen Freund hatte, und außerdem schlief meistens Daniela in Pappas Bett im Schlafzimmer. Zu Hause war immer Arbeit genug, denn ab und zu konnte ich meine Brüder nicht mehr im Zaum halten, die Drohung ich würde es Mutti sagen half nichts mehr, denn sie wußten ganz genau, daß ich es nicht Mutti sagen würde.

So ging ich halt hin und schrie sie ab und zu an, und das half auch ein bißchen, aber nicht besonders viel. Wenn ich das Zimmer aufgeräumt hatte, war es innerhalb von einer halben Stunde wieder total verwüstet. Dann kam Mutti mal nachmittags nach Hause und sah den ganzen Saustall. Sie ging natürlich gleich auf mich los und verpaßte mir eine Abreibung, und dann schrie ich ihr aus lauter Wut ins Gesicht: »Was kann denn ich dafür, daß es hier so aussieht? Ich habe doch vorhin erst aufgeräumt, aber wenn die anderen dann wieder so einen Saustall aufführen, kann ich doch auch nichts machen, und außerdem kann ich nicht überall sein.«

Sie ging darauf gleich auf meine Brüder los und verpaßte denen auch eine Abreibung, und erst da wurde ich mir bewußt, was ich angestellt habe. Verdammt, ich war jetzt schuld, daß meine Brüder Dresche bekommen hatten.

Mutti ging später wieder zur Arbeit, da sie ja nur kurz frei gehabt hatte um etwas zu erledigen. Meine Brüder räumten den Saustall, den sie angerichtet hatten, wieder auf, und ich ging an meine Arbeit. Am Spätnachmittag war dann die Wohnung auf Hochglanz gebracht und wir machten alle unsere Hausaufgaben. Dabei sagte Ralf zu mir: »Du hast uns an Mutti verraten, und wegen dir haben wir den Arsch vollgekriegt.«

Ich sagte darauf gar nichts, denn ich wußte genau wie recht er hatte. Ich versuchte mich auch nicht bei ihm zu entschuldigen, da es ja sowieso nichts nützte und er die Abreibung schon weg hatte. Aber wir waren ja quitt. Ich habe den Arsch vollgekriegt, weil die einen Saustall gemacht hatten, und Ralf und Uwe haben den Arsch vollgekriegt, weil sie mir praktisch damit eine Tracht Prügel verabreicht hatten.

Meine Brüder machten jetzt nicht mehr so einen Saustall, im Gegenteil, sie paßten auf, daß ihr Spielzeug nicht überall rumlag, und Ralf half mir sogar freiwillig beim Aufräumen ohne daß ich auch nur einmal ihn fragen mußte. Wenn sie doch mal wieder Ramba Zamba in der Wohnung machten, sagte ich nichts, erst wenn es zu viel wurde, aber dann brauchte ich nur sagen: »Wenn jetzt nicht gleich Ruhe ist, sage ich es Mutti, und dann setzt es eine Tracht Prügel.«

Dann war aber auch schon meistens Ruhe.

Meistens gingen wir dann alle um acht Uhr ins Bett, weil Mutti es so angeordnet hatte. Ab und zu durften wir auch mal länger aufbleiben, wenn etwas Gutes im Fernsehen kam, aber auch nur höchstens bis neun Uhr. Ich mußte ja am Morgen aufstehen und das Frühstück herrichten, da Mutti ja immer morgens noch schlief, weil sie bis in die Nacht arbeitete.

Eines Morgens als ich aufwachte und gerade dabei war das Frühstück zu richten, hörte ich aus dem Wohnzimmer ein merkwürdiges Krächzen, wie von einem Papagei. Ich ging zum Wohnzimmer und öffnete die Türe, da standen in einem großen Käfig auf der Kredenz zwei kleine Zwergpapageien (Rosenköpfchen) und spielten miteinander. Ich stellte mich vor den Käfig und schaute den beiden zu, wie sie da so rumschmusten. Ich hörte nicht wie Mutti ins Wohnzimmer kam und sich hinter mich stellte. Ich bemerkte sie erst als sie sagte: »Die habe ich von meinem Chef bekommen, da er sie hergeben wollte, hat er sie mir geschenkt. Das ist ein Männchen und ein Weibchen. Das Weibchen heißt Maxi und das Männchen Moritz. Na gefallen sie dir?«

»Ja, sie sind sehr schön.«

»So jetzt mach das Frühstück fertig, ihr müßt ja bald zur Schule gehen.«

»Bleiben die zwei für immer bei uns?« fragte ich Mutti und tat so, als wenn ich die Aufforderung, das Frühstück zu machen, überhört hätte.

»Ja, die bleiben bei uns, aber jetzt mach das Frühstück.«

»Ja, ist in Ordnung«, sagte ich und ging an meine Arbeit in die Küche. Ich freute mich richtig über die zwei Zwergpapageien, da wir noch nie Haustiere hatten. Als meine Brüder auch auf waren und merkten, daß im Wohnzimmer zwei Zwergpapageien standen,waren sie ganz aus dem Häuschen, und ich glaubte, ich hätte das Frühstück umsonst gerichtet. Aber sie aßen doch noch alle beide ihr Frühstück und dann gingen wir alle drei gleichzeitig aus dem Haus. In der Schule konnte ich mich so gut wie gar nicht konzentrieren, da ich immer an die zwei Papageien denken mußte. Sie gingen mir nicht aus dem Kopf, und ich war froh, daß wir heute keine Klassenarbeit schreiben mußten.

Ich beeilte mich, so schnell wie möglich von der Schule nach Hause zu kommen, was sonst ja nie so der Fall war. Ich holte gleich meine Geschwister von der Nachbarin ab und ging mit ihnen in die Wohnung. Die Papageien spielten vor sich hin und machten gerade so einen Krach, als wenn sie jemand fressen möchten. Die Wohnung war schnell aufgeräumt diesesmal, und wir saßen dann alle vor dem großen Käfig und schauten, was die zwei da die ganze Zeit so machten.

An die Papageien hatten wir uns schnell gewöhnt, genauso wie die an uns. Ich konnte manchmal eine halbe Ewigkeit vor den zweien sitzen und ihnen zuschauen, wie sie miteinander schmusten und spielten. Das Saubermachen des Käfigs wurde mir auch aufgetragen, aber das machte mir nichts aus, denn ich hatte die zwei Papageien sehr gerne.

Mutti schien immer aggressiver zu werden, warum verstand ich nicht, denn Pappa war ja nicht da und so mußte sie sich ja auch nicht rumstreiten. Mutti hatte an jeder Kleinigkeit rumzumotzen, und sogar ihre Arbeitsstelle schien ihr nicht mehr zu gefallen. Prügel gab es zwar schon noch ab und zu, aber wir nahmen es Mutti ja nicht übel, weil sie sowieso genug Sorgen am Hals hatte.

Komischerweise machte Pappa nie Krawall, wenn er zu Besuch da war. Er machte Mutti keine Vorwürfe, überhaupt nichts in die Richtung. Pappa kam jetzt immer öfters zu Besuch, und mir schien es, als wenn sich Mutti mit ihm so langsam wieder vertragen werde. Meine Ahnung bestätigte sich auch ein paar Wochen später, und Pappa zog wieder bei uns ein. Mutti hatte nun kein Geld mehr vom Sozialamt, da sie dort angab, sie hätte jetzt eine Arbeit gefunden.

Pappa mochte von Anfang an nicht die zwei Papageien, und immer wenn er am Käfig vorbeilief, und zufällig einer krächzte, drohte er gleich, den zwei Mistviechern den Kopf abzureißen. Ich hatte immer Angst, daß er es in seinem Suffkopf doch mal tun würde, und ich könnte dann gar nichts machen.

Eines Tages kam dann Pappa von der Arbeit und hatte ein komisches Bündel im Arm. Als er es auf den Tisch legte, erkannte ich erst, was es war. Es war ein kleiner Hund. Es war oder sah aus als wenn es eine Mischung zwischen Dackel und Colli war. Er war noch klein, aber das machte ja nichts. Mutti brachte dem Hund gleich was zu fressen und baute ihm eine Art Schlafplatz aus Decken und einer alten Kinderbettmatratze. Der Hund fühlte sich gleich wohl, und Mutti gab ihm den Namen Struppi. Der Hund sah echt süß aus und wenn er einen mit seinen treudoofen Augen ansah, wußte man nicht, was man jetzt machen sollte. Da der Kleine noch nicht stubenrein war, mußten wir die Terrassentür auflassen. Er benutzte aber die Terrasse überhaupt nicht, sondern machte da hin, wo er gerade Lust dazu hatte. Mutti gefiel das gar nicht und am Anfang sagte sie ja auch nichts. Später aber, wenn sie mal sah, wo Struppi hingemacht hatte, schlug sie ihn einfach. Es half zwar am Anfang ein klein wenig, und er benutzte jetzt ab und zu die Terrasse, aber er machte trotzdem noch öfters in die Wohnung, und jedesmal, wenn es Mutti sah, schlug sie auf den armen Hund ein. Wenn Pappa zu Hause war und irgendwo was von Struppi fand, schlug er den Hund ebenfalls, und bald sah ich in meinen Eltern nur noch Tierquäler.

Struppi wurde immer ängstlicher und verkroch sich oft unter meinem Bett. Ich ging nun mit dem Hund jede Stunde, die ich Zeit hatte, vor die Tür, damit er mir ja nicht mehr in die Wohnung machte. Es half sogar, wenn Struppi nun Gassi gehen wollte, brachte er von selbst die Hundeleine. So brachte ich dann Struppi stubenrein. Struppi hatte Angst vor Pappa und Mutti, jedesmal wenn sie da waren, verkroch er sich gleich. Pappa und Mutti fiel das am Anfang gar nicht auf und erst als sie mich fragten, wo denn der Hund sei, und ich ihnen zu Antwort gab, daß er unterm Bett bei mir im Kinderzimmer ist weil er Angst vor ihnen hat, wußten sie, was mit dem Hund los war. Der Hund und die Papageien vertrugen sich großartig. Die Papageien konnten auf dem Rücken des Hundes sitzen, ohne daß er ihnen etwas machte. Der Hund schnappte nicht nach ihnen, und die Papageien schienen sich sogar wohl zu fühlen bei dem Hund. Die drei paßten prima zusammen, fand ich, und ließ sie auch öfters beisammen, damit sie sich richtig aneinander gewöhnten. Es war immer ein drolliges Bild.

Wenn wir ab und zu mit dem Hund spielten, bellte er auch, und das war ja verboten hier im Haus, denn es gab auch Nachbarn, die sich darüber aufregten. So flatterte bald eine Beschwerde ins Haus, worin stand, daß wir den Hund abgeben müssen, wenn die Bellerei nicht aufhören täte. Das war natürlich für Mutti ein Grund, es Pappa zu sagen, und Pappa reagierte wie eine Drecksau. Er schlug einfach auf den Hund ein, obwohl der Hund ja gar nichts dafür konnte. Auf jeden Fall spielten wir nicht mehr so oft mit dem Hund, und dafür ließ ich ihn ab und zu beim Gassi gehen von der Leine; Struppi sprang natürlich gleich in den Sandkasten und fing zu graben an wie ein Wilder. Anscheinend paßte irgendeinem Nachbarn unser Hund überhaupt nicht, und so kam vom Hausbesitzer die Aufforderung, daß wir den Hund innerhalb eines Monats weggeben müssen oder wir bekommen die Wohnung gekündigt. Als Begründung stand darin, daß der Hund immer noch bellen täte und außerdem täte er immer in den Sandkasten der Kinder scheißen. Daß er in den Sandkasten macht, das stimmte gar nicht, denn ich war ja immer dabei, und sah, daß er nur immer gebuddelt hat, aber reingeschissen hatte er nie. Wir Kinder waren nicht gerade erfreut über diesen Brief, und Mutti wußte auch nicht, wo sie den Hund unterbringen sollte. Pappa sagte am Anfang gar nichts dazu als er abends nach Hause kam, denn er war besoffen. Erst als ich ihm das Essen gerichtet hatte, holte er das Weibchen der Papageien aus dem Käfig. Dann holte er den Hund und setzte den Papagei auf den Kopf des Hundes. Dem Papagei machte das nichts aus, denn er war das gewohnt. Dann nahm Pappa den Papageien wieder in die Hand, wobei er kräftig schimpfte (der Papagei). Er ärgerte den Hund so lange mit dem Papagei, bis der Hund den Papageien irgendwie erwischt haben mußte. Der Papagei war zwar nicht tot, aber er machte überhaupt nichts mehr. Er saß nur da, steif wie ein Brett. Später nahm ich dann Maxi und setzte sie in ihren Käfig auf eine Stange neben Moritz.

Am nächsten Morgen, als ich dann an den Käfig ging und nach den Papageien schauen wollte, blieb mir vor Schreck bald das Herz stehen. Maxi lag am Käfigboden und machte keinen Mucks mehr. Moritz saß aufgeplustert auf der Stange und gab keinen Laut von sich. Ja, Maxi war tot, das war offensichtlich, und Pappa hatte Maxi meiner Ansicht nach umgebracht. Die Vögel und der Hund hatten sich nie etwas getan, und nur weil Pappa sie in seinem Suffkopf ärgern mußte, ist jetzt Maxi tot. Ich hätte meinen Vater dafür ohrfeigen können.

Drei Wochen später brachte Mutti Struppi weg, und ich habe nie mehr etwas von Struppi gehört. Mir ging das schwer an die Nieren, denn ich hatte die Tiere wahnsinnig gerne. Aber ich hatte ja noch Moritz, das Männchen von den zwei Papageien. Moritz hatte nach Maxis Tod den ganzen Tag nichts gefressen und die anderen Tage ist er auf dem Wohnzimmerschrank rumgelaufen und hat seine Maxi gesucht.

Der arme Kerl hatte sich aber bald daran gewöhnt und unterhielt sich nun mit allem, was er finden konnte. Er wurde immer zutraulicher, außer zu Pappa.

Pappa war nun wieder immer öfters besoffen und jedesmal, wenn er dann nach Hause kam, mußte er den armen Moritz ärgern. Einmal haute er ihn mit dem Finger immer auf den Schnabel, weil er nicht reden wollte, und jeder Versuch, ihm zu erklären, daß Zwergpapageien zum größten Teil gar nicht sprechen können, schlug fehl.

Eines Abends, als Pappa wieder einmal stinkbesoffen war, kam er nach Hause und führte sich auf wie das größte Schwein. Da die Wohnung nicht hundertprozentig sauber war, vertrimmte er uns erst mal. Dann mußten wir saubermachen, und als er von der Überwachung genug hatte, ging er zu Moritz an den Käfig. Er holte ihn heraus und fing wieder an ihn zu ärgern. Moritz ließ sich nicht alles gefallen und biß ihn in den Finger, was natürlich auch ein klein wenig weh tut. Da er den Papageien in der Hand hielt, konnte er nicht abhauen. Er ging mit dem Papageien in den Hausgang und dann raus ins Freie. Dort ließ er den Papageien dann los, aber zu seiner Verwunderung flog er nicht weg, denn das was er schon von mir gewohnt, so zutraulich und treu war Moritz. Pappa scheuchte ihn dann einfach davon und machte die Haustüre zu. In dem Moment hätte ich ihn am liebsten erstochen, da hatte ich das erste mal den Wunsch, meinen Vater zu töten. Pappa setzte sich ins Wohnzimmer und sagte nur noch einen Satz bevor er einschlief: »So, das Mistvieh wären wir auch los.«

Dafür hätte ich ihm alleine ein Messer in die Rippen hauen können, denn der Moritz hatte ja keinem etwas getan. Mutti sagte gar nichts dazu, sondern nahm den großen Käfig, lief damit zu dem Container, der unten vor der Haustüre stand, und schmiß ihn einfach hinein. Zwei Tage später stand in der Zeitung ein kleiner Artikel, daß jemandem ein Zwergpapagei zugeflogen sein soll und man solle ihn unter der Adresse, die dort angegeben sei, abholen. Ich holte ihn nicht ab, obwohl ich in der Versuchung war. Aber dann dachte ich mir, er soll da bleiben, wo er jetzt ist, da gings ihm bestimmt besser als bei uns, denn schlechter konnte es ihm ja nicht gehen. Also ließ ich ihn ganz einfach dort. Für mich war es zwar ein großer Verlust, denn ich hatte Tiere sehr gern und ich hatte etwas dagegen, wenn man Tiere so behandelt, wie Pappa sie behandelt hatte. Wenn Pappa doch bloß nicht immer so besoffen gewesen wäre und nicht so streitsüchtig. Und Mutti mußte sich auch immer auf einen Streit einlassen, sie ging ihm nie aus dem Weg, sondern mußte immer Kontra geben, wenn Pappa etwas sagte. So gingen also die Streitereien weiter, und wir bekamen das alles mit. Wenn man Mutti dann darauf ansprach, schimpfte sie zwar über Pappa, und meinte, daß ich meine Nase lieber in meine Angelegenheiten stecken soll, aber was konnte ich schon ausrichten, damit meine Eltern sich nicht immer stritten.

Am besten war halt, man mischte sich da gar nicht ein und kassierte ab und zu mal eine Tracht Prügel wegen irgendeiner Kleinigkeit, bei der man vielleicht nicht einmal was dafür konnte.

Mutti gab die Arbeitsstelle nun auf, die sie hatte, das hatte auch einen besonderen Grund, denn sie wollte sich selbständig machen, so wie sie es nannte. Sie hatte eine Wirtschaft gefunden, die sie gepachtet hatte. Es war ein Vereinsheim, also nur ein kleines Lokal an einem Fußballplatz und der Verpächter war der Vorstand des Fußballvereins. Das VFB-Heim, wie man es nannte, war zwar nicht groß, aber immerhin hatte es fast fünfzig Sitzplätze und auch noch ein paar Stehplätze an der Theke. Die Kneipe lag ungefähr vier Kilometer von unserer Wohnung entfernt, und da ja nur Pappa den Führerschein hatte und das Auto, gab es da schon ein paar Schwierigkeiten. Ich war richtig begeistert, als ich das VFB-Heim das erstemal sah. Es war eine kleine Küche dabei und ein Vorratsraum. Die Einrichtung war schon komplett, und das einzigste, was wir noch mitbringen mußten, waren die Getränke und die Lebensmittel. Neben der Theke stand ein großer Ölofen, der die ganze Wirtschaft heizte. In einer Ecke stand ein Fernseher, damit die Fußballfans ihre Sportschau sehen konnten. An den Wänden hingen unzählige Wimpel und auf den Regalen stand eine ganze Reihe Fußballpokale. Vorhänge und fast alles andere waren schon vorhanden, bis auf ein paar Kleinigkeiten wie Gewürzmenagen und so ein Krimskram, was in jeder Gaststätte vorhanden ist. Naja, das war alles recht und gut, nur daß das Geschäft angeblich nicht viel Gewinn im Winter abwerfen sollte, weil da ja keine Fußballspiele waren, glaubte Mutti natürlich nicht. Sie dachte, sie hätte da die reinste Goldgrube gefunden, und blieb auch fest bei ihrem Glauben, obwohl Pappa es ihr ausreden wollte. Die Öffnungszeiten waren nicht übel, von Montag bis Freitag war von sechzehn Uhr bis zwölf Uhr nachts geöffnet, und Samstag, Sonntag von zehn Uhr morgens bis zwölf Uhr nachts. Das war natürlich einwandfrei, wenn man das von den Zeiten so betrachtete. Mutti nahm das Ding kurzerhand in Betrieb. Die Pacht war nicht sehr hoch, um die vierhundert Mark, aber die mußten ja auch erst mal verdient sein.

Nach der Schule ging ich immer gleich nach Hause und aß dort schnell zu Mittag. Da Mutti ja jetzt wieder morgens zu Hause war, machte sie immer das Mittagessen. Und räumte ab und zu auch ein bißchen in der Wohnung auf. Nachmittags nahmen wir unsere Schulbücher vor und machten schnell unsere Hausaufgaben. Wenn mir dann noch Zeit blieb, wusch ich das Geschirr ab und räumte noch in der Wohnung auf. Um fünfzehn Uhr machten wir uns dann alle fertig, um ins VFB-Heim zu gehen, da wir dort helfen mußten. Jeder bekam von Mutti noch eine große Einkaufstasche in die Hand gedrückt, da wir unterwegs immer die Sachen einkauften, die wir für das Geschäft brauchten. Wenn wir dann loszogen waren wir immer zu fünft. Meistens, wenn wir dann fertig waren mit Einkaufen, waren ich und Ralf bepackt wie Maulesel, da Mutti selber fast nichts trug außer ihrer Handtasche. Die Taschen waren immer so schwer, und da der

Weg bis ins VFB-Heim für uns ewig lang war, waren wir meistens froh, wenn wir endlich im VFB-Heim angelangt waren.

Dann mußten wir die Küche dort saubermachen und die Theke mit Getränken auffüllen, die Aschenbecher abwaschen, die Tische abputzen und vor dem Haus kehren. Mutti spülte meistens die Gläser, die vom gestrigen Abend übrig waren, und wischte kurz über die Theke. Dann machte sie noch die Kasse fertig und manchmal half sie mir sogar , wenn sie Lust hatte, den Boden aufzuwischen. Mit meinen dreizehn Jahren war ich da schon ganz schön im Streß. So gegen fünf Uhr kamen dann die ersten Leute zu ihrem Fußballtraining, und wenn diese mit ihrem Training fertig waren, kamen sie fast alle zu einem kurzen Getränk in die Gaststätte. So gegen sieben Uhr war meistens etwas los, und ich mußte die Gäste bedienen, und da mir Mutti gezeigt hatte, wie man ein Käsebrot, Lachsbrot und noch ein paar andere Sachen herrichtet, durfte ich das auch noch zwischendrin machen. Zum Glück aßen die Leute nicht so viel, da es meistens Junge waren, die hereinkamen, und die hatten nicht so viel Geld. Mutti kassierte immer ab und unterhielt sich mit den Gästen. Meine Brüder Ralf und Uwe wuschen das Geschirr ab und wenn sie keine Arbeit mehr hatten, gingen sie meistens raus und spielten ein wenig Fußball.

Um halb acht ging ich dann mit meinen Geschwistern. Zu Hause machte ich schnell etwas zu Essen und brachte dann Daniela und Uwe zu Bett. Ich war meistens hundemüde, und wenn noch ein Film im Fernsehen gelaufen ist, der wirklich gut war, und ich die Erlaubnis von Mutti hatte, schauten Ralf und ich noch ein wenig Fernsehen. Pappa war immer seltener zu Hause, da er öfters in die Pfalz fahren mußte, um dort Räume auszustatten, also er war praktisch die ganze Woche auf Montage. Wenn der Film zu Ende war, gingen wir zu Bett. Wir brauchten nie lange um einzuschlafen, da wir ja genug gearbeitet hatten und der Weg, den wir jeden Tag gelaufen sind, uns schon genug zu schaffen gemacht hat. Manchmal mußten wir sogar noch etwas zu Hause aufräumen, weil wir am frühen Nachmittag nicht dazu gekommen waren. Am Wochenende war es immer ganz extrem, da auf den Fußballplätzen Spiele ausgeführt wurden, und eine ganze Menge Zuschauer da waren. Es kamen um zehn Uhr morgens schon die ersten Gäste, meistens standen sie sogar schon vor der Tür, bevor wir überhaupt das Lokal geöffnet hatten.

Wenn dann Spielpausen waren, war die Kneipe ziemlich voll, und die Leute aßen immer die ganzen Bockwürste auf, die wir extra bestellt hatten, damit die Leute sich zwischendurch was für ihren Magen leisten konnten, was auch die meisten taten ohne mit der Wimper zu zucken. Das war dann immer der größte Streß zwischen den Spielzeiten oder in den Pausen. Da kamen die Leute in die Kneipe gestürmt, standen alle vor dem Tresen und wollten etwas haben. Manchmal blickte ich da nicht mehr durch, es war einfach zu viel. Manchmal standen mir vor lauter Hin und Her die Haare zu Berge und ich hätte am liebsten alles hingeschmissen und wäre davongelaufen. Zum Ausruhen kam man fast den ganzen Tag nicht und wenn man sich mal fünf Minuten hinsetzte, fauchte einen Mutti gleich an. Ralf und Uwe spülten dann immer das Kaffeegeschirr ab, das wir brauchten. Essengeschirr gab es dann nur ganz selten, da die Leute in den Pausen nichts groß zum Essen bestellten, da sie ja wieder so schnell wie möglich auf den Fußballplatz wollten und ihnen das Warten auf das Essen zu lange dauerte. Wir verkauften meistens nur die heißen Bockwürste, denn die standen ja sowieso auf dem Ofen und wurden auf Papptellerchen ausgegeben. Das ging am schnellsten wenn einer Hunger hatte. Nach den Fußballspielen war die Kneipe auch wieder gerammelt voll, und mir taten sowieso die Beine schon weh, aber ich mußte trotzdem noch die Gäste bedienen. Gegen Abend durften Ralf und Uwe und ich mit Körben um den Fußballplatz laufen und die Flaschen einsammeln, da ja auf jeder Flasche Pfand war, das wir bezahlen mußten, wenn die Flaschen fehlten. Also wir mußten es nicht bezahlen, Mutti mußte es bezahlen an die Brauerei. Dann am Abend gingen wir nach Hause. Jetzt durften wir noch den ganzen langen Scheißweg nach Hause laufen und das waren immerhin auch fast vier Kilometer. Die Knochen taten uns sowieso schon weh, aber nach Hause mußten wir ja wohl oder übel. Zu Hause machten wir gar nicht lange mehr rum, wir gingen meistens gleich ins Bett. Manchmal war Pappa des Abends da, aber meistens war er dann besoffen und motzte mich an, weil die Wohnung nicht richtig sauber sei. Wenn er noch nicht zu Hause war, war ich regelrecht froh darüber, denn dann brauchte ich mich nicht nach der harten Arbeit auch noch von einem stinkbesoffenen Vater anmotzen zu lassen. Das war immer unser Wochenende und mir hat das Wochenende mehr gestunken als die Werktage. Denn wenn andere Familien am Wochenende ins Grüne fahren oder sonst irgendwohin, durften wir arbeiten und uns die Füße wundlaufen. Taschengeld bekamen wir auch keins, höchstens ab und zu mal ein Eis an der Eisdiele, die auf dem Weg war zu dem VFB-Heim. Wenn man mal motzte bei der Arbeit, gab es gleich eine Tracht Prügel, die sich gewaschen hatte, und jedesmal bekam man denselben Dreck dabei zu hören, ob es von Mutti oder von Pappa war: »Solange ihr eure Füße unter meinem Tisch streckt und das freßt, was ich bezahle, habt ihr das zu machen,was ich sage, und wenn das einem nicht paßt, kriegt er mehr Schläge als was zu fressen, ich werd euch schon an der Kandare haben.«

Ob wir wollten oder nicht, wir mußten schaffen bis zum Umfallen, und wenn einer sich weigern sollte, wußte er ja, was ihm dann blüht, und darauf wollte es keiner ankommen lassen.

So schufteten wir halt immer das, was wir aufgetragen bekamen, aber keinen Handstreich mehr. Das gab natürlich gleich wieder ein ganz gewaltiges Donnerwetter.

Da Mutti das mitbekam, daß wir nur das machten, was sie uns sagte, und das andere liegenblieb, gab sie uns einfach nichts zu essen, bis wir alles saubergemacht hatten. Dann bekamen wir erst etwas zu essen.

Eines Tages kam Mutti in die Gaststätte und in der Hand hielt sie eine Reitgerte. »Schau mal was ich da drüben vom Reitstall mitgebracht bekommen habe, mit der gibt es in Zukunft den Arsch voll.«

Ich traute meinen Augen und Ohren nicht als ich das sah. Ich glaubte zwar nicht, daß sie damit zuschlagen würde, aber trotzdem sah das Ding furchtbar aus, wenn man es so sah. Mit der Schläge zu kriegen mußte ja reine Foltermethode sein, dachte ich mir dann noch und ging wieder an meine Arbeit.

Ein paar Tage später gab es dann zu Hause Ärger. Die Kinderzimmer, also unsere Zimmer, waren nicht aufgeräumt und die Küche ebenfalls nicht. Im Abstellraum standen die Schuhe durcheinander in den Regalen. Mutti hatte uns zwar gesagt, wir sollen das in Ordnung bringen, aber wir hatten wirklich keine Zeit dazu, weil wir ja einen Haufen Arbeit hatten und wir ja alle noch auf die bevorstehenden Klassenarbeiten lernen mußten.

Ich kam halt mittags von der Schule, und da ich der letzte war, ging auch gleich der Tumult los.

»Fritz, ich habe euch doch gesagt, ihr sollt die Abstellkammer, Küche und eure Kinderzimmer richtig aufräumen und saubermachen. Warum habt ihr das noch nicht gemacht?«

»Weil wir keine Zeit hatten.«

»Ich hab dir schon mal gesagt, du sollst mich nicht anlügen. Ich sag dir jetzt genau warum ihr noch nicht saubergemacht habt. Ihr wart erstens zu faul dazu und zweitens macht ihr ja sowieso nur was ihr wollt. Und dafür kriegt ihr jetzt alle drei mal einen Denkzettel verpaßt.«

Sie holte aus dem Schlafzimmer die Reitgerte. Als ich die Gerte sah, bekam ich schon weiche Knie und meine Brüder fingen an zu wimmern.

»So Fritz, da du der älteste bist und die Verantwortung dafür hast, bist du als erster dran. Und jetzt leg du dich da über den Stuhl.«

Ich fing an zu weinen, und folgte ihrer ersten Aufforderung nicht, mich über den Stuhl zu legen. Aber der zweiten Aufforderung folgte ich dann und legte mich über den Stuhl. Ich hatte solch eine Angst, daß ich bald nicht mehr ein noch aus wußte. Dann krachte auch schon der erste Schlag nieder und ich schrie auf, denn es tat höllisch weh. Sie schlug genau zehnmal zu. Es half alles nichts, ich konnte so laut schreien wie ich wollte, sie hörte erst bei zehn Schlägen auf.

Mein Arsch tat fürchterlich weh und auch meine eine Hand, denn ich hatte versucht, meinen Hintern mit einer Hand zu schützen, dabei schlug Mutti auf meine Hand. Vor lauter Schmerzen wußte ich nicht mehr was ich machen sollte. Ich rannte dann sofort in mein Zimmer und vergrub mein Gesicht im Kopfkissen und schrie dann ins Kopfkissen, damit mich keiner hören konnte. Dann hörte ich nur ganz von der Ferne meine Brüder schreien, und ich wünschte mir, Pappa möge Mutti auch mal so verdreschen. Mein Hintern tat mir weh und meine Hand, und meinen Brüdern mußte es nicht anders ergehen, denn die hatten ja auch mit der Gerte Schläge bekommen. Danach durften wir die Wohnung sauber machen und Mutti stand hinter uns wie ein Herrscher, der seine Sklaven beaufsichtigt. Zu essen gab es für uns nichts, das gehörte anscheinend zu unserer Strafe, denn Mutti sagte nur: »Wer nicht arbeitet, braucht auch nichts zu essen. Ihr bekommt erst wieder etwas zu essen, wenn ihr eure Arbeit gemacht habt. Jetzt werde ich andere Saiten aufziehen. Wenn ihr nicht pariert, bekommt ihr mehr Schläge als was zu fressen.« Als wir dann die Wohnung sauber gemacht hatten, mußten wir mit ins VFB-Heim, so wie immer. Dort oben schufteten wir auch noch wie die Idioten und dann durften wir nach Hause laufen. Zu essen sollten wir uns etwas machen, und dann gleich ins Bett, das Fernsehen war für uns ja sowieso gestrichen. Ich ging ins Bad und schaute im Spiegel meinen Arsch an, da wir alle drei nicht richtig hinsitzen konnten ohne daß es weh tat. Als ich meinen Hintern im Spiegel sah, bekam ich fast einen Herzinfarkt. Quer über meinem Arsch verliefen blaue Striemen, und die Striemen waren alle angeschwollen. Wenn sie noch ein paarmal zugeschlagen hätte, dann tät man bestimmt keine weiße Stelle mehr an meinem Hintern finden, sondern dann wäre alles gleichmäßig violett.

Danach ging ich sofort ins Bett und unterhielt mich mit Ralf noch ein wenig. Ralf sagte zwar nicht viel über Mutti, aber ich wußte genau, daß er genauso dachte wie ich, nämlich, daß man Mutti mit der Reitgerte auch mal eine überziehen sollte. Wir lagen noch eine ganze Weile wach, denn unsere Ärsche taten immer noch weh, aber irgendwann mußten wir dann doch eingeschlafen sein.

Wir bekamen noch öfters mit der Reitgerte und wir hatten dann jedesmal Striemen am Arsch, als wenn wir tätowiert wären.

Uwe bekam einmal sogar mit der Reitgerte Schläge auf die Hände, weil er Muttis Unterschrift auf einem Diktat gefälscht hatte, das er von Mutti hätte unterschreiben lassen sollen, und da es so eine beschissene Note war, hat er halt ihre Unterschrift einfach nachgemacht. Wenn er ihr die Arbeit zum Unterschreiben hingelegt hätte, hätte er, glaube ich, auch eine Tracht Prügel bekommen, so dachte er sich halt, er könne die Prügel einfach umgehen. Aber die Lehrerin erkannte sofort, daß es nicht Muttis Unterschrift war und rief Mutti an, um es mitzuteilen. Uwe hatte ganz geschwollene Hände und konnte eine ganze Woche nicht zur Schule gehen. Mutti schien das garnichts auszumachen, denn sie hatte nicht einmal Mitleid mit Uwe, als er das Besteck nicht in der Hand halten konnte.

Wir hatten nun Betriebsferien oben im VFB-Heim, da die Fußballsaison zu Ende war und das Geschäft total beschissen lief. Mutti war nun den ganzen Tag zu Hause und machte so gut wie gar nichts, außer das Mittagessen kochen und die Wäsche waschen. Den Rest der ganzen Arbeit durften wir wieder machen. Am Wochenende kam dann Pappa nach Hause, aber es war Freitagabend und er war ziemlich angesoffen, was ja schon fast normal war. Wir mußten dann zu Bett gehen, und ich hörte Mutti und Pappa durch die geschlossenen Türen streiten. Es muß ein ganz gewaltiger Streit gewesen sein, denn ich hörte sogar, wie Glas zerschellte.

Am Samstagmorgen schien dann alles wie normal zu sein. Pappa frühstückte mit aller Gemütsruhe, als wenn gar nichts passiert wäre. Dann fragte Pappa auf einmal mich: »Willst du heute mitgehen zum Frühschoppen?« »Oh, ja gerne, aber ich muß mir erst etwas anderes anziehen.«

»Also dann mach dich fertig, in einer halben Stunde fahren wir los.«

Mutti sah mich so richtig giftig an und ich konnte mir denken, daß sie etwas dagegen hatte. Ich stand auf, ging in mein Zimmer und zog mir meine Sonntagskleider an.

Nach einer halben Stunde fuhren Pappa und ich dann wirklich zum Frühschoppen. Wir fuhren in irgendeine Kneipe, die ich nicht kannte, aber Pappa schien dort drinnen ziemlich gut bekannt zu sein, denn fast jeder grüßte ihn und nannte ihn beim Vornamen. Ich saß neben Pappa und trank gemütlich mein Spezi, und Pappa trank sein Bier. Dann fing Pappa an mit so ein paar anderen Typen Karten zu spielen, und da sie um Bier spielten und Pappa am laufenden Band gewann, trank er auch eine ganz beachtliche Menge Bier. Auf einmal fingen zwei an unserem Tisch an zu streiten. Pappa stand auf und ging zu den beiden, die am Streiten waren, und sagte: »Mann, hört doch auf zu streiten, das hat doch gar keinen Wert. Wir sitzen hier alle gemütlich am Frühschoppen und da braucht ihr zwei ihn mit eurer Streiterei doch nicht gleich zu verderben.« Die zwei hörten auf zu streiten und Pappa setzte sich auch wieder an seinen Platz und spielte weiter Karten. Kurz darauf fingen die zwei wieder an sich in die Haare zu kriegen und diesmal ganz gewaltig. Die zwei wollten sich sogar schlagen, wegen was wußte anscheinend keiner.

Die zwei standen auf, dann wollte der Wirt dazwischen gehen, aber Pappa hielt ihn zurück und sagte zu ihm: »Laß das mal sein, das mach ich schon, der eine ist ein guter Freund von mir, und ich werde ihn schon zur Vernunft bringen.« Pappa stand auf und stellte sich zwischen die beiden und sagte zu seinem Freund ein paar Worte. Plötzlich fing der andere an zu schreien: »Du blödes Arschloch, was mischst du dich überhaupt da ein, ich hau dir gleich eine auf die Fresse, wenn du jetzt nicht gleich verschwindest.« Das sagte er zu Pappa und packte Pappa dann am Hemd und riß ihn herum. Dabei zerriß das Hemd und Pappa sagte nur zu dem anderen: »Das Hemd bezahlst du mir, das ist noch nagelneu.« »Du kannst mit mir vor die Türe kommen, dann schlag ich dir den Rest vom Hemd auch noch vom Ranzen runter.« Als der andere den Satz ausgesprochen hatte, drehte sich Pappa herum und ging auf den Ausgang zu. Vor der Tür blieb er stehen und sagte zu dem anderen, der ihm das Hemd zerrissen hatte: »Also komm, gehen wir vor die Türe, du elende Großschnauze.« Der andere ging dann auch auf den Ausgang zu. Ich wußte, daß Pappa aus dem Typ Hackfleisch machen würde, denn es war ja nicht Pappas erste Schlägerei. Ich stand auf und ging direkt auf das Fenster zu, damit ich den ganzen Ausgang und den Parkplatz übersehen konnte, wo sich die zwei schlagen wollten. Ich hatte noch nie bei einer richtigen Schlägerei zugesehen, an der Pappa beteiligt war. Nur immer im Fernsehen und ab und zu mal in der Schule, wenn die Großen sich rauften, das war aber nie so eine richtige Klopperei, mehr eine Rauferei.

Die zwei standen also nun vor der Türe und Pappa ließ den anderen zuerst schlagen, aber er traf Pappa nicht, da er sich bückte. Dann schlug Pappa das erste Mal zu und er traf den anderen mit der Faust mitten in das Gesicht. Der fiel sofort auf den Sandhaufen, der hinter ihm lag. Der Typ stand dann tatsächlich wieder auf und wollte auf Pappa losgehen. Pappa traf den anderen noch zweimal hintereinander mit der Faust ins Gesicht, dann fiel der Typ auf den Boden und blieb dort liegen. Ich ging raus zu Pappa und fragte, ob ihm nichts passiert sei. Er sagte nichts, sondern trug mir auf, aus der Wirtschaft seine Anzugsjacke zu holen und gleich wieder damit herzukommen. Das tat ich dann auch und in weniger als einer Minute war ich auch schon wieder bei ihm. Er zog seine Jacke an und wir gingen dann genau einen Häuserblock weiter in ein Haus, wo Pappas Chef wohnte. Wir gingen dann in die Hausbar, und Pappa trank dort mit seinem Chef noch etwas. Nebenher rief Pappas Chef ein Taxi an und die zwei unterhielten sich.

Kurz darauf klingelte es an der Türe und man sagte Pappa, daß das Taxi oben wartet. Wir gingen dann gleich hinauf und zum Taxi. Gerade als wir ins Taxi stiegen, kam ein Polizist auf uns zu. Ich schaute hinüber zu dem Ort, an dem die Schlägerei war. Dort stand ein Krankenwagen und ein Polizeiwagen. Die Sanitäter trugen gerade den Mann, den Pappa niedergeschlagen hatte, auf einer Bahre in den Krankenwagen. Der Polizist stand nun am Taxi und Pappa kurbelte die Scheibe herunter. Der Polizist fragte

Pappa: »Sind Sie Herr Mertens?« »Ja das bin ich und ich wohne im Adlerring 8. Wenn Sie noch weitere Fragen haben, können Sie zu mir kommen, ich muß jetzt nach Hause.« Bevor der Polizist noch etwas erwidern konnte, kurbelte Pappa die Fensterscheibe nach oben und das Taxi fuhr sofort an. Der Polizist schaute uns verdutzt nach. Wir fuhren dann direkt nach Hause. Pappa bezahlte das Taxi und wir gingen in die Wohnung. Als Mutti das Hemd sah, war sie natürlich nicht begeistert, aber sie hütete sich, irgend etwas zu Pappa zu sagen, denn sie wußte ja nicht, wie er jetzt im Moment darauf reagieren würde.

Mir gingen noch lange die Bilder im Kopf rum, wie Pappa den Typ k. o. gehauen hat, und wie der dann dalag. Gerade gut sah der ja nicht aus, aber immerhin war er nicht tot und das beruhigte mich ein wenig. Mittlerweile ging ich dann öfters mit Pappa zum Frühschoppen, da im VFB-Heim so gut wie gar nichts mehr gelaufen ist. Es gab dann nur noch zwei Mal eine Klopperei, an der Pappa beteiligt war, aber da gab es keine großen Verletzungen und es mußten auch keine Polizei und kein Krankenwagen kommen. Mir gefiel es beim Frühschoppen mit Pappa und ab und zu durfte ich sogar ein Bier trinken, aber nicht zu oft, da ich ja sonst besoffen wäre. Nur Mutti hatte immer etwas dagegen, wenn ich mit Pappa zum Frühschoppen ging. Sie sagte es zwar nicht, aber ihre Bemerkungen sagten alles. Meistens nannte sie mich dann Pappas Liebling, und ich wäre jetzt nicht besser als Pappa und so weiter. Mit dem Rest von der Verwandtschaft hatten sich Mutti und Pappa auch anscheinend verkracht. Denn wir durften nicht mehr zu Oma und wenn sie uns grüßen sollte, mußten wir so tun, als wenn wir sie gar nicht sehen täten. Da wir ja immer an Omas Wohnung vorbei mußten, wenn wir zur Schule gingen, begegneten wir auch Oma oft. Dann machten wir immer so, als wenn wir sie nicht sehen täten. Wenn wir es nämlich nicht so gemacht hätten, hätten wir uns bestimmt eine Tracht Prügel mit der Reitgerte abholen können, da es Mutti uns ja andiktiert hatte. Und so eine Tracht mit der Reitgerte, da war echt keiner scharf drauf, denn das tat verflucht weh.

Das VFB-Heim lief immer beschissener, Pappa mußte fast

sein ganzes Geld mit in den Laden stecken, damit die Unkosten bezahlt werden konnten. Die Pacht wurde immer nur mit Verzögerungen bezahlt und unsere Wohnungsmiete war mit einigen Monaten im Rückstand. Neue Kleider, die wir brauchten, konnten wir nicht kaufen, da das Geld sowieso nicht reichte, und was sonst so anfiel, ebenfalls nicht. Zu essen gab es meistens Eintopf, weil der am billigsten war und wenn man genug davon auf einmal kochte, reichte es auch drei Tage hintereinander. Da wir, also Uwe, Ralf und ich, nicht so gerne Eintopf aßen und meistens nur ein paar Löffel davon anrührten, reichte so ein Eintopf meistens auch fünf Tage. Mich schüttelt es heute sogar noch, wenn ich Eintopf sehe.

Dann eines Tages, als ich zur Schule ging und frohen Mutes war, traf ich wieder einmal Oma. Ich tat natürlich, als wenn ich sie nicht sah und ging meinen Weg weiter. Ich hätte mich gerne mit ihr unterhalten, denn mir hatte sie ja nichts getan, und ich wußte auch nicht, was sie meinen Eltern getan haben soll. Aber eine Tracht Prügel wollte ich auch nicht gerade einstecken, deshalb ließ ich sie halt einfach stehen. Was sollte ich auch anderes tun?

In der Schule lief alles gut, und in der Pause machten wir eine Schneeballschlacht. Ich kam gar nicht dazu, meine Orange zu essen, die ich als Pausenvesper von Mutti mitbekommen habe, obwohl ich die sauren Dinger sowieso nicht mochte. Auf dem Heimweg fiel mir meine Orange im Schulranzen ein und ich holte sie heraus. Ich wollte sie zwar nicht essen, so bot ich sie meinem Freund an, der neben mir herging. Der nahm sie und weil sie nicht ganz hundertprozentige Qualität war, warf er sie einfach in den Schnee. Ich holte die Orange aus dem Schnee und schaute sie mir an. Tatsächlich war sie auf der einen Seite schon ganz matschig. Und so nahm ich die Orange und grub sie einfach wieder in den Schnee ein.

Dann ging ich wieder zu meinem Freund und plötzlich sah ich Mutti nicht weit entfernt von uns auf dem Weg stehen. Ich verabschiedete mich von meinem Freund und ging zu Mutti. Mutti fragte mich gleich: »Was hast du mit deiner Orange gemacht?« Ich wußte nicht, wie lange sie da schon stand, aber daß sie uns verboten hatte, Lebensmittel wegzuschmeißen. So sagte ich dann einfach: »Die hab ich in der Pause gegessen.« Mutti schien im ersten Augenblick mit der Antwort zufrieden zu sein. Dann ging sie auf die Stelle zu, wo ich die Orange vergraben hatte und ich trottelte ihr hinterher. Sie holte die Orange aus dem Schnee und fragte mich dann: »Und was ist das?« Ich wußte nicht, was ich ihr zur Antwort geben sollte und entschied mich, ihr die ganze Geschichte von vorne an zu erzählen. »Die hat mein Freund weggeworfen.« Ich kam nur bis dahin und dann klatschten die Ohrfeigen bei mir nur so im Gesicht. Meine Schulkameraden schauten alle zu. »Aha, anlügen tust du mich auch noch. Das ist doch deine Orange oder etwa nicht?« »Ja«, das war alles, was ich darauf antwortete. »Na warte, zu Hause kriegst du schon dein Fett, ich werde dir schon helfen.«

Wir gingen nach Hause und ich wußte schon was mich dort erwartet. Zu Hause fing ich dann gleich an zu wimmern, und ich wollte Mutti erklären, wie das alles abgelaufen ist. Sie gab mir aber keine Chance, sondern holte gleich die Reitgerte, und ich mußte mich über den Stuhl legen.

Mutti schlug einfach drauf ohne die Schläge zu zählen, so wie sie es sonst tat. Es tat abscheulich weh und ich schrie mir bald die Lunge aus dem Hals. Als sie dann endlich aufhörte, wußte ich nicht mehr, ob ich ein Männlein oder Weiblein war. Der Schmerz zog vom Arsch bis bald unter die Hirnschale. Trotzdem sie aufgehört hatte zu schlagen, weinte ich immer noch und schrie: »Au, au, tut das weh.« Mutti sagte zwar etwas zu mir, aber ich bekam das gar nicht mit, da ich genug mit meinen Schmerzen zu tun hatte. Dafür hätte ich Mutti am liebsten erschlagen, so wie sie vor mir stand mit der Reitgerte in der Hand. Ich ging dann in mein Zimmer und heulte da noch eine Ewigkeit vor mich hin. Der Schmerz ließ zwar nach, aber mein Hintern tat immer noch gewaltig weh.

Am nächsten Tag sprachen mich ein paar Schulkameraden an, was denn mit meiner Mutter los gewesen sei und warum sie mich denn geohrfeigt hatte? Ich gab dann immer nur dieselbe Antwort. Es war nichts und das andere war privat, das geht euch einen Scheißdreck an. Damit gaben sie sich dann zufrieden und sagten gar nichts mehr zu mir. Aber hintenrum redeten sie trotzdem darüber, denn fast jeder in der Klasse wußte von dem Vorfall. Mir war das auch so ziemlich scheißegal, das ganze Geschwätz von den anderen, ich hatte zu Hause noch genug Ärger und dann noch das Wochenende, wenn Mutti das alles Pappa erzählen würde, und dabei weiß sie ja gar nicht alles.

Am Wochenende, als Pappa nach Hause kam und Mutti mit ihm gesprochen hatte, rief Pappa mich in das Wohnzimmer. Ich hatte einen Wahnsinnsbammel und wenn ich meinen Körper nicht so gut beherrscht hätte, hätte ich bestimmt in die Hosen geschissen.

Pappa fragte mich nur, was da los gewesen ist mit der Orange und ich erzählte ihm die ganze Geschichte. Pappa hörte sich die Sache an und sagte nur: »Das ist ja alles halb so schlimm. Deine Abreibung hast du ja schon gekriegt, was zwar zuviel war, aber wir wollen die ganze Sache vergessen, o.k.?« »O.k., ist schon alles vergessen«, sagte ich und dabei kamen mir sogar die Tränen in den Augen, obwohl mir keiner etwas getan hatte, das wunderte mich selber. Ich war recht froh, daß Pappa mir nicht auch noch den Hintern versohlte, denn mein Hintern hatte immer noch eine Menge Striemen, und wenn man unvorsichtig war, tat es ab und zu auch noch ein bißchen weh. Naja, die Geschichte war dann schnell vergessen und keiner erwähnte sie noch, darüber war ich froh. Aber *ich* konnte sie jetzt noch nicht vergessen, denn so eine Reitgerte tut heute noch höllisch weh, wenn ich sie nur sehe.

Dann kam Ralfs Geburtstag, und Ralf freute sich schon darauf, daß er ein schönes Geburtstagsgeschenk bekommen würde. Am Morgen, als wir aufstanden, war Ralf schon ganz aus dem Häuschen und faselte die ganze Zeit von Geschenken, die er sich wünschte. Das Frühstück hatte an diesem Tag Mutti gemacht und auf Ralfs Teller lag ein Briefumschlag.

»Na, mach ihn auf, das ist dein Geburtstagsgeschenk«, sagte Mutti. Ralf öffnete den Briefumschlag und zog ein Papier heraus, auf dem ein Pfennig in die Mitte geklebt war. Darunter stand ganz sauber geschrieben:

Für mehr hat es nicht gelangt,
Du warst ja auch dieses Jahr nicht brav.
Mutti

Das war auch alles, was er geschenkt bekam. Ralf sah Mutti ganz erstaunt an und fing an zu schluchzen. Er weinte nicht richtig, es war mehr eine Art Trauer um den versauten Geburtstag. Ich konnte zwar mit Ralf fühlen, was er gerade durchmachte und dachte. Aber ich sagte lieber nichts. Mutti schien sich richtig zu freuen über ihr Geburtstagsgeschenk. Ich fand das eine große Schweinerei, lieber hätte sie ihm gar nichts geben sollen und auch gar nichts sagen, aber sie gratulierte ihm sogar noch ganz frech. Ralf hatte ihr zu ihrem Geburtstag soviel geschenkt und sogar seine Spardose, in der sowieso nicht viel drin war, geplündert. Dann hatte er noch ein paar Kleinigkeiten gebastelt gehabt, wobei er sich so viel Mühe gegeben hatte. Und sie hatte nur einen Monat vorher Geburtstag gehabt. Das war natürlich dann Ralfs beschissenster Geburtstag, den er je in seinem Leben erlebt hatte. Mutti war das egal, aber ich wußte, daß Ralf diesen Geburtstag niemals in seinem Leben vergessen wird, und es auch niemals vergessen kann, auch wenn er will.

Unser Geschäft im VFB-Heim lief immer schlechter. Manchmal ergaben die Umsätze nicht einmal mehr die Pacht. Wir hatten nun das VFB-Heim schon ein ganzes Jahr. Pappa überredete dann Mutti, das VFB-Heim aufzugeben, da man ja Geld in das Geschäft reinstecken mußte, um es überhaupt aufrecht zu erhalten. Mutti gab das VFB-Heim tatsächlich auf, da sie einsah, daß es wirklich keinen Zweck hatte. Wir räumten alles aus, was wir in diesem Jahr ins VFB-Heim geschleppt hatten, und das, was dann noch darin war, war wirklich erbärmlich. Es waren keine schönen Gläser mehr drinnen, und nur noch das alte Inventar, das die Brauerei gestellt hatte. Ich war froh, daß wir das VFB-Heim aufgaben, denn das bedeutete für mich weniger

Arbeit. Im geheimen habe ich sogar Luftsprünge gemacht. Dieser Scheißladen ist mir sowieso auf die Nerven gegangen und immer die doofen Gespräche vom Fußball, da ich ja Fußball nicht ausstehen kann. Das ist für mich viel zu primitiv, und daß sich die Leute nach jedem Spiel streiten mußten, ging mir auch immer auf die Nerven. Also habe ich Gott gedankt, daß er den Mistladen bankrott gehen lassen hat. Auch der weite Weg hatte mir gestunken, jeden Tag fast acht Kilometer laufen und dann sich noch dumm und dämlich schuften und man hatte nicht mal etwas davon.

Mutti blieb nun wieder zu Hause, das war für uns zwar nicht besonders erfreulich, da wir nicht mehr alles machen konnten, was wir durften, aber wir waren trotzdem froh, denn sie nahm uns immerhin ein wenig Arbeit ab. Zwar bekamen wir nun öfters mal eine Rüge und manchmal auch eine Tracht Prügel mit der Reitgerte, wenn wir etwas angestellt hatten, was in Muttis Augen schlimm war, aber trotzdem war es besser, denn ich hatte jetzt auch ab und zu Zeit, mal etwas zu machen z. B. mit einem Freund draußen rumstrolchen oder meine Laubsägearbeiten, die ich angefangen hatte, denn das war zu der Zeit mein eigentliches Hobby.

Aber trotzdem gab es noch einen Haufen Ärger zu Hause und das schon nach drei Wochen. Pappa kam an einem Samstagabend stinkbesoffen nach Hause. Mutti und Pappa fingen gleich an zu streiten, und diesmal ziemlich extrem, denn Pappa gab Mutti ein paar gewaltige Ohrfeigen, und das, weil sie gesagt hatte: »Du bist ein richtiges versoffenes Schwein. Das ganze Geld versäufst du und kümmerst dich nicht einmal um die Familie.« Da Pappa schon angesoffen war, fuhr er halt gleich aus der Haut und das war dann nicht gerade die Art eines Gentleman. Danach, als er Mutti geohrfeigt hatte, zog er seine Jacke wieder an und ging noch einmal weg. Ungefähr zwei Stunden später kam er wieder, zog seine Jacke aus und warf sich bei mir im Zimmer aufs Bett.

Mutti saß die ganze Zeit auf dem Sofa und stierte vor sich hin. Ich hatte so ein ungutes Gefühl, als wenn heute noch etwas passieren würde. Jaja, ein bis zwei Stunden später stand Mutti auf und ging ins Badezimmer. Sie blieb fast eine halbe Stunde im Badezimmer und dann kam sie wieder zu uns in die Wohnstube. Sie war ganz komisch verändert, ich wußte aber nicht was es war. Sie legte sich längs auf das Sofa im Wohnzimmer und fing ganz komisch an zu sprechen, als wenn sie berauscht wäre. Ich fragte sie, ob sie etwas hätte oder ob ihr schlecht ist, aber die Antworten waren jedesmal nein. Dann stieg in mir eine böse Vorahnung auf und ich fragte sie spontan: »Hast du Tabletten genommen?« Sie schaute mich aus großen Augen an und sagte dann: »Ja.« »Soll ich einen Krankenwagen anrufen, Mutti?« »Nein, ich will sterben, das ist das Beste was mir noch passieren kann.«

Ich bekam eine mordsmäßige Angst und wußte nicht, was ich machen sollte, und ich fing krampfhaft an zu überlegen. Dann faßte ich einen Entschluß. Ich ging in den Flur zum Telephon, wir hatten ja jetzt schon eine ganze Weile eins, und rief den Notruf an. Am anderen Ende meldete sich eine Männerstimme und ich sagte: »Wir brauchen schnell einen Krankenwagen, meine Mutter hat Tabletten genommen, sie will sich umbringen. Bitte kommen Sie schnell.« »Ja, gib mir mal eure Adresse und den Familiennamen, damit ich einen Krankenwagen schicken kann.« »Ja, Mertens, im Adlerring 8.« »Ist in Ordnung, wir kommen so schnell wie möglich.« Ich legte den Hörer auf und überlegte nun, ob ich Pappa wecken sollte. Dann ging ich ins Kinderzimmer und rüttelte Pappa wach. »Du Pappa steh auf, Mutti hat Tabletten genommen und will sich umbringen.« Pappa war erstaunlich schnell wach, und sprang von meinem Bett. Er ging ins Wohnzimmer und schaute auf Mutti nieder.

Die Tabletten schienen noch nicht richtig zu wirken, denn Mutti war noch bei vollem Bewußtsein und setzte sich auf. Pappa und Mutti fingen gleich wieder an zu streiten, und Pappa gebrauchte gegenüber Mutti ein paar Ausdrücke, die nicht gerade vornehm waren.

Dann klingelte es an der Türe, und die beiden verstummten wie auf Kommando. »Das ist der Krankenwagen, den ich angerufen habe«, sagte ich und wollte schon zur Türe rennen, als Mutti mich zurückrief und sagte: »Laß das, ich gehe hin und regle das schon.« Sie stand auf und dabei schwankte sie ganz beträchtlich. Mutti tat mir richtig leid und am liebsten hätte ich Pappa verhauen, damit er endlich aufhörte, mit Mutti zu streiten. Mutti ging zur Haustüre und öffnete sie. Die beiden Sanitäter standen da und fragten. »Sind wir hier bei Mertens? Wir hatten einen Anruf, daß hier ein Selbstmordversuch stattgefunden hat, von einem Jungen.« »Ja, Sie sind hier richtig, aber das war ein Fehlalarm von meinem Sohn, es ist nichts passiert.« »Naja, dann können wir ja wieder gehen. Also auf Wiedersehen.« »Auf Wiedersehen.«

Ich dachte, mich trifft der Schlag, als ich das hörte. Mutti schloß die Tür und ging wieder ins Wohnzimmer. Vor dem Sofa knickten ihr dann die Beine zusammen und sie konnte sich gerade noch auf das Sofa setzen. Pappa sagte dann zu mir, ich solle Milch warm machen und sie dann herbringen. Ich ging in die Küche und setzte Milch auf, und als sie warm war, brachte ich sie ins Wohnzimmer. Mutti war schon halb weggetreten und lag jetzt auf dem Sofa. »Hol mir einen Eimer«, sagte Pappa. Als ich den Eimer gebracht hatte, fing Pappa an, Mutti die warme Milch einzuflößen. Er brauchte eine ganze Weile dazu, und als er ihr dann eine ganze Menge Milch eingeflößt hatte, hielt er ihr den Eimer hin und sagte zu ihr: »Versuch zu kotzen, du dumme Kuh, und wenn du nicht kannst, stecke ich dir den Finger ins Maul. Also los.« Mutti konnte nicht kotzen und so steckte Pappa ihr den Finger in den Hals, und kurz darauf fing sie an zu kotzen wie ein Reiher. Den Vorgang wiederholte Pappa einige Male, und ich mußte noch zweimal Milch warm machen. Die ganze Angelegenheit sah richtig ekelhaft aus, und ich hätte fast auch noch gekotzt. Dann lag Mutti ganz erschöpft auf dem Sofa. Ich leerte den Eimer aus und brachte ihn wieder ins Wohnzimmer zu Mutti, im Falle, wenn sie nochmal kotzen muß.

Ich hatte immer noch Angst um Mutti und ich konnte mir nicht vorstellen, daß die Kotzerei gegen die Tabletten helfen sollte. Dann gab Pappa mir den Auftrag, ich soll die Lottozahlen aufschreiben. Pappa war noch immer ziemlich stark alkoholisiert und ich wunderte mich, wie man in solch einer Situation an

Lottozahlen denken kann. Ich setzte mich vor das Fernsehen mit Papier und Bleistift und wartete auf die Lottozahlen. Ich schaute immer zu Mutti rüber, wie es ihr geht und ob sie noch atmet, ich war so nervös, als wenn ich einen Eimer voll Kaffee ausgesoffen hätte. Dann kamen die Lottozahlen, aber während die liefen, schaute ich öfters zu Mutti rüber, denn sie stöhnte jetzt ab und zu auf. Als dann die Lottozahlen rum waren und Pappa wieder ins Wohnzimmer kam, gab ich ihm die Zahlen. Pappa schaute sie an und sagte: »Da fehlt ja eine, das sind ja nur sechs Zahlen, das müssen aber sieben sein.« »Ich habe alle aufgeschrieben«, sagte ich. »Mann, bist du zu dämlich ein paar Zahlen aufzuschreiben, oder was ist das? Da fehlt eine, du kannst mir doch nicht weismachen, daß die heute nur sechs Zahlen gezogen haben.« Pappa schrie so laut, daß ich mich nicht mehr traute etwas zu sagen und ich wußte ja, wenn er was getrunken hat, ist er sehr aggressiv. Er schrie mir noch ein paar Ausdrücke an den Kopf, dann gab er mir eine Ohrfeige, daß bald der Schädel vom Hals flog. Ich fing gleich an zu weinen, aber Pappa sagte nur: »Wenn du jetzt noch anfängst zu heulen, dann kriegst du gleich noch eine.« Und ehe ich mich versehen hatte, hatte ich auch schon die zweite verpaßt gekriegt. Mir brannte die Wange wie Feuer, aber ich verbiß mir das Heulen und mir liefen nur noch die Tränen runter. Er schimpfte noch eine Weile auf mir rum, dann schickte er mich zu Bett und ich war froh darüber, daß der Abend endlich rum war.

Am nächsten Morgen, als ich aufwachte, fiel mir gleich das ein, was gestern abend gewesen war, und mir graute schon vor dem Tag. Ich stand auf, wusch mich und ging dann in die Küche und machte das Frühstück. Dann weckte ich die anderen und bat sie alle, zum Frühstück zu kommen. Als wir am Tisch saßen, kam auch Pappa. Er stützte Mutti ab und setzte sie an ihren Platz am Tisch. Mutti sah fürchterlich aus. Sie saß da im Halbtraum und war nicht in der Lage alles zu registrieren. Man konnte meinen, daß sie jetzt gleich vom Stuhl fiel, da sie ja nicht einmal die Kraft hatte, richtig aufrecht zu sitzen. Pappa zwang Mutti dann etwas zu essen, da sie nur dasaß und nichts anrührte. Nach dem Frühstück brachte Pappa Mutti wieder ins Bett. Mutti tat mir richtig leid, und ich glaube an diesem Tage haßte ich Pappa sogar ein wenig, denn jedesmal wenn er etwas zu mir sagte, gab ich ihm nur eine kurze Antwort, also das, was nötig war, und keine Silbe mehr. Wenn er dann wieder aus meiner Reichweite ging, war ich froh, ihn nicht mehr zu sehen. Wir brachten an dem Tag die Wohnung auf Hochglanz. Pappa machte das Mittagessen, aber er holte Mutti nicht an den Tisch, denn sie brauchte den Schlaf, damit sie wieder auf die Beine kam. Jedesmal wenn Pappa mich sah, hielt er mir die Scheißlottozahlen vor, die ich am gestrigen Abend nicht aufgeschrieben hatte. In mir kochte es vor lauter Wut, aber ich traute mich nicht, was zu sagen oder mich gegen Pappa aufzulehnen.

Pappa ging dann am Montag wieder zur Arbeit, als wenn gar nichts passiert wäre. Zum Glück hatte Mutti sich wieder so weit erholt, daß wenn man sie ansprach, sie wieder voll darauf reagierte. Meine beiden Brüder gingen zur Schule, nur ich blieb von der Schule weg, es war ja nur für einen Tag, denn ich hatte noch Angst um Mutti. Wer weiß, dachte ich, wenn ich von der Schule komme, finde ich sie vielleicht tot vor – so verrückte Gedanken hatte ich. Mutti erholte sich dann schnell wieder, und sie mußte mir versprechen, daß sie nicht noch mal so einen Blödsinn macht. Aber ich konnte dem Frieden nicht so ganz trauen, denn sie hatte es schon einmal versprochen, und trotzdem wieder getan. Die Angst vom letzten Selbstmordversuch war schon lange verflogen gewesen, aber jetzt war sie wieder da und noch viel schlimmer als beim ersten Mal. Denn ich war jetzt alt genug und ich glaubte nicht mehr an den Weihnachtsmann und was man mir so alles erzählte.

Mein Bruder Uwe hatte die Angewohnheit, bei mir im Zimmer rumzuschnüffeln. Ich sagte ihm öfters, daß er das lassen sollte, und wenn ich ihn nochmal erwische, würde ich ihm eine runterhauen. Zwei Tage später fand ich ihn wieder, wie er in meinem Schrank rumwühlte, als wenn es seiner wäre. Ich ging hin und sagte, er soll das wieder aufräumen. Er meinte dazu nur, es sei doch nicht sein Schrank und ich könnte selber aufräumen. Er brachte mich damit so in Wut, daß ich ihm tatsächlich eine schmierte, da ich ja sowieso immer Ärger mit Mutti hatte, weil mein Schrank nie aufgeräumt sei. Er rannte gleich zu Mutti und erzählte ihr, ich hätte ihm grundlos eine gescheuert. Mutti glaubte das sogar und sagte mir, daß sie es am Wochenende Pappa erzählen würde. Jeder Versuch, ihr zu erklären, warum ich ihm eine geklebt hatte, schlug fehl. Natürlich hatte ich jetzt schon Muffe vor dem Wochenende. Ich dachte nur noch an das verdammte Wochenende und was da wieder los sein würde. Pappa kam dann am Freitag nach Hause, und so wie es aussah, hatte er eine Stinkwut im Bauch. Mutti erzählte ihm natürlich gleich, daß ich Uwe eine gescheuert hatte und Pappa rief mich zu sich ins Wohnzimmer. Er fing gleich an: »Was habe ich da zu Ohren gekriegt, du terrorisierst deine Brüder und vor allen Dingen Uwe, der ist doch gerade der Schwächste? Stimmt das, was ich da gehört habe?« »Nein, ich habe Uwe nur eine geschmiert, das ist alles.« »Du sollst deinen jüngeren Brüdern keine hauen, im Gegenteil, du sollst sie beschützen.« Pappa ging auf mich zu und dabei zog er den Hosengürtel ab, und ich wußte, was jetzt auf mich zukam. Pappa versohlte mir den Arsch gründlich, und ich mußte versprechen, daß ich meine Brüder nicht wieder terrorisieren würde. Mir tat der ganze Arsch weh, und ich wünschte Uwe alles an den Hals, was man bekommen konnte an Krankheiten. Einen Augenblick dachte ich dann, es wäre besser gewesen, wenn ich Mutti das Leben nicht gerettet hätte, und daß Pappa auch abkratzen soll, der hat auch kein Recht mehr zu leben. Solch verrückte Gedanken hatte ich. Aber nach einer Weile mußte ich selber lachen über diese Gedanken und ich dachte mir wegen einer Tracht Prügel soll man nicht anderen so abscheuliche Sachen wünschen. Ich vergaß die ganze Sache bald und der Fall war erledigt. Uwe hatte aufgehört bei mir in den Schränken rumzuwühlen und ich war zufrieden mit allem, was rund um mich geschah.

Eines Nachts bekam ich aber trotzdem nochmal einen riesigen Schreck. Pappa und Mutti waren auf einem Betriebsausflug, in der Nacht müssen sie nach Hause gekommen sein. Auf jeden Fall wurde ich geweckt, und das ganz unsanft, denn auf meinem Gesicht lag eine abgehackte Hand. Ich schrie auf, als ich das sah, und Mutti und Pappa krümmten sich vor lauter Lachen. Ich fing sofort an zu weinen und sie brauchten eine ganze Weile, um mich wieder zu beruhigen. Dann zeigten sie mir die Hand, sie war aus Gummi, aber sie sah so täuschend echt aus, daß ich sie auch für echt hielt. Ich konnte die ganze Nacht nicht mehr schlafen vor lauter Gummihand und manchmal hatte ich sogar später, also in anderen Nächte, Alpträume deswegen. Das ließ später dann nach, aber ich erinnere mich heute noch daran. Nun ging das Leben weiter und Mutti wollte wieder arbeiten, da sie nicht zu Hause rumsitzen wollte, und am liebsten hätte sie sich wieder selbständig gemacht, wie sie sagte.

Nun waren schon fast zwei Monate vergangen, seit wir das VFB-Heim aufgegeben hatten. Dann eines Abends beim Essen, als auch Pappa dabei war, gabs für uns eine Mitteilung. Man eröffnete uns, daß wir ein neues Lokal übernehmen werden, aber nicht in Villingen, sondern in Orsingen in der Nähe von Stockach. Das Lokal hieß Gasthaus Kreuz und sollte größer sein als das VFB-Heim. Das Lokal sollte uns aus allen finanziellen Schwierigkeiten heben und uns später sogar wohlhabend machen, meinte Mutti. Pappa und Mutti hatten mittlerweile eine ganze Menge Schulden, und sie mußten ja etwas dagegen unternehmen.

Diesmal bestellten wir für den Umzug keinen Möbelwagen, sondern Pappa wollte einen kleinen Lkw mieten und den Umzug selber machen. Pappa und ich tapezierten die ganze Wohnung neu, und dabei stellte ich mich nicht gerade professionell an und es gab ganz schön Ärger, denn Pappa regte sich immer auf, wenn jemand etwas falsch machte. Ab und zu setzte es auch mal eine

Ohrfeige, denn er meinte, ich mache meine Fehler mit Absicht. Um das Tapezieren kamen wir nicht rum, denn im Mietvertrag stand, daß wir die Wohnung sauber tapeziert hinterlassen müßten. Als wir damit fertig waren, räumte ich mit Mutti einen Tag vor dem Umzug die ganzen Schränke aus und verstaute das Zeug in Kartons. Zum Glück waren Schulferien und ich hatte genug Zeit.

Dann kam der große Tag. Pappa ging zur Lkw-Vermietung und holte den Lastwagen ab. Als er wiederkam, brachte er noch einen Freund mit, damit die Arbeit schneller ginge. Der Wagen war sehr schnell beladen und wir fuhren dann zu dritt in Richtung der neuen Heimat.

Ich hatte das neue Haus noch nicht gesehen, denn es war ja ein ganzes Haus, da die Wohnung über der Gaststätte lag. Wir fuhren in Orsingen ein und es stank entsetzlich nach Kuhmist. Orsingen war also nur ein kleines Dorf, und es stank auch noch fürchterlich dort.

Pappa fuhr direkt zu dem Lokal, das wir übernehmen sollten. Es war ein großes, altes Haus und es lag genau an der Hauptstraße. Pappa schloß die Türe auf, die als Eingang für das Lokal genutzt war. Das Lokal war riesig, es hatte ungefähr fünfzig bis sechzig Sitzplätze, eine große Theke und es war noch viel Platz. Die Küche war auch nicht gerade klein, und dann war da sogar noch ein Aufenthaltsraum für das Personal. Wir gingen in den ersten Stock hoch und ich war ganz überrascht, was ich da alles sah. Dort waren drei große Zimmer, ein riesiger Tanzsaal, der aber nicht mehr in Betrieb war, und ein großer, geräumiger Hausflur.

Dann gingen wir hoch auf den Speicher. Der war ebenfalls enorm groß und ging bis unter den Giebel. Es waren da zwei extra große Dachkammern abgeteilt und in einem Leinen gespannt, der als Trockenraum für die Wäsche galt. Wir gingen nun ganz hinunter in den Keller, auch der war von riesigem Ausmaß. Mir fiel gleich auf, daß es keine Zentralheizung gab, sondern Kohlenfeuerung, für die einzelnen Zimmer gab es Elektro- und Ölöfen.

Als wir das ganze Haus besichtigt hatten, fingen wir an, den Lkw zu entladen. Mir lief der Schweiß gleich literweise runter, so legte ich mich ins Zeug. Das Ganze war eine verfluchte Knochenarbeit, und ich hoffte, daß sich das alles rentieren würde für die Zukunft.

Als wir die letzte Fuhre in Orsingen abgeliefert hatten, fuhren Pappa, sein Freund und ich alleine nach Villingen zurück.

Wir gingen noch mal in unsere alte Wohnung und machten die Böden sauber und räumten alles weg, was nicht mehr in die Wohnung gehörte. Dann übergaben wir dem Hausbesitzer sämtliche Schlüssel, und der war überhaupt nicht begeistert, da wir ja noch ein paar Monatsmieten im Rückstand waren. Aber Pappa versicherte ihm, daß er so bald wie möglich das Geld bringen würde, und wenn es nur hundert Mark im Monat wären. Der Hausbesitzer war zufrieden und ließ uns ohne weitere Umstände ziehen.

Wir gingen den Lkw wegbringen, und dann etwas trinken, was wir uns ja wirklich verdient hatten. Am späten Nachmittag, fast schon Abend, fuhren Pappa und ich nach Orsingen. Zu Hause bauten wir dann die Betten für die Nacht auf und das war auch alles. Am nächsten Morgen, als ich aufwachte, war strahlender Sonnenschein und draußen auf der Hauptstraße brummten die Autos an unserem Haus vorbei.

Ich stand auf und spürte sofort den Muskelkater in meinen Armen. Dann ging ich ins Bad. Ich wusch mich nur mit kaltem Wasser, da die Hygieneartikel noch nicht ausgepackt waren, und Warmwasser konnte ich auch nicht machen, da ich mich mit dem Durchlauferhitzer nicht auskannte.

Als ich mir nun den ganzen Laden so ansah, stellte ich fest, daß hier Schweine drinnen gehaust haben mußten, so dreckig war alles hinterlassen worden.

Pappa ging vorläufig nicht mehr arbeiten, denn er wollte das Lokal renovieren. Er holte Farbe und Teppiche und richtete innerhalb von zwei Wochen das ganze Lokal her, was eine enorme Leistung war. Es fehlten jetzt nur noch die passenden Lampen und das Zeug, was man für ein richtiges Lokal brauchte,

z. B. eine Registrierkasse, neue Gläser, Besteck und einen Haufen Kleinigkeiten. Wir hatten aber das Geld nicht bar zur Verfügung und so schaffte Mutti da Abhilfe. Sie ließ einen Automatenaufsteller kommen. Der stellte in unser Lokal eine Musikbox, die genau zu unserer Einrichtung paßte, einen Geldspielautomaten und zwei Flipper in den Flur. Dann lieh er Mutti noch fünftausend Mark und schloß mit ihr einen Vertrag ab.

In den zwei Wochen schafften auch wir Kinder uns die Finger bald wund. Wir bauten die ganzen Möbel auf und putzten jedes Eckchen, da alles ja so dreckig war. Mit dem Geld des Automatenherstellers kaufte Pappa mit Mutti alles, was noch fehlte, und so war dann das Lokal fertig zur Eröffnung. Die Getränke bekamen wir auf Kredit und auch das Fleisch und die Wurst. Das andere wurde alles gleich bar bezahlt. Die Lampen im Lokal montierte ich, da ich darin schon ein wenig Erfahrung hatte, und Pappa wollte nichts mit Strom zu tun haben, da er Angst davor hatte.

Dann kam der Tag der Eröffnung. Pappa bediente die Leute, da er ja schon öfters als Kellner gearbeitet hatte. Ich machte die Theke, also den Ausschank, Mutti kochte und meine Brüder wuschen das Geschirr ab in der Küche. Am ersten Abend rannten uns die Leute die Bude ein, und die weiteren Tage ebenfalls. Ich kam keinen Abend vor zwölf Uhr ins Bett, und ich war immer kaputt und hundemüde.

Die Einnahmen waren enorm in den ersten Tagen, und so fingen wir, besser gesagt Mutti, an zu rechnen, bis wann sie ihre Schulden bezahlt hätte. Nach der ersten Woche ließ der Betrieb nach und es war auch besser so. Die Leute blieben zwar immer noch bis kurz vor Mitternacht, und ich kam erst nach zwölf Uhr ins Bett, aber ich war nicht so total erschöpft wie die ersten Tage.

Nun sollte auch wieder die Schule losgehen und wir wurden von Mutti angemeldet, per Telefon. Ralf und ich mußten mit dem Schulbus nach Nenzingen fahren, da wir schon in die Hauptschule gingen, Daniela und Uwe gingen nach Orsingen in die Grundschule. Daniela wurde dieses Jahr eingeschult und sie war so aufgedreht an ihrem ersten Schultag, wie ich sie schon lange nicht mehr gesehen hatte. Ich bekam eine Klassenlehrerin, die der reinste Besen war, und Ralf deren Ehemann, der ein guter Lehrer sein sollte.

Als ich in der neuen Klasse stand und mir so die Schulkameraden ansah, wurde mir bald übel. Das waren ja alles totale Bauerntrottel, so wie die aussahen, bis auf ein paar einzelne. Die Mädchen waren nicht zu verachten, denn sie sahen nicht übel aus. Eine stach mir besonders ins Auge. Sie war blond, groß, hatte schöne blaue Augen und hieß auch noch Sonja. Mammamia, mir wurde ganz warm ums Herz und ich konnte meinen Blick nicht mehr von ihr abwenden. Ich wurde erst wieder in die Gegenwart zurückgerufen als Frau Riegelsberger, meine Lehrerin, mir meinen Platz anwies, und der war genau hinter Sonja. Da konnte ich auch ihre Figur sehen. Sie war schlank wie eine Gazelle, und als sie mich ansprach, ob sie mir den Stundenplan geben solle, dachte ich, ein Engel spricht mit mir. Als ich mich dann an Sonjas Anblick gewöhnt hatte und vor allen Dingen ihr schönes Hinterteil, das in engen Jeans steckte und immer auf dem Stuhl hin und her rutschte, konnte ich mich auf Frau Riegelsberger konzentrieren, und was sie da vorne so quatschte.

Der Stundenplan war nicht von schlechten Eltern, wie ich feststellte, der war voll ausgebucht. Und wie die Alte da vorne rumkrähte, das war für mich zwar lustig, aber wenn ich daran dachte, daß ich diese Visage das ganze Jahr über sehen mußte, fand ich das gar nicht mehr komisch. Als die Schule aus war, fuhren Ralf und ich mit dem Bus wieder nach Orsingen. Von der Bushaltestelle gingen wir sofort nach Hause. Wir stellten unsere Schulranzen in die Ecke und gingen sofort an die Arbeit, denn die ersten Leute waren da, die zu Mittag essen wollten. Gegen zwei Uhr war dann das Mittagsgeschäft um, und wir aßen alle zusammen zu Mittag. Dabei erzählten wir von unserem ersten Schultag, aber ich verschwieg, daß ich eine Schulkameradin kennengelernt hatte, die mir gefiel, und daß ich diese gerne zu meiner Freundin machen wollte. Besser gesagt zu meiner ersten festen Freundin, denn ich hatte noch nie eine richtige Freundin gehabt, ich war ja erst vierzehn. Mir ging Sonja nicht mehr aus dem Kopf, und ich freute mich schon auf den morgigen Schultag, damit ich sie wieder sehen konnte. Der Gedanke an sie ließ mein Herz schon höher schlagen. Mutti und Pappa würden das sowieso nie verstehen und deswegen verschwieg ich es auch. Ich machte meine Arbeit so gut ich konnte, auch wenn nicht immer alles klappte. Mutti schimpfte zwar ab und zu, aber ich nahm das gar nicht ernst und machte meine Arbeit weiter.

Die Arbeit ging ganz schön in die Knochen, aber ich machte sie trotzdem, und beschwerte mich auch nicht bei Mutti oder Pappa, die arbeiteten ja noch viel mehr als ich, und so war ja nichts Unrechtes dabei.

Als Pappa merkte, daß das Geschäft nachließ, suchte er sich wieder einen neuen Job. Er bekam auch sofort wieder einen bei seinem alten Arbeitgeber und fing dort gleich wieder an. Nun blieb die ganze Bedienung an mir hängen, ich durfte jetzt die Theke machen, die Leute bedienen, abkassieren, Kaffee machen, also alles, was man in einem Lokal macht.

Ich kam nun vor ein Uhr nicht mehr ins Bett. Mittlerweile hatten wir auch Stammgäste und die schienen ihren Arsch nicht hochzubringen und nach Hause zu gehen. Mutti saß nun öfters bei den Stammgästen und sie machte keine Anstalten mich ins Bett zu schicken, im Gegenteil. Sie ließ sich noch von mir bedienen und trug mir auf, die Theke für den morgigen Tag herzurichten, damit sie es nicht zu machen brauchte. Also füllte ich nachts die Theke auf, und wenn nur noch der Stammtisch da war, machte ich das Lokal noch sauber, so daß man am nächsten Morgen bloß noch auslüften mußte und die Eingangstüre aufschließen. Meine Brüder waren meistens schon im Bett, wenn ich noch arbeitete.

Mutti war nun öfters gegen den späten Abend angesoffen und

manchmal mußte ich den Kopf schütteln, wenn sie mit den Gästen fast um die Wette soff. Ich dachte schon, sie will Pappa Konkurrenz machen mit ihrer Sauferei. Im VFB-Heim hatte sie zwar auch ab und zu etwas getrunken, aber nicht so extrem wie jetzt. Ich konnte nichts dagegen unternehmen, und ich dachte mir, das wird sich schon legen, wenn wir eine Weile hier sind, wir sind ja erst ein paar Wochen da.

Mit Sonja hatte ich nun eine heimliche Freundschaft geschlossen, und wenn wir Zeit hatten und uns keiner sah, knutschten wir rum, daß die Wände wackelten. Unsere Freundschaft blieb geheim, da die anderen Schulkameraden sich sonst das Maul fusselig schwatzen würden und uns die ganze Zeit hänselten. Da war uns unsere Freundschaft heimlich lieber, aber dafür unheimlich. Ich hatte nicht viel Zeit mit Sonja, nur an den Ruhetagen, wenn ich nach getaner Arbeit ins Freibad ging, und dann noch während den Pausen. In den Stunden, während des Unterrichts, konnten wir ja nicht rumknutschen oder uns gegenseitig streicheln. Ich hatte Sonja zwar gerne und fand sie atemberaubend schön, aber richtig geliebt habe ich sie nicht. Sie war für mich meine Freundin und mein Gesprächspartner, aber das war auch schon alles. Über meine Probleme, wie z. B. daß Mutti anfängt zu saufen, konnte ich mich nicht mir ihr unterhalten. Aber ich war froh, daß ich sie hatte und sonst war ich auch zufrieden mit ihr. Ich wußte, daß sie auch zufrieden mit mir war und das machte mich auch ein klein wenig froh. Stolz war ich nur auf ihre Schönheit. Meine Gefühle gegenüber Sonja würden sich nie ändern, das wußte ich schon im voraus.

Pappa kam nur noch über das Wochenende nach Hause und manchmal auch das nicht, da er samstags noch arbeitete und Sonntagabend vielleicht schon wieder wegfuhr.

Samstag-Sonntag war bei uns immer ein Haufen Arbeit. Wegen der zwei Flipper, die wir im Hausgang hatten, die zwei einzigen im Dorf, kamen fast jeden Tag die jungen Leute zum Flippern, und Samstag-Sonntag waren dann immer fast alle da, und man konnte im Flur kaum noch an den Flippern vorbeilaufen, da dort alles vollstand von Leuten.

Arbeit war also immer genug da, und das Geschäft schien einigen Gewinn abzuwerfen. Wir ließen nun nicht mehr alles über die Registrierkasse laufen, und so kamen wir sogar um einen Haufen Steuern herum. Da Mutti das Zeug, also die Papiere für den Steuerberater, fertigmachte und alles absetzte, was sie kaufte, hatten wir so gut wie keine Steuern zu bezahlen.

Die Leute von Orsingen schienen alle behämmert zu sein, denn jeden Samstag kehrten die ganzen Leute von Orsingen ihre Parkplätze und Gehwege. Wir selbst kehrten unseren Parkplatz und Gehweg nur wenn es nötig war. Die Leute merkten das und gingen zum Bürgermeister und beschwerten sich.

Der Bürgermeister eröffnete uns dann bei einem Besuch, daß wir einmal die Woche die Straße und die Parkplätze kehren müssen, das sei eine unumgängliche Verordnung der Gemeinde.

Da Mutti die ganze Sache einsah, durfte ich dann jede Woche draußen vor dem Haus meinen Kehrdienst machen. Es mußte nicht gerade Samstag sein, aber einmal die Woche, auch wenn es nicht nötig war. Mir hat das natürlich gestunken. Aber was sollte ich dagegen tun. Also gingen dann von meiner wenigen Zeit, die ich nicht arbeitete, noch anderthalb Stunden ab wegen Straßekehren.

Ab und zu mußte ich dann auch noch den Personalraum aufräumen, den wir als eine Art Wohnzimmer hergerichtet hatten. Da dort viel Gerümpel stand, das wir für die Küche brauchten, konnte ich nie so richtig aufräumen, so wie es sein sollte, damit es dort ein wenig gemütlich ist.

Da wir einen Hund brauchten und wir keinen hatten, und das das ganze Dorf wußte, kam uns eines Tages der Zufall zu Hilfe. Ein Nachbar, der von Beruf Bauer war, und eine Mischung von Bernhardiner und Colli dabei hatte und den Hund nicht mehr wollte, fragte mich, ob wir den gebrauchen könnten. Ich schaute den Hund an und merkte, daß er vollkommen verwahrlost war und sogar ein paar Wunden hatte, die gerade verkrustet waren. Also mußte der Hund geschlagen worden sein, und der Hund tat mir gleich leid. Ich ging zu Mutti und überredete sie, daß wir den Hund nehmen. Nachdem sie den Hund angeschaut hatte, sagte sie nur: »Also behalte den Hund, aber er kommt hinters Haus an die Kette, so wie es sich gehört.« Ich wäre ihr vor Freude fast um den Hals gefallen, und der Bauer schien auch froh darüber zu sein, daß er den Hund los war. Der Hund hieß Candy, und als der Bauer weg war, und ich ihn rief, kam er sofort zu mir. Der Hund war total verwahrlost. Ich ging mit dem Hund hinters Haus und legte ihn an die Kette. Dann holte ich ihm was zu fressen und überlegte, während er so fraß, wie ich ihm sein Fell nun wieder in Ordnung bringen könnte.

Ich ging ins Haus zurück, holte eine Bürste, die wir sowieso ausrangiert hatten, und eine Schere. Dann ging ich wieder zurück zu Candy und streichelte ihm über den Kopf. Der Hund hatte zwar Angst, aber ich gewann mittlerweile sein Zutrauen. Ich schnitt dann mit der Schere die Filzklumpen ab, die mal Haare gewesen sein sollten, und bürstete ihn kräftig durch. Candy schien das zu gefallen und sie machte keine Umstände. Als ich fertig war, sah der Hund wieder richtig gut aus, und die Blutkrusten, die sich über den Wunden gebildet hatten, werden auch bald weg sein. Es war schon ein hübscher Kerl, wenn man ihn so ansah. Auf jeden Fall war er jetzt bei mir in guten Händen, und das schien er irgendwie zu merken. Der Hund hatte sich schnell erholt und war ganz zutraulich zu mir, da ich ihm immer das Fressen brachte. Aber wenn jemand fremd war, der nicht zur Familie gehörte, fing er gleich an zu bellen und manchmal dachte ich, er reißt die Kette aus der Wand. Von der Familie kannte er jeden, da ich immer jemand mitnahm, wenn ich ihm das Futter brachte. Es war alles recht und gut mit dem Hund, aber mir selber hatte es gestunken, daß ich den Hund an die Kette legen mußte. Die Kette war ungefähr fünf bis sechs Meter lang und in zwei Metern Höhe an der Mauer befestigt. Die Kette war an einem Wirbel so, daß sie sich nicht verheddern konnte, wenn der Hund im Kreis lief.

An einem Ruhetag wurden wir von unserem Nachbar auf der gegenüberliegenden Straßenseite zu einem Gartenfest eingeladen und wir nahmen an. Als wir über die Straße gingen und miteinander sprachen, mußte mich Candy hinterm Haus gehört haben und fing an zu bellen. Ich sagte gar nichts und ging weiter. Das Gartenfest war wunderbar und als es zu Ende ging, begaben wir uns wieder nach Hause. Am nächsten Morgen ging ich zu Candy, um das Futter zu bringen. Als ich um die Hausecke kam, traf mich der Schlag. Der Hund hing an der Kette und stand auf den Hinterbeinen. Die Zunge hing ihm aus dem Maul, und ich sah sofort, daß er tot war. Ich ging zu Candy und kniete mich vor sie hin und fing an zu weinen. Der Nachbar fand mich und beruhigte mich, indem er mir tröstende Worte zusprach. Dann hängten wir Candy von der Kette ab und legten sie auf den Boden.

Der Wirbel der Kette hatte sich verfangen, und als Candy mich am gestrigen Abend gehört hatte, muß er im Kreis rumgelaufen sein und sich dabei selbst aufgehängt haben. Der Nachbar brachte dann eine Plane und packte Candy darin ein. Er trug sie zu seinem Wagen und ich wußte, daß er sie jetzt in die Tierkadaverfabrik brachte, die außerhalb von Orsingen stand, und darin würden sie Candy zu Schmierseife verarbeiten.

Ich ging zurück ins Haus und erzählte Mutti, was sich ereignet hatte. Sie schien überhaupt nicht davon betroffen zu sein. Das mit Candy hatte ich bald vergessen, aber trotzdem ging es mir fast zwei Tage nach, daß ich den Hund verloren hatte. Mit Candy konnte ich über alles, was mir gestunken hat, sprechen, und sie schien mich zu verstehen. Naja, mit solchen Sachen muß man sich eben abfinden.

Ich hatte nur noch wenig Zeit, etwas oben in unserer Wohnung zu tun, also sie aufzuräumen und in Ordnung zu bringen. Und so verwahrlosten die Zimmer, und wenn man von den Zimmern in den großen Tanzsaal schaute, in den wir am Anfang die ganzen Kleider und andere Sachen hineingestellt hatten, hätte jeder normale Mensch einen Herzinfarkt bekommen, so standen darin die Kisten durcheinander und Kleider flogen dazwischen rum. Ab und zu sah man dann auch einen anderen Gegenstand, und man dachte wirklich, man schaue auf eine Müllhalde.

Der Aufenthaltsraum im unteren Stockwerk neben der Küche sah auch nicht besser aus. Der ganze private Haushalt sah halt zum Kotzen aus. Mutti räumte ihn auch nicht auf, da sie sich ab zwei Uhr nachmittags hinlegte zum Schlafen bis fünf. In der Zeit machten meine Geschwister die Küche sauber, und ich machte das Lokal, wie immer, und füllte nebenher noch die Theke auf und machte noch ein paar Kleinigkeiten wie z. B. Gläser spülen, die Thekenschränke aufräumen und vor allem die Gäste bedienen. Zu den Hausaufgaben kam ich überhaupt nicht mehr, und so mußte ich sie immer in der Pause von Sonja abschreiben, die sie natürlich immer gemacht hatte. Zum Lernen selber kam ich auch nicht mehr, und in der Schule schrieb ich eine schlechte Klassenarbeit nach der anderen. Wenn ich dann Mutti die Arbeiten zum Unterschreiben hinlegte, gab es meistens einen gewaltigen Krach und manchmal sogar eine Tracht Prügel dazu. In der Schule schlief ich manchmal fast ein, so müde war ich ab und zu, und die Müdigkeit verschwand meistens erst in der fünften Unterrichtsstunde, wenn die Schule fast zu Ende war. Manchmal verschwand sie gar nicht, da war ich dann den ganzen Tag müde. Frau Riegelsberger, meine Lehrerin, nahm mich ab und zu nach vorne an die Tafel, um mich abzuhören, und das benotete sie auch noch, und dazu mit einer schlechten Note, zum Glück mußte ich die Noten nicht unterschreiben lassen, sonst hätte ich mir noch eine Tracht Prügel mit der Reitgerte abholen können.

Wenn Pappa ab und zu am Wochenende nach Hause kam, sagte ihm Mutti immer alles, was wir gemacht hatten, und so bekamen wir dann noch eine gratis Extraabreibung, für die wir weder schlechte Noten nach Hause gebracht oder irgend etwas angestellt hatten. Pappa trank über das Wochenende meistens bis zum Umfallen. Wenn der verdammte Alkohol bei Pappa doch nur nicht immer so ausschlagen würde. Denn wenn Pappa besoffen war, wurde er aggressiv und fing an zu streiten, und das meistens mit Mutti. Dann fiel Pappa immer auf, wie dreckig der Laden war, und daß er es mal nötig hätte aufgeräumt zu werden. Pappa war Sauberkeit von seinen Eltern her gewohnt, aber diese waren zu sauber, dort traute man sich nicht einmal hinzusetzen, denn gleich wäre Oma oder Opa mit dem Staubtuch angerannt gekommen, und so konnte man sich vor lauter Sauberkeit nicht mehr wohl fühlen. Also, wie gesagt, Pappa war es gewohnt, eine saubere Stube zu haben und so fing er mit Mutti darüber an zu streiten. Es kam zwar nicht zu Handgreiflichkeiten, aber das, was sich die beiden an den Kopf warfen, hatte natürlich schon gelangt.

Wenn Pappa dann wieder zum Arbeiten nach Villingen gefahren ist und die ganze Woche nicht da war, bekamen wir den ganzen Scheiß vom Wochenende zu spüren. Mutti schimpfte mit uns wegen jeder Kleinigkeit und es gab auch öfters Prügel, wenn wir eine Arbeit nicht richtig nach ihren Wünschen gemacht hatten. Sie stand meistens hinter uns mit der Reitpeitsche und wehe einer machte seine Arbeit nicht richtig. So hatten wir nun gar keine Zeit für uns zum Ausruhen. Ich wäre gerne mal hingesessen, um mich bei einer Tasse Kaffee richtig zu entspannen, aber das wurde uns nicht gegönnt.

Wenn wir den Aufenthaltsraum richtig aufgeräumt hatten, wenn man das richtig nennen kann, da noch genug Gerümpel drinnen rumstand, und im Lokal draußen das Stoßgeschäft losging, sah der Aufenthaltsraum genauso aus wie vorher, da man immer die Kisten hervorholen mußte, aus denen man was für die Gäste brauchte.

Anstatt man dies alles in einem Schrank verstaute, was im Aufenthaltsraum stand, und dann das Zeug immer bei der Hand hatte. Nein, das mußte so gemacht werden wie Mutti es wollte, und wenn man ihr einen Vorschlag machte, wie man es besser machen könnte, wurde es von ihr abgelehnt, da der Vorschlag nicht von ihr kam und sie sowieso alles besser wußte. Also blieb es so, wie es Mutti sagte, und nicht anders, außer wenn ihr etwas Spezielles einfiel, aber auf solche Ideen kam sie sowieso nicht, da sie ja immer öfter am Stammtisch sitzen und mit den Stammgästen rumsaufen mußte.

Pappa kam am Wochenende nach Hause. Natürlich würde es wieder Ärger geben. Aber Mutti erzählte ihm nichts und für uns gab es keinen Ärger, ob es für Mutti Ärger geben würde wird sich erst abends rausstellen, wenn Pappa besoffen ist. Pappa bestellte bei Mutti etwas zu trinken. Mutti kam an die Theke und machte Pappa das Getränk. Dann zog sie nebenbei ein kleines Fläschchen aus der Tasche, es mußte eine Arzneiflasche sein, und schüttete eine Ladung Tropfen in das Glas. Dann steckte sie das Fläschchen wieder ein und brachte Pappa das Gesöff, das die da zusammengemixt hatte.

Das Wochenende verging reibungslos, und am Montag fragte ich Mutti ganz beiläufig: »Was war denn das für ein Zeug, das du Pappa in sein Getränk reingemixt hast?« Sie schaute mich ganz entgeistert an und wußte nicht so recht, was sie sagen sollte. »Das waren Beruhigungstropfen, damit er nicht immer so aus der Haut fährt, wenn er besoffen ist.« »Weiß Pappa, daß du ihm da so ein Zeug in seine Getränke mixst?« »Nein, das mach ich schon länger, aber er hat das noch gar nicht gemerkt, und wenn du deinen Mund hältst, wird er es auch weiterhin nicht merken. Wenn da ein Sterbenswörtchen über deine Lippen kommt, schlage ich dich tot, haben wir uns verstanden?« »Ja, aber wie lange machst du das schon? Du kannst mir das ruhig sagen, ich erzähle es niemandem.« »Naja, erst seit zwei Wochenenden, und die Beruhigungstropfen helfen auch. Er hat schon beide Wochenenden nicht mehr rumgestritten. Wenn er die Tropfen trinkt und sich hinterher den Arsch vollsäuft, wird er hundemüde und schläft ein, bevor er überhaupt ans Streiten denkt. Und ich verpaß ihm schon eine ganze Menge von dem Zeug, damit es hilft.« »Meinst du, daß das in Ordnung ist, was du da machst?« »Das ist doch egal, wenn er nur ruhig ist und mich hier machen läßt, was ich will.« Ich war sprachlos, was ich da gehört hatte, war für mich schon ein bißchen unverständlich.

Ich erwiderte gar nichts mehr und sagte halt nur noch mal, damit sie ganz sicher gehen konnte, daß ich sie nicht an Pappa verpfeife: »Also über meine Lippen kommt kein Sterbenswörtchen, darauf kannst du dich verlassen.« »Okay, dann ist die Sache ja klar, und ich warne dich nur, damit wir uns verstanden haben.« Das war natürlich für mich nicht gerade gut, denn ich wußte, daß ich mit meinem Wissen Pappa nicht mehr in die Augen schauen konnte.

Pappa gab nun seine Arbeitsstelle in Villingen auf, denn er wollte in der Nähe von Orsingen arbeiten, damit er abends oder zumindest nachts zu Hause war. Er hatte auch schon eine Stelle gefunden, nämlich als Kellner im Singener Wienerwald. Da Pappa ja schon als Kellner gearbeitet hat in der Residence von Würzburg, eines der besten Restaurants, war das für ihn eine Kleinigkeit.

Mutti war das natürlich nicht recht, daß Pappa jede Nacht zu Hause war, das merkte ich schon an ein paar Bemerkungen, die sie fallen gelassen hatte, wie z. B. »das kann ja heiter werden«, oder »jetzt haben wir die Bescherung«. Pappa kam also jetzt jede Nacht nach Hause und es gab nicht einmal so viel Streß und Ärger wie ich gedacht hatte. Mutti haute ihm des Morgens schon eine ganze Menge Beruhigungsmittel in den Kaffee und des Abends, wenn er mal nicht arbeitete, weil er Frühschicht hatte, bekam er auch noch eine Ladung.

Pappa merkte es nicht, er wunderte sich nur, daß er immer so müde war, obwohl er manchmal stundenlang schlief und wenn er aufwachte, immer noch müde war, das konnte er sich halt nicht erklären.

Wenn Pappa nach Hause kam, hatte er meistens schon eine ganze Menge Alkohol intus. Dann trank er noch ein paar Bier und ging ins Bett, da er erstens hundemüde war und zweitens kaputt von der Arbeit. Pappa beklagte sich dann mal bei mir, daß er immer so müde ist, aber ich konnte ihm nicht mal in die Augen schauen, da ich ja wußte warum er so müde war, und sagen konnte ich ihm das auch nicht. Ich antwortete nur darauf, daß es vielleicht von der Arbeit kommt und daß er da so viel trinkt, und das wird es wahrscheinlich sein.

Ein paar Tage später sagte ich dann zu Mutti. »Meinst du nicht, daß du das mit den Beruhigungsmitteln mal sein lassen solltest? Pappa fragt sich schon, warum er so müde ist.« »Ach was, das ist schon richtig so, je müder er ist um so besser.« Was sollte ich dazu sagen, sie machte sowieso was sie wollte. »Naja, das ist nicht mein Brot«, sagte ich, als wenn mich das nicht weiter interessiert hat. Aber in Wirklichkeit machte ich mir meine Gedanken darüber.

Eines Tages hatte ich dann ein kurzes Gespräch mit Ralf, wobei ich sehr erstaunt darüber war, was er alles wußte. Ich sagte zu Ralf: »Zur Zeit streiten sich Mutti und Pappa gar nicht mehr so viel.« »Ist auch kein Wunder bei der Menge Beruhigungstropfen.« Als Ralf den Satz ausgesprochen hatte, hielt er die Hand vor den Mund, da er merkte, daß er sich verplappert hatte. Er wußte anscheinend nicht, daß ich auch darüber Bescheid wußte.

»Scheiße, jetzt hab ich mich verplappert«, sagte er und ich wußte sofort, daß Mutti auch ihn zum Stillschweigen verpflichtet hatte. »Ich habe es schon lange gewußt, du hast dich nicht verplappert, und außerdem sag ich es Mutti nicht, denn sie weiß ja, daß ich es weiß.« »Aber trotzdem, ich darf doch nichts sagen, und ich habe es ihr versprochen.« »Mann, du brauchst keine Angst zu haben, es erfährt keiner, daß du darüber mit mir gesprochen hast.« Wir vereinbarten, daß wir mit keinem darüber sprechen und alles für uns behalten. Später erfuhren wir dann von Uwe, daß er auch darüber Bescheid wußte, was für uns keine große Überraschung war, denn irgendwann mußte er das ja auch mitbekommen, ein so großes Geheimnis war es nun ja doch nicht mehr, und Mutti machte die Tropfen auch in unserer Gegenwart ins Essen oder ins Trinken, das Pappa zu sich nahm.

Ich fand die ganze Sache abscheulich. Als Pappa mich mal aufforderte, ihm etwas zu trinken zu holen und ich auf dem Weg zur Theke war, hielt mich Mutti an: »Was machst du?« »Ich hole für Pappa etwas zu trinken.« Sie griff in die Tasche und holte das Arzneifläschchen hervor und drückte es mir in die Hand und sagte: »Schütt ihm davon etwas rein, aber nicht zu wenig.« Ich wußte nicht, was ich sagen sollte, aber ich war keineswegs bereit, Pappa von dem Giftzeug da in das Getränk zu schütten. Da ich ihr das Fläschchen nicht aus der Hand nahm, sagte sie: »Na, nimm schon, da ist nichts weiter dabei, wenn du ihm das Zeug da reinrührst.« Ich nahm das Zeug und wußte jetzt schon, daß ich Pappa davon nichts reinschütten würde. Ich ging zur Theke, machte Pappa das Getränk, schraubte das Fläschchen auf und schüttete ein paar Spritzer davon in den Abfluß. Dann drehte ich das Fläschchen wieder zu und auf dem Rückweg zu Pappa drückte ich Mutti das Fläschchen wieder in die Hand. »Na, hast du ihm etwas reingemacht?« »Natürlich, schau dir doch das Fläschchen an.« Sie schaute auf die Flasche. »Da hast du ihm aber eine ganz schöne Ladung reingeleert. Aber jetzt bring ihm das Zeug, das haut ihn bestimmt um, und dann ist Ruhe.« »Okay«, gab ich nur noch zur Antwort und der Fall war dann für Mutti erledigt. Ich brachte Pappa das Getränk und er trank es in einem Zug leer, dabei dachte ich: Wenn ich ihm das Zeug jetzt da reingeschüttet hätte, würde er es jetzt in einem Zug ganz ahnungslos runterkippen und später wieder hundemüde sein, und Mutti hätte das gut gefunden.

Pappa bekam nun immer von dem Zeug, wenn es Mutti nur möglich machen konnte, so daß er immer im Halbtraum rumgelaufen ist. Ich überlegte mir schon, ob ich die ganze Geschichte Pappa sagen sollte, aber dann würde es einen höllischen Ärger geben und Pappa würde Mutti eine gewaltige Abreibung verpassen. Also war es besser ich sagte nichts und machte immer die Augen zu, damit ich nichts sah, und wenn jemand nichts sah, konnte er auch nichts weitererzählen. Natürlich war das keine Lösung, aber für mich war es die beste Lösung, und natürlich für Mutti auch, nur für Pappa eben nicht und das wollte nicht ganz in mein Hirn gehen.

Eines Tages hatten wir eine Zigeunerbeerdigung bei uns angemeldet. Es waren rund fünfzig Zigeuner und alle in schwarzem Anzug und schwarzen Kleidern, sogar die Kinder waren alle schwarz angezogen. Es war eine alte Frau gestorben aus ihrer Sippe, und da zu einer Beerdigung auch ein Leichenschmaus gehört, so machten sie ihn bei uns im Gasthaus. Pappa hatte sich vom Wienerwald freigenommen, um mir beim Bedienen und den Vorbereitungen zu helfen. Ich ging an diesem Tag auch nicht zur Schule und konnte am frühen Morgen schon anfangen, die Tafel nach Muttis Anweisungen zu decken. Pappa half mir und so waren wir auch schnell damit fertig. Der Nachbar, der ein gelernter Koch war, und Mutti kochten das Menü für die Zigeuner. Gegen elf Uhr traf die Gesellschaft ein, und Mutti sowie Pappa begrüßten die Leute und sprachen auch ihre Anteilnahme zu dem großen Verlust aus, den die Sippe hatte. Wenn die Zigeuner gewußt hätten, daß Mutti und Pappa, bevor sie gekommen sind, einen Haufen Widerlichkeiten gesagt hatten, dann wären sie bestimmt nicht zu uns zum Essen gekommen. So zum Beispiel sagte Pappa: »Schon wieder einer von dem Dreckspack weniger.« Und Mutti sagte: »Um das Gesindel ist es nicht schade, von mir aus können sie alle nacheinander verrekken.« Und dann standen sie beide da und machten ein trauriges Gesicht und verkündeten auch noch ihre Anteilnahme.

Pappa und ich brachten den Zigeunern dann die Getränke und das Essen. Die Leute aßen gesitteter als manch anderer Gast, der kein Zigeuner war, und das wunderte mich, denn Mutti hatte gesagt: »Da sollte man sich gar nicht so viel Mühe geben, denn ich habe schon mal Zigeuner bedient und die fressen wie die Schweine.« Den Leuten schmeckte das Essen vorzüglich, und als sie fertig waren, sagte fast jeder von sich aus, ohne daß ich ihn fragen mußte, so wie es normalerweise üblich ist, daß das Essen einwandfrei war und es sehr gut gemundet hatte. Für mich waren die Zigeuner Menschen wie die anderen auch, aber für Mutti und Pappa anscheinend nicht. Denn normalerweise setzte sich Mutti nach dem Essen zu den Gästen, die bei ihnen gespeist hatten, und unterhielt sich mit ihnen, da sie ja sowieso noch eine Weile da sein und etwas trinken würden. Aber diesmal setzten sich Mutti und Pappa nicht zu den Gästen, sondern an den Stammtisch zu den Leuten, die öfters zu uns kamen. Ich bediente dann allein weiter, da jetzt ja nur noch Getränke verlangt wurden, und ich die Hilfe von Pappa nicht mehr benötigte. Als Mutti und Pappa dann am Stammtisch saßen, würdigten sie die Zigeuner keines Blickes mehr, als wenn sie Aussätzige wären, die irgendeine Krankheit hätten und man sich vom bloßen Anblick schon anstecken könnte. Ich verstand es nicht so recht, aber ich sagte nichts.

Dann kam ich mit einem der Zigeuner in ein Gespräch. Er hatte den Namen Roman und sah auch richtig wie ein Zigeuner aus, mit seinen schwarzen Haaren und dem komischen Ohrring, der mir ins Auge stach. Er sagte: »Sind das deine Eltern, die da bei den anderen am Stammtisch sitzen?« »Ja.« »Die scheinen wohl nicht besonders begeistert von uns zu sein.« »Ach ne, die sind immer so, die machen sich nie große Gedanken um ihre Gäste.« Ich bekam ein ganz komisches Gefühl und ich kam mir vor, als wenn Roman durch mich hindurchschauen und sehen würde, daß ich ihn anlüge. »Ich weiß schon, wie die Leute über uns reden, und ich kann auch deine Eltern verstehen, wir sind nicht besonders angesehene Leute.« Mir war der Zigeuner, also Roman, richtig sympathisch und so setzte ich mich ein paar Minuten später, als alle Leute etwas zu trinken vor sich stehen hatten, zu ihm hin und er erzählte mir ein paar Sachen vom Zigeunerleben. Wenn man ihm so zuhörte, fand ich die ganze Sache sehr romantisch, und in mir kam der Wunsch auf, auch ein Zigeuner zu sein. Mir gefiel alles, was er erzählte, und dann sprach er auch noch von der Toten, und daß sie eine wichtige Rolle in der Sippe gespielt hatte. Sie konnte angeblich aus der Hand lesen und die Zukunft voraussagen, und alle Leute aus der Sippe sollen immer zu ihr gegangen sein, wenn sie ein Problem hatten. Also sie war praktisch so eine Art Seelsorger für die ganze Sippe und mußte auch noch eine besonders nette Frau gewesen sein und, wie ich aus seinen Erzählungen mitbekam, auch verdammt viel Verständnis für alles gehabt haben. Und dann sagte er: »Siehst du, so schlimm sind wir gar nicht und auch ich hatte die Tote sehr gerne.« »Ich hatte nie daran gedacht, daß ihr schlimme Leute seid, im Gegenteil, ich kann nichts Schlechtes von euch sagen.« Im geheimen trauerte ich nun auch um die Tote und ich hätte sie gerne einmal kennengelernt und mit ihr gesprochen. Diesmal schien er meine Antwort zu glauben, denn es war ja auch ehrlich. Nicht ich hatte die Vorurteile gegen die Zigeuner, sondern Pappa und Mutti.

Dann erzählte er mir noch, wo sie immer rumziehen, und dabei erfuhr ich auch, daß sie öfter in Villingen sind und dort auch schon gelagert hatten. Er lud mich ein, wenn ich mal Zeit hätte in ihr Lager zu kommen, und ich könnte mir dann auch mal die Zukunft voraussagen lassen. Ich nahm das Angebot an, aber ich wußte auch, daß das niemals gehen würde, auch wenn ich noch so gerne mitgegangen wäre. Dann wurde ich wieder vom Tisch gerufen, und ich mußte ein paar Gäste bedienen, die nichts mehr zu trinken hatten. Die Gesellschaft der Zigeuner blieb bis in den späten Nachmittag. Dann erhoben sich die Leute langsam und verabschiedeten sich von den anderen, die noch ein wenig dablieben. Da alles auf eine Rechnung kam, mußte ich nicht aufpassen, wer von den Leuten ging. Als nur noch zwei von den Zigeunern da waren, es waren Roman und dessen Vater, kam Roman zu mir und bat mich, die Rechnung zusammenzustellen, denn sie wollten auch aufbrechen. Ich stellte dann in aller Ruhe die Rechnung auf und ich ließ mir Zeit, damit ich nichts übersah, da ich ja Mutti die Rechnung zur Kontrolle vorlegen mußte. Als ich die Rechnung fertig und sie auch Mutti zur Kontrolle vorgelegt hatte, ging ich damit zu Roman, und dessen Vater bezahlte sie anstandslos. Romans Vater verabschiedete sich dann bei mir und verließ gleich das Lokal. Roman sagte dann noch zu mir: »Du scheinst nicht sehr glücklich zu sein, aber trotzdem bist du ein feiner Kerl. Du wirst bestimmt noch viel Ärger haben in deinem Leben, aber laß dich nicht unterkriegen. Und übrigens, ich fand es nett von dir, daß du gelogen hast, als ich dich auf die Meinung deiner Eltern über uns ansprach, aber ich kann ihre Meinung aus dem Gesicht lesen. Also dann, auf Wiedersehen, und wenn du später mal Hilfe brauchst, du bist immer bei uns willkommen.« »Ja, danke, auf Wiedersehen, Roman«, sagte ich noch. Dann drehte sich Roman um und verließ das Lokal.

Ich sagte Mutti nicht, was ich mit Roman gesprochen hatte, denn sie fragte mich danach. Ich log sie eben einfach an und sagte nur, daß er unser Lokal bewundert hatte. Darauf sagte sie mir noch: »Ich bin froh, daß das elende Pack draußen ist, die gingen mir langsam auf die Nerven.« Am liebsten hätte ich jetzt Mutti die Meinung gesagt und ihr erklärt, daß es auch Menschen sind und sogar noch bessere als wir. Daß die Leute viel mehr

Verständnis haben und auch anständiger und aufrichtiger sind als unsereins, und daß sich da einige eine Scheibe davon abschneiden könnten.

Leider konnte ich das nicht, da es sonst nur Ärger gegeben hätte, da ich ja Muttis Einstellung gegenüber den Zigeunern nun kannte.

Ich räumte dann den Rest der Tafel ab und machte meine Arbeit normal weiter.

Nachts lag ich dann im Bett und dachte nach, was Roman so gesagt hatte und vor allen Dingen das, was er zum Schluß gesagt hatte. Ich schlief ein mit dem brennenden Wunsch, auch ein Zigeuner zu sein.

Am nächsten Morgen ging ich ebenfalls nicht zur Schule, da Mutti meinte, sie sei krank und ich müßte das Lokal morgens aufmachen. Naja, ich tat halt was Mutti sagte und fing gleich an aufzuräumen und das Lokal herzurichten für den Tag. Es war zwar nicht viel im Lokal zu tun, aber ich mußte nun auch das Zeug in der Küche herrichten, das man für die einzelnen Essen benötigte. Meistens aßen die Leute das Tagesmenü und das wurde ja schon vorgekocht.

Da nur wenig Gäste kamen, kochte ich an diesem Tag vor. Ich holte mir bei Mutti die Anweisungen und suchte mir auch noch das Kochbuch. Dann verglich ich die Anweisungen von Mutti und das Kochbuch miteinander. Ich stellte fest, daß die Anweisungen von Mutti nicht mehr alle in meinem Kopf waren, und so entschloß ich mich, nach dem Kochbuch zu kochen. Ich fing also an zu kochen und es klappte wunderbar.

Als ich dann alles fertig und abgeschmeckt hatte, stellte ich fest, daß das Essen ziemlich gut schmeckte und das Essen war bestimmt auch nicht schlechter, als wenn es Mutti gemacht hätte. So war ich also mit meiner Arbeit zufrieden und meldete Mutti, daß ich mit dem Kochen fertig sei. Sie ging dann in die Küche und probierte das, was ich da zusammengemantscht hatte. Im ersten Moment sagte sie gar nichts, aber dann fing sie an zu palavern.

»Du hast dich ja gar nicht an meine Anweisungen gehalten. Warum nicht?« »Ich hatte die Hälfte vergessen, und da hab ich dann halt nach dem Kochbuch gekocht.« »Dann hättest du mich noch mal gefragt, aber was kann man schon von dir verlangen.« »Das Essen ist doch gut, oder etwa nicht?« »Man kann es lassen«, sagte sie und drehte sich um und ging aus der Küche. Ich war ein wenig enttäuscht, denn ich hatte erwartet, daß sie sagen würde, das Essen sei gut, und mich nur einmal für meine Mühe loben würde. Aber anscheinend war das alles selbstverständlich, und so was wie ein Lob konnte man dann ja nicht erwarten. Am Mittag durfte ich die ganze Arbeit alleine machen. Draußen im Lokal mußte ich bedienen und dann auch noch in der Küche das Essen machen. Wenn Ralf und Uwe mir nicht geholfen hätten das Essen anzurichten, dann hätte ich das Ganze nicht geschafft, denn ich hätte bestimmt die Übersicht verloren. Beim Abkassieren kann es mal vorgekommen sein, daß ich ein Getränk vergessen hatte, denn einmal hatte ich mich dabei selber ertappt. Aber ich konnte ja hinterher nicht mehr zu den Leuten hingehen und sagen: »Entschuldigung, ein Mißverständnis, daß ich noch mal bei ihnen abkassieren muß, da ich vorhin etwas vergessen habe«.

Das ging natürlich nicht, aber Mutti merkte es ja auch nicht, da wir nicht über die Registrierkasse arbeiteten wegen der Steuer. Nach dem Mittagsgeschäft war ich dann schon ziemlich kaputt. Mutti machte während dem Stoßgeschäft gar nichts, außer Sechsundsechzig spielen und saufen. Am Morgen hatte sie ein paar schriftliche Sachen erledigt gehabt und das war auch alles. Naja, sie war krank und vielleicht konnte sie deswegen keine körperliche Arbeit machen. Aber dann sollte man sich ins Bett legen und nicht Karten spielen und saufen. Was sollte ich dazu sagen, und wenn ich etwas gesagt hätte, dann hätte ich nur Ärger gehabt und dem bin ich lieber aus dem Weg gegangen. Das Abendgeschäft hatte ich dann auch noch absolviert und als ich gegen ein Uhr nachts ins Bett kam, war ich dann hundemüde. Das Trinkgeld mußte ich auch Mutti abgeben und das hat mir gewaltig gestunken. Als Ausrede sagte sie nur: »Da wir nicht über die Registrierkasse arbeiten, kann ich das nicht nachsehen, was du an Trinkgeld bekommen hast und deswegen gibst du mir bloß den Geldbeutel und dann brauchst du gar nichts mehr zu machen. Und außerdem, was willst du damit groß anfangen?« Was sollte ich da noch sagen. Ich gab ihr halt immer den ganzen Geldbeutel und verzichtete auf das sauer verdiente Trinkgeld. Am nächsten Tag ging ich nicht zur Schule und die darauffolgenden Tage ebenfalls nicht, da Mutti es so angeordnet hatte. Sie sagte, wenn mich einer von meinen Schulkameraden fragen sollte, warum ich nicht zur Schule komme, sollte ich nur sagen, daß ich krank sei und schon in ärztlicher Behandlung. Sie schickte nach ungefähr einer Woche auch einen Brief an meine Lehrerin, und darin stand, daß ich krank sei und in ärztlicher Behandlung, und sie nicht wüßte, wann ich wieder zur Schule kommen könnte. Sie nannte sogar eine Krankheit und der Brief hörte sich überzeugend an.

Ich durfte nun jeden Tag kochen und auch noch das Lokal machen, was mich ziemlich beanspruchte und meistens war ich des Nachmittags schon ziemlich kaputt. Mutti machte nur noch etwas, wenn der Betrieb zu groß war und ich es nicht alleine mehr schaffen konnte. Wenn ich dann des Morgens am Kochen war, übrigens kochte ich nur immer nach dem Kochbuch und den Gästen schien es zu schmecken, machte Mutti etwas Schriftliches und manchmal ging sie zur Nachbarin, um mit ihr Kaffee zu trinken und über den neusten Dorfklatsch zu sprechen, damit sie auch wußte, was in dem Idiotennest los war.

Mir hat es gewaltig gestunken, daß ich den ganzen Tag schuften mußte und nicht einmal Taschengeld dafür bekam, geschweige denn das Trinkgeld, das nicht gerade wenig war.

Eines Tages sagte ich zu Mutti: »Du, ich möchte mir ein Postsparbuch aufmachen und sparen für später, wenn ich mal aus der Schule komme.« »Sieht ganz so aus, als wenn du mal eine gute Idee gehabt hast.« »Also dann darf ich mir ein Postsparbuch aufmachen?« »Na klar, warum denn nicht, ich hatte auch schon daran gedacht. Und ab dieser Woche bekommt ihr alle Taschengeld, und das Trinkgeld wirst du jedesmal gleich auf die Seite legen und so kannst du es nachzählen. Dann teilst du das mit deinen Brüdern, denen ich auch ein Sparheft aufmachen werde, und dort könnt ihr dann immer euer Geld einzahlen.« »Oh, das ist ja wunderbar«, rief ich begeistert. Ich freute mich wirklich über die ganze Sache, und ich malte mir schon aus, was ich vielleicht mit dem Geld später machen würde. Tatsächlich gab es dann am Montag sogar Taschengeld, jeder fünf Mark, und das war für uns schon eine Menge Geld, das uns selber gehörte. Am folgenden Tag eröffneten wir auch jeder ein Postsparbuch und zahlten gleich unser Taschengeld ein. Das Buch bekamen wir dann von Mutti in die Hand und sie selber behielt die Karte, mit der man das Geld wieder abheben konnte. Folglich konnten wir nur Geld einbezahlen. Wieviel Geld wir auf das Postsparbuch bringen, sagte Mutti, sei ihr egal, aber das was mal drauf ist, wird nicht mehr runtergeholt.

Sonja sah ich gar nicht mehr, da ich nun schon fast drei Wochen nicht mehr in der Schule war. Ab und zu rief ich sie an und quatschte mit ihr ein paar Minuten. Mutti durfte davon nichts erfahren, und da sie nachmittags sowieso immer schlief, bekam sie es auch gar nicht mit. Ich erzählte Sonja, daß ich gar nicht krank sei, da sie sich Sorgen um mich machte und zu uns in die Kneipe kommen wollte und schauen wie es mir ginge. Das konnte ich ihr natürlich nicht erlauben, sonst hätte Mutti vielleicht etwas gemerkt.

Als ich eines Tages Sonja wieder anrief, sagte sie mir, daß sie mich so gerne sehen möchte und daß sie zu mir komme, ob es mir paßt oder nicht. Da ich sie daran ja nicht hindern konnte, verabredete ich mich mit ihr für nachmittags nach zwei Uhr, wenn Mutti schlief. Sie sollte als ganz normaler Gast aufkreuzen und ich würde ihr sogar etwas ausgeben. Am nächsten Tag kam sie auch und setzte sich in die Kneipe, als sei sie ein ganz normaler Gast. Mutti lag schon in der Falle, da sie ja ihren Schönheitsschlaf immer regelmäßig machte. Ich ging zu ihr an den Tisch und flüsterte ihr zu, daß die Luft rein sei. Ich mußte flüstern, da zwei Stammgäste an dem Stammtisch saßen, und vielleicht etwas mitbekommen könnten und es dann Mutti sagten. Ich nahm ihre Bestellung auf, es war nur ein Getränk und wie immer Coca, wenn sie etwas trank. Als ich ihr die Coca brachte, flüsterte ich ihr zu, daß sie hinters Haus kommen sollte, da wären wir ungestört und die zwei Idioten, die da am Stammtisch saßen, könnte ich ruhig ein paar Minuten alleine lassen. Dann wollte sie zahlen und ich lehnte es ab, da ich ihr ja versprochen hatte, ihr etwas auszugeben, und merken würde das ja sowieso keiner. Sie stürzte die Coca runter und ging dann aus dem Lokal. Zu den zwei am Stammtisch sagte ich, daß ich mal schnell in den Keller müsse und daß ich deswegen ein paar Minuten nicht da wäre. Sie nickten mir zu, und da diese Bauerntrottel ja sowieso nichts klauten, mußte ich auch keine Angst haben, daß nachher eine Flasche Schnaps fehlt. Ich schnappte den Geldbeutel und ging hinters Haus zu Sonja. Sie stand schon da und wartete ungeduldig auf mich. Als sie mich sah, kam sie sofort auf mich zu und fiel mir in die Arme. Wir küßten uns als wenn wir uns ein Jahr nicht gesehen hätten, und dabei waren es ja nur ein paar Wochen. Es war ein wunderbares Gefühl, sie in den Armen zu halten und einfach so dazustehen. Dann sagte sie mir: »Fritz, komm doch wieder zur Schule, es ist so langweilig ohne dich, und ich weiß gar nicht, mit wem ich in den Pausen reden soll, da die anderen mir zu dumm sind.« »Ich kann nicht. Meine Mutter läßt mich ja nicht, und jedesmal wenn ich sie darauf anspreche, ist immer die gleiche Antwort: Nein, du arbeitest hier und solange die glauben, daß du krank bist, brauchst du nicht zur Schule gehen, ich brauche dich hier nötiger.« »Oh, Scheiße. Deine Mutter muß ja eine doofe Gans sein.« Ich gab ihr darauf keine Antwort, weil ich nicht wußte, ob ich ihr Recht geben oder es bestreiten sollte. »Naja, ich kann da nichts machen Sonja, aber ich glaube schon, daß ich bald wieder zur Schule komme.« »Naja, hoffen wir es, bloß, du fehlst mir halt, ich weiß auch nicht warum, aber wahrscheinlich liebe ich dich.« »Ich liebe dich doch auch, Sonja, und ich werde ja bald wieder zur Schule kommen.« Dann hielten wir uns noch eine Weile in den Armen und knutschten rum wie die Professionellen. Ich verabschiedete mich dann von ihr, da ich wieder in das

Lokal mußte zu den Gästen. Sie ging und ich schaute ihr nach. Ich ging wieder ins Lokal und war mit meinen Gedanken immer noch bei Sonja. Liebte sie mich wirklich so wie sie sagte, aber warum denn? So gut sah ich nicht aus und mollig war ich auch ein wenig, und trotzdem kam sie zu mir, da sie mich angeblich liebte und nicht ohne mich auskommen konnte. Ich dachte noch eine Weile nach und erst als ich von dem Bauerntrottel am Stammtisch angesprochen wurde, kam ich aus meinen Gedanken und nahm jetzt erst richtig wahr, daß ich ja schon wieder im Lokal stand. Es schien keiner etwas von meinem heimlichen Treffen mit Sonja gemerkt zu haben, denn keiner sagte zu mir etwas in der Richtung und ich war richtig froh darüber, denn wenn es Mutti oder Pappa merken, gibt es bestimmt Ärger, da ich immer noch vierzehn war und die zwei es sowieso nicht verstehen konnten. Der Tag verging dann noch ohne weitere Vorkommnisse, und das Trinkgeld war gar nicht mal so übel. Mutti sagte manchmal: »Du machst ja manchmal mehr Trinkgeld als ich früher, als ich noch als Bedienung arbeitete. Das kommt wahrscheinlich davon, daß du noch jung bist.« Obwohl wir das Trinkgeld immer teilten, war es noch eine ganze Menge, die für jeden übrig blieb. Ich steckte dann mein Trinkgeld in meinem Zimmer in eine extra Schatulle, und wenn ich so zwanzig bis dreißig Mark zusammen hatte, brachte ich es auf mein Sparbuch, wo sich das Geld ansammelte.

Ärger gab es zu Hause nun auch öfters, wenn Pappa des Abends noch nach Hause kam. Mutti konnte ihm nicht mehr so viel Tropfen verpassen, da er meistens jetzt im Wienerwald frühstückte und aß. Das war für Pappa einfacher, denn er konnte länger schlafen und war dann trotzdem rechtzeitig im Wienerwald. Das Essen kostete ihn nichts, und die Zeit, die er dazu brauchte, ging von seiner Arbeitszeit ab. Also war Pappa nicht mehr so müde und so zerschlagen, wenn er nach Hause kam, dafür aber ganz gewaltig angesoffen, da er genug während der Arbeit trank und nach Feierabend dann mit dem Geschäftsführer und seinen Arbeitskollegen, und das kostete auch so gut wie gar nichts.

Wenn er dann nach Hause kam gab es immer Stunk, weil alles so unordentlich und dreckig war. Dann fing er an mit Mutti zu streiten, und wenn ich oder einer von meinen Brüdern in der Nähe war, auch mit uns. Ich fing deshalb an, den Alkohol zu verfluchen, da das verdammte Zeug einem nur immer Scherereien brachte und nie etwas Gutes. Manchmal bekamen wir dann noch Prügel, da Pappa uns für den Dreck verantwortlich machte, aber wir Kinder konnten auch nicht mehr als arbeiten und so mußten wir manchmal mitten in der Nacht den Aufenthaltsraum und die Küche putzen, bis sie total sauber war. Dabei standen Pappa und Mutti dann hinter uns und Mutti machte immer so, als wenn sie am meisten schuftete in dem verdammten Laden. Dann ließ Pappa sie in Ruhe und hackte weiter auf uns rum, was mir sowieso immer saumäßig gestunken hat.

Solche Abende waren immer tierisch und ich hatte schon Angst vor dem nächsten, der ganz bestimmt kommen würde. Da ich immer noch nicht wieder zur Schule ging und jetzt das immerhin schon anderthalb Monate waren, fragte ich mich, ob ich überhaupt noch eines Tages mal wieder zur Schule gehen würde.

Eines Tages kamen dann ein paar Leute, die zum Essen bei uns angemeldet waren, und dabei waren auch zwei Schulkameraden aus meiner Klasse. Meine Kameraden sahen natürlich, daß ich arbeitete und der eine fragte mich ganz nebenbei, als er an der Theke stand: »Warum kommst du nicht zur Schule? Frau Riegelsberger glaubt schon lange nicht mehr dran, daß du krank bist.« »Das geht dich doch einen Scheißdreck an, und außerdem werde ich bald wieder zur Schule kommen, da ich fast wieder gesund bin.« »Aber wenn du arbeiten kannst, kannst du doch auch zur Schule kommen. Schule ist doch einfacher als arbeiten.« »Ist doch egal, auf jeden Fall komme ich bald wieder zur Schule.« »Dann mußt du aber bald kommen und ein gutes Attest mitbringen, denn ich habe gehört, wie Frau Riegelsberger sagte, daß sie bald das Jugendamt einschalten will.« »Das kann sie von mir aus, denn ich war ja öfter beim Arzt und ich bring schon ein Attest mit für die dumme Ziege.« Am Abend erzählte ich dann

Mutti die ganze Geschichte und die sagte nur: »Das werde ich schon schaffen, ich habe genug Freunde, die mir da helfen können. Darum brauchst du dich nicht zu kümmern, schau lieber, daß du deine Arbeit richtig machst.« Da Mutti unter den Stammgästen auch einen Freund hatte, also besser gesagt eine Art Kumpel, der Sanitäter beim Krankenhaus Stockach war, und der wiederum eine ganze Menge Ärzte als Freunde, kam sie auch ohne weiteres an ein gutes Attest, das ihr dieser Sanitäter besorgte.

Dann kam der Tag, an dem ich wieder zur Schule sollte. Ich hatte Sonja schon mitgeteilt, per Telefon, daß ich an dem und dem Tag wieder zur Schule kommen würde. Sie hatte sich darüber riesig gefreut und mich gleich darüber aufgeklärt, daß ich eine gute Entschuldigung für Frau Riegelsberger mitbringen müsse, da es sonst einen Haufen Ärger gebe, denn einer soll mich beim Arbeiten gesehen haben und das vor der Klasse Frau Riegelsberger gesagt haben, und natürlich will die ganze Klasse jetzt wissen, was die Alte anstellt, wenn ich da wieder auftauche.

Auf einmal hatte ich ein ganz komisches Gefühl, ja, ich glaube sogar eine Art Angst, wieder in die Schule zu gehen. Ganz einfach, ich hatte Angst, daß sie mich bloßstellen würde vor der Klasse.

Dann kam der verfluchte Tag, an dem ich wieder in die Schule mußte. Erst wollte ich wieder in die Schule und jetzt hatte ich Angst davor, in die Höhle des Löwen zu gehen. Das Attest hatte ich in der Tasche und nur der Gedanke daran, daß damit nichts schiefgehen kann, beruhigte mich ein wenig. Schon an der Bushaltestelle redete ich mit meinen Schulkameraden über meine Krankheit, aber jeder wußte mittlerweile, daß ich nicht krank war. Dann zeigte ich denen noch das Attest, und sie wurden schon unsicher. Naja sagte ich mir, durch die Situation wirst du auch kommen, du hast ja schon ganz andere Sachen gemeistert.

Als der Schulbus dann vor der Schule hielt und ich ausstieg, sah ich auch gleich Sonja, und ich wußte, daß wenigstens eine zu mir hielt. Sonja zwinkerte mir zu und sagte ganz leise: »So schlimm wird es nicht werden, also Kopf hoch und so schnell wie möglich durch die Scheiße durch.« Für diesen Zuspruch hätte ich ihr am liebsten gleich einen Kuß auf ihre schönen weichen Lippen gegeben, denn dieser Satz baute mich auf, und ich war bereit, durch jede Scheiße hindurchzurennen, egal was auch passieren sollte.

Dann klingelte es schon zur ersten Stunde, und als ich ins Klassenzimmer kam, schauten mich alle an, als wenn ich gerade mit einem Ufo gelandet wäre. Das war mir aber scheißegal. Ich setzte mich an meinen Platz hinter Sonja, der immer noch frei war für mich. Das Geflüster unter meinen Klassenkameraden fing an, aber ich kümmerte mich nicht darum. Jetzt mußte normalerweise gleich Frau Riegelsberger ins Klassenzimmer kommen. Bei dem Gedanken bekam ich wieder so ein komisches Angstgefühl in mir, und ich wußte nicht, was ich nun machen sollte. Ich zog das Attest aus der Tasche und legte es vor mich auf den Tisch. Dann ging die Tür des Klassenzimmers auf und die alte Eule, so wie wir sie immer nannten, also die Frau Riegelsberger, marschierte ins Klassenzimmer. Alles stand auf und jeder rasselte das monoton klingende »Guten Morgen, Frau Riegelsberger« herunter und setzte sich dann auch wieder auf seine fünf Buchstaben.

Dann stellte die Eule fest, daß ich auch im Klassenzimmer anwesend war und sprach mich an: »Na, Fritz, auch wieder im Lande? Habt ihr jetzt den Laden zu, daß du wieder gesund bist?« Ich gab ihr keine Antwort, sondern stand auf und ging mit dem Attest zum Lehrerpult vor. Meine Schulkameraden waren alle darauf gespannt, was nun passieren würde. Ich legte ihr das Attest hin und sagte fest entschlossen zu ihr: »Hier ist ein Attest, damit Sie sehen, daß ich wirklich krank war. Das Ding da können Sie ohne weiteres nachprüfen. So und jetzt machen Sie von mir aus, was Sie wollen, die ganze Geschichte geht mich nichts mehr an, da ich Ihnen ja das Attest gegeben habe.« »Das Ding werde ich auf jeden Fall nachprüfen lassen, denn ich habe ganz andere Sachen gehört.« »Dann müssen andere über mich besser Bescheid wissen als ich selber.« In der Klasse hörte man ein leises Lachen und Frau Riegelsberger merkte, daß das Lachen nicht mir galt, sondern ihr selber. Dann drehte ich mich auf dem Absatz rum und ging an meinen Platz zurück. Als ich auf dem Weg zu meinem Platz bei Sonja vorbeikam, zwinkerte sie mir mit einem Auge zu, und das sollte soviel heißen, daß ich die Situation gut gemeistert hatte. Während der Unterrichtsstunde nahm mich Frau Riegelsberger oft dran, und da ich ja so lange gefehlt hatte, wußte ich natürlich fast überhaupt nichts. Das schien sie maßlos zu freuen und mich ärgerte es natürlich. Ich war froh, als die Stunden bei der alten Eule rum waren und wir einen anderen Lehrer bekamen. Der andere Lehrer schien sich gar nicht um mich zu kümmern, es sah so aus, als wenn es meine Abwesenheit gar nicht gegeben hätte, und das fand ich gut so.

Sonja beglückwünschte mich in der Pause noch, daß ich die Situation so gut gemeistert hatte, denn nur sie wußte natürlich, daß ich gar nicht krank war. Der Schultag war dann endlich rum und ich sollte ja normalerweise gleich mit dem Schulbus nach Hause fahren, um dort im Geschäft zu helfen. Das tat ich aber nicht. Ich verpaßte extra den Schulbus und ging dann mit Sonja in Nenzingen spazieren, was mir und auch ihr sehr gefiel. Ich dachte mir schon eine Ausrede aus, was ich Mutti sagen könnte, warum ich erst so spät nach Hause kam. Ich tät einfach sagen, ich mußte noch ins Rektorat, um das Attest beim Rektor abzugeben. Das dauerte dann ein wenig länger, da ich auf den Rektor noch warten mußte, und als ich dann fertig war und zum Bus gehen wollte, war der Bus schon abgefahren.

Das klang glaubwürdig und genau das würde ich zu Mutti sagen. Mir steht ja auch mal eine Freistunde zu, dachte ich. Ich arbeitete ja genug dafür, wer soll mir das auch verbieten, und wenn ich mir die Stunde erschwindeln muß, weil ich von Pappa oder Mutti sowieso keine Freistunde bekommen würde, fand ich die ganze Sache gar nicht so unrecht. Eine Stunde später stieg ich dann in den Bus und fuhr nach Hause. Bevor ich noch richtig in der Tür war, fragte mich Mutti, wo ich denn gesteckt hätte. Ich sagte dann zu ihr genau das, was ich mir schon ausgedacht hatte, und auch daß das Attest überprüft wird.

Sie war mit der Antwort zufrieden und ich mußte gleich an die

Arbeit gehen. Als ich dann hinter die Theke kam, traf mich fast der Schlag. Da stand eine junge Frau, ganz schwarz gekleidet mit einer weißen Schürze, und zapfte Bier. Es schien als hätten wir jetzt sogar eine Bedienung. Sie stellte sich als Sieglinde bei mir vor und musterte mich von oben bis unten. Dann stellte ich mich ihr vor, und da sie schon wußte wer ich war, brauchte ich ihr nicht zu erzählen, daß wir in Zukunft wahrscheinlich zusammenarbeiten würden. Die Kleine sah nicht übel aus und sie hatte eine gute Figur und alles an dem Platz, wo es auch hingehört. Sie erzählte mir dann, was sie für eine Arbeitszeit hatte, und ich war ganz überrascht. Von morgens um neun Uhr bis mittags um zwei Uhr und dann noch mal von fünf Uhr bis sieben, oder wenn es mal später werden sollte bis acht Uhr. Also sie war hauptsächlich zur Stoßzeit, also Mittagessenszeit, da, und das fand ich gut, denn dann brauchte ich mir nicht die Füße wundzulaufen. Mutter kochte morgens das Essen, das ich dann am Mittag anrichten und nur noch der Bedienung hinstellen mußte. Die Bedienung schaffte auf Gehalt und nicht auf Prozente, aber natürlich steckte sie nun das Trinkgeld ein. Aber das war mir egal, denn ich mußte nicht mehr so viel arbeiten, und außerdem gab es ja auch noch Trinkgeld für uns, weil die Sieglinde ja nicht den ganzen Tag bediente, sondern nur die Essenszeit über und die Zeit wo ich nicht da war. Die Bedienung arbeitete nicht auf der Registrierkasse sondern auf dem Bonbuch. Zwar dauerte das länger als auf der Registrierkasse, aber das Bonbuch konnte man dann wegwerfen und niemand würde danach fragen. Und außerdem arbeitete sie nur auf dem Bonbuch, damit man später die Abrechnung ohne weitere Schwierigkeiten machen konnte. Am Mittag rief ich Sonja an und erzählte ihr die Geschichte mit der neuen Bedienung. Dann schlug ich ihr vor, daß sie jetzt ab und zu mit mir spazieren gehen könnte, wir brauchten ja nur eine Stunde mehr auf den Stundenplan schreiben und es unseren Eltern erklären. Sie fand die Idee toll, und ich ebenfalls.

Schon am nächsten Tag mußte ich Mutti eine traurige Nachricht überbringen. Wir hatten noch eine Englischstunde dazubekommen, und so habe ich einmal in der Woche bis um ein Uhr

Schule. Ich schimpfte nebenher noch ein wenig auf die Schule und Mutti auch. Sie sagte nur noch: »Da kann man nichts machen. Dann hast du eben eine Stunde mehr auf dem Stundenplan.« Ich freute mich über meine dazugelogene Stunde. Sonja mußte es genauso gemacht haben, denn als ich sie am Nachmittag anrief, sagte sie nur: »Das mit der Extrastunde ist klar. Meine Mutter hat sich sogar gefreut, daß wir mehr an die Kandare genommen werden von der Schule aus.« Ich mußte lachen darüber, und dann erzählte ich ihr, wie ich es meiner Mutter beigebracht hatte. Zum Abschluß lachten wir uns fast kaputt am Telefon. Unsere Extrastunde nützten wir immer voll aus mit Knutschen, Spazierengehen und weiß-Gott-was-alles noch. Mutti kam nicht dahinter und Ralf, der zur selben Schule ging, fiel auch nichts auf, und das fand ich gut. Einmal dachte ich nur: Wenn Mutti dahinter kommt, dann gibt es eine Katastrophe und ich hätte bestimmt keinen einzigen heilen Knochen im Leib. Das Risiko ging ich aber trotzdem ein, das war mir diese eine Stunde wert.

Sieglinde machte ihre Arbeit gut, und als wir mal miteinander sprachen, da wir gerade Zeit hatten, erzählte sie mir von sich so ein paar Sachen. Daß sie zwanzig Jahre alt sei, keinen Freund hätte, eine eigene möblierte Wohnung gemietet hat und einen Käfer fährt, was ich schon längst wußte. Das interessierte mich zwar alles nicht, aber ich hörte trotzdem zu. Sie war ein ganz nettes Mädchen, mit ihrem braunen Lockenkopf, und sie sprach nicht einmal den ekelhaften Bauerndialekt dieser Gegend.

Ich wollte sie aber nicht gerne als Freundin haben, so wie Sonja, das wäre mir bestimmt nicht gut bekommen. Erstens war sie zwanzig Jahre, also schon mal sechs Jahre älter als ich, und mit vierzehn bin ich für sie zu jung. Wenn ich jetzt schon achtzehn oder zumindest siebzehn gewesen wäre, wäre das ja was anderes. Dann könnte sie ruhig sechs oder auch zehn Jahre älter sein, das wäre dann egal, aber wie schon gesagt, war ich damals noch zu jung. Zweitens hab ich eine Abneigung gegen dick aufgetragenen Lippenstift, und Sieglinde schmierte das Zeug drauf, als wenn sie sterben müßte, wenn sie es mal nicht draufmacht. Und drittens war mir Sieglinde nicht ganz geheuer, denn aus irgendeinem Gefühl traute ich ihr nicht über den Weg.

Ab und zu schaute mich Sieglinde ganz komisch an, als wenn sie in mich verliebt ist, und ich ahnte nichts Gutes. Sie war in mich verliebt, denn öfter ließ sie ein paar Bemerkungen fallen, an denen man das merkte, so z. B.: »Dich tät ich auch als Freund noch nehmen.« So Bemerkungen kamen öfters und immer, wenn sie an mir vorbeiging und obwohl genug Platz war, streifte sie mich irgendwie.

Was sollte ich dazu sagen. Ich ging ihr aus dem Weg, so daß sie es nicht merkte, aber ich brachte es nicht fertig, ihr zu sagen, daß aus uns nichts werden würde, und ich das auch nicht will.

Aber irgendwann schien sie doch zu merken, daß da nichts läuft, und sie ließ die Bemerkungen und ihre zufälligen Berührungen, die mir mittlerweile echt auf den Keks gegangen sind. Wir warfen uns deswegen aber keine Knüppel zwischen die Beine bei der Arbeit, sondern wir arbeiteten genauso zusammen wie früher. Ich erzählte Sonja von Sieglinde, und Sonja schien sogar eifersüchtig zu sein, was mich amüsierte. Aber als ich ihr dann erklärte, daß da überhaupt nichts läuft und auch nie etwas laufen würde mit Sieglinde, war der Fall auch für sie erledigt, und wir lachten über die ganze Geschichte, dabei war die Sache gar nicht so lächerlich. Mit Sonja kam ich immer noch gut aus, und die Extrastunde, die wir uns genommen hatten, tat uns gut und sie trug auch viel dazu bei, daß wir uns besser verstehen lernten.

Zu Hause lief sonst alles klar. Keiner wußte, daß ich eine Freundin hatte, nur Ralf ahnte es, aber er wußte es nicht genau und hatte auch keinerlei Beweise dafür. Pappa und Mutti stritten sich immer noch und zum Schluß blieb der ganze Streit an Ralf, Uwe und mir hängen, indem wir für den Sauladen, der hier herrschte, verantwortlich gemacht wurden. Da Pappa, wenn er unter Alkohol war, zu einer brutalen Sau wurde, ging das meistens auch nicht ohne blaue Flecken ab. Ich fing deswegen an, Pappa die Pest zu wünschen, wenn er abends besoffen nach Hause kam. Das machte mich nicht nur körperlich fertig, sondern auch seelisch, denn ich hatte Angst vor ihm bekommen, und jedesmal wenn er nach Hause kam, hatte ich ein Gefühl zwischen Angst, Haß und dem Wunsch, ihn umzubringen. Ich weiß nicht, wie ich die ganzen Gefühle genau beschreiben soll, aber auf jeden Fall war ich langsam froh, wenn es Mutti gelang, ihm ein paar von den Tropfen zu verabreichen, die sie immer bei sich trug. Da das Haus von Mutti sowieso nicht aufgeräumt wurde, geschah also nur etwas, wenn Ralf, Uwe oder ich etwas in dem Saustall machten. So fing ich also an, auch noch aufzuräumen wie ein Irrsinniger, wenn ich Zeit hatte, das half aber alles nichts, nach ein paar Tagen war es wieder der gleiche Schweinestall. So hatte ich halt schnell die Schnauze voll und ließ die unnötige Arbeit sein, da die Bude saubergehalten werden mußte und darauf weder Mutti noch jemand anderes achtete. Da gab es natürlich mal dann wieder Ärger mit Mutti, da sie nun dachte ich würde meine Arbeit vernachlässigen. Nach ein paar harten Sätzen und einer saftigen Ohrfeige hatte ich dann den Auftrag, weiter zu putzen, was ja für mich sowieso umsonst war, denn wenn ich ein Zimmer aufgeräumt hatte und mit dem nächsten anfing und dort dann fertig war, war das Zimmer, das ich als letztes aufgeräumt hatte, schon wieder dreckig.

Mir war der Auftrag egal, denn ich räumte mein Zimmer auf und hielt es sauber. Die anderen Zimmer räumte ich erst gar nicht mehr auf, und ich ignorierte den Auftrag von Mutti, was sie auch merkte.

Aber sie sagte nichts mehr und ich wußte auch ein paar Tage später warum. Denn Pappa kam nach Hause und war mal wieder ziemlich angesoffen. Er schimpfte natürlich über den Saustall, und Mutti war dann so schlau zu sagen: »Ich hatte ja Fritz gesagt, er soll aufräumen, aber der folgt mir ja nicht, und ich hab genug Arbeit und kann mich nicht darum kümmern. Es wäre mal besser, wenn du das zu ihm sagtest.« Bumm, nun war ich wieder der Sündenbock und ich konnte nichts dagegen machen, außer zu wünschen, daß ich keine Schläge bekomme, und das half ja nicht. Und da ich wußte, daß die ganze Wimmerei keinen Sinn hatte, fing ich auch gar nicht erst damit an, denn ich wußte, was mir bevorstand. Pappa kam auf mich zu und fing an zu schreien:

»Was, du willst nicht mehr arbeiten und dann willst du auch nicht mehr folgen? Solange du deine Füße unter meinen Tisch streckst und mein Geld verfrißt, machst du, was ich dir sage oder das was Mutti dir sagt.« Oje, dachte ich, immer dieselbe Leier und hinterher gibts dann noch eine Tracht Prügel und der Fall ist für die erledigt. Ich widersprach Pappa nicht, es hatte ja sowieso keinen Sinn.

Dann ging Pappa immer noch schreiend um mich herum und trat mich ein paar Mal in den Arsch, daß ich meinte, ich könnte nun vier Wochen nicht mehr scheißen. Da das Geschäft schon leer war, konnten die Leute den Krach Gott sei Dank nicht mithören. Dann schnappte mich Pappa und zog mich hinter sich her bis an die Speichertür. Er öffnete die Speichertür und schob mich in den dunklen Speicher und sagte: »Da drinnen bleibst du nun die ganze Nacht und wenn du verrecken solltest, ist mir das auch scheißegal. Wer nicht hören will, muß fühlen.« Dann knallte er die Türe zu und schob den Riegel vor.

Ich stand nun im dunklen Speicher und da gab es nirgendwo Licht. An den Wänden waren Spinnenweben und dicke Spinnen saßen darin. Mäuse gab es auch auf dem Speicher und wer weiß vielleicht sogar Ratten, aber Mäuse ganz bestimmt. Ich ekelte mich, wenn ich nur an die Spinnen und Mäuse dachte. Ein Haufen Dreck war auch noch überall und sehen konnte ich fast nichts, nur gerade ein paar Umrisse. Da ich nur ein T-Shirt anhatte und eine leichte Hose, fing es auch noch an mir kalt zu werden.

Mann, ich hatte Schiß und dabei klapperten mir auch noch die Zähne. Ich setzte mich dann auf die Treppe und dachte, daß die mich bestimmt bald wieder rauslassen werden. Mich packte langsam die Verzweiflung und ich fing an zu weinen wie ein Schloßhund. Es ließ mich aber keiner aus dem Scheißspeicher raus und so saß ich die ganze Nacht da. Ich fror und konnte auch nichts dagegen machen. Der Speicher war zwar groß, aber bewegen konnte man sich vor lauter Gerümpel nicht, da man sich sonst alle Knochen gebrochen hätte, weil man in der Dunkelheit über alles gestolpert wäre.

Ich saß nun schon die ganze Nacht da und draußen wurde es schon hell. Geschlafen hatte ich die ganze Nacht nicht, da ich zuviel Schiß hatte und zuviel Ekel vor den Spinnen. Als es dann richtig hell war und draußen schon die Traktoren auf den Straßen knatterten, ging die Tür vom Speicher auf und Mutti ließ mich raus. Sie sagte: »Na, wie war's? Das wird für dich eine Lehre sein und jetzt mach dich fertig, es ist Zeit für die Schule.« Ich stand von der Treppe auf und ging ins Bad. Dort schrubbte ich mich ab, denn ich fühlte mich als wenn ich den ganzen Dreck vom Speicher auf meiner Haut hätte. Jetzt erst merkte ich die Müdigkeit, die ich die ganze Zeit verdrängt hatte. Ich wäre jetzt am liebsten in mein Bett gegangen und hätte den ganzen Tag geschlafen. Das ging aber nicht, da ich ja zur Schule mußte.

Im Schulbus schlief ich schon fast ein, und während der ganzen Zeit im Unterricht döste ich vor mich hin. Zum Glück bemerkte Frau Riegelsberger das nicht, aber Sonja hatte es bemerkt. In der Pause lief ich ein paar Mal um den Hof, damit ich nicht einschlafe, und da Sonja immer mitlief, begann sie mich auch gleich zu fragen: »Warum bist du denn so müde, hast du wieder die halbe Nacht arbeiten müssen?« »Nein, ich bin die ganze Nacht auf dem Speicher gewesen und habe Mäuse gezählt.« »Ja warum denn das?« »Ich hatte mit meinem Alten Ärger, und der hat mich auf den Speicher gesperrt, der verreckte Säufer.« »Na so was darfst du von deinem Vater jetzt auch nicht sagen. Aber daß er dich auf den Speicher gesperrt hat, war auch nicht richtig.« Wir quatschten noch die ganze Zeit über belangloses Zeug und dann ging ich auf die Toilette, um mir das Gesicht unters kalte Wasser zu halten. Es half sogar, denn es vertrieb die Müdigkeit, und ich konnte sogar ein wenig aufpassen im Unterricht. Da heute noch der Tag war, an dem Sonja und ich unsere Extrastunde hatten, und Sonjas Mutter nicht zu Hause war den ganzen Tag, gingen wir zu Sonja nach Hause. Da sie in Nenzingen wohnte und es nicht weit bis zur Schule hatte, waren wir auch schnell bei ihr. Sie schloß die Haustüre auf, und als ich dann so die Wohnung anschaute, war ich ganz verblüfft. Die Wohnung war gut eingerichtet und sehr sauber. Wir gingen dann auf Sonjas Zimmer und dort legte ich mich auf ihr Bett. Ihr Zimmer war auch nicht schlecht eingerichtet und überall standen Kuscheltiere herum, die sie sammelte. Da ich wahnsinnig aufgeregt war, war meine Müdigkeit gar nicht mehr so stark. Sonja legte sich neben mir aufs Bett und wir schmusten die ganze Zeit herum. Wir haben nicht gevögelt, nein, nur geschmust, und das tat mir so gut, daß ich gar nicht nach Hause wollte. Aber schließlich rappelte ich mich dann doch auf, und Sonja begleitete mich zum Bus.

Zu Hause war die Kneipe gerammelt voll als ich eintrat, und ich marschierte gleich an meine Arbeit. Sieglinde war richtig froh, daß ich ihr zu Hilfe kam und ihr die Theke machte. Mutti verschwand aus der Küche, als sie mich sah, und überließ mir gleich auch noch die Arbeit des Anrichtens. Es tat mir gut, das Rumspringen wie ein Wiesel, denn dann spürte ich meine Müdigkeit nicht mehr, und der Tag würde für mich leichter werden.

Als das Mittagsgeschäft zu Ende war und Mutti schon in ihrem Bett lag, um ihren täglichen Mittagsschlaf zu genießen, fragte ich Sieglinde: »Du, kannst du durcharbeiten?« »Ja, warum denn?« »Weil ich mich ein bis zwei Stunden aufs Ohr hauen muß.« »Ja, warum bist du denn so müde?« »Ganz einfach, weil ich heute nacht keine einzige Minute geschlafen habe. Arbeitest du nun weiter für mich, ja oder nein?« »Ja, das mach ich schon.« »Und wenn meine Mutter dich fragen sollte, warum du noch oder schon da bist, sagst du einfach, du seist früher gekommen, weil du Langeweile hattest. Okay?« »Okay, das läßt sich machen, also dann hau dich aufs Ohr.« »Ich dank dir vielmals«, sagte ich und drückte ihr zum Dank einen Kuß auf die Wange. Dann drehte ich mich um und verschwand im Aufenthaltsraum und legte mich auf das Sofa. Ich schlief sofort ein, denn ich war ja hundemüde.

Auf einmal wurde ich geweckt und Sieglinde stand neben mir. »Hey, es ist Zeit zum Aufstehen. Deine Mutter kann jeden Augenblick runterkommen.« »Ich bin doch gerade erst eingeschlafen.« »Von wegen, du hast volle zwei Stunden gepennt, sogar noch länger.« Ich stand auf und fuhr mir mit dem Kamm durch die Haare und sagte dann: »Mann, ich bin immer noch müde.« »Ich habe was dagegen in der Handtasche an der Theke.« Ich ging mit ihr an die Theke. Aus ihrer Handtasche zog sie ein Röhrchen Tabletten, öffnete es und gab mir zwei davon in die Hand. »Nimm die zwei, ich nenne das Zeug immer Hallowach. Ich brauch das ab und zu, denn wenn ich des Nachts nicht schlafen kann, nehme ich des Morgens auch welche, damit ich fit bin für den Tag.« Ich schluckte die zwei Dinger, und trank noch einen Kaffee dazu, weil gerade noch welcher in der Kaffeemaschine war.

Nach einer ganzen Weile verflog meine Müdigkeit, und mir kam es vor, als wenn ich total ausgeschlafen wäre. Mutti merkte nicht, daß ich über Mittag geschlafen hatte, und so meisterte ich dann den Tag auch noch gut. Ich war froh, daß mir Sieglinde zwei von den Dingern gegeben hatte. Als Sieglinde Feierabend hatte, kam sie zu mir und drückte mir das Röhrchen Tabletten in die Hand. Sie sagte dazu: »Da, behalt sie, wenn du noch mal eine Nacht auf dem Speicher verbringen mußt, dann wirst du sie brauchen.« Bevor ich noch etwas sagen konnte, hatte sie sich umgedreht und war schon verschwunden. Sie hatte also gewußt, warum ich so müde war, aber von wem? Später erfuhr ich, daß sie Ralf ausgefragt hatte. Die Tabletten steckte ich weg, und ich wollte sie nur benutzen, wenn ich mal wieder richtig hundemüde war, so wie heute zum Beispiel. Als der Tag dann rum war, hörten auch die Tabletten auf zu wirken, genau zur richtigen Zeit, denn als ich vor meinem Bett stand, merkte ich, wie mich die Müdigkeit wieder überfiel. Ich schlief auch schnell ein, und ich träumte in dieser Nacht, das weiß ich noch genau, von Speichern, Gespenstern und Knochengerüsten. Als des Morgens der Wecker klingelte und ich aufwachte, war ich total naßgeschwitzt. Am Nachmittag bedankte ich mich noch bei Sieglinde für die Tabletten, und sie sagte: »Ach das macht nichts, ich hab zu Hause noch eine Packung, aber ich konnte gestern mit dir fühlen, ich weiß wie das ist, wenn man eine ganze Nacht nicht geschlafen hat und man einen klaren Kopf zum Arbeiten braucht.« »Naja, ich hoffe, daß es die letzte Nacht auf dem Speicher für mich war.« »Das darfst du alles nicht so arg sehen, du mußt nur immer denken: Leckt mich doch alle am Arsch, das hilft, glaub es mir.« »Ich kann doch nicht so denken.« »Das mußt du eben, sonst geht das, was du hier mitmachst, dir viel zu arg an die Nieren.« »Naja, Sieglinde, ich werde es versuchen.« Wenn Mutti oder Pappa etwas zu mir sagten, dachte ich dann immer, leckt mich doch am Arsch, und das half mir sogar ein wenig, denken konnte ich ja, was ich wollte. Zum Glück sind Gedanken zollfrei, denn wenn die beiden gewußt hätten, was ich über sie dachte, hätte es sie aus den Socken gehauen. Aber es half, Sieglindes Idee war gut, das mußte ich mir eingestehen. Nur gegen Schläge, da wußte ich noch kein Rezept, und da ist mir auch bis heute noch nichts eingefallen. Aber vielleicht lerne ich mal jemanden kennen, der mir ein Rezept sagen kann.

Nun wurde es langsam kalt, der Winter stand bevor und auch Weihnachten. Jetzt mußten jeden Tag die Öfen angemacht werden, also der große Kachelofen, der mit Kohle geheizt wurde, und auch oben, bei den Eltern im Schlafzimmer, stand noch ein Kohleofen, dann die Ölöfen, die wir hatten. Aber das langte nicht aus, wir hatten zu viele Zimmer.

Auf dem Speicher stand noch eine Elektroheizung. Ralf wollte sie runterholen und da keiner Zeit hatte ihm zu helfen, wollte er sie selber holen. Ralf ging also auf den Speicher und da er bloß ein paar Stufen laufen mußte um sie zu erreichen, dachte er auch er könnte es alleine schaffen.

Auf einmal hörten wir unten in der Gaststätte einen riesigen Knall, der aus dem oberen Stockwerk kam. Ich ließ alles fallen und sauste die Treppe hinauf. Vor der Speichertür lag der große Heizkörper, und neben ihm saß Ralf auf dem Boden und hielt sein Knie. »Ralf, was hast du denn da gemacht?« »Ach ich bin samt dem Heizkörper die Treppe runtergeflogen und mit meinem Knie ziemlich fest auf die Heizrippen geschlagen.« »Kannst du aufstehen?« »Ich versuch's, aber das tut verdammt weh, du mußt mir helfen.« »Okay, ich helf dir.« Ich half ihm, und obwohl es Ralf ziemlich weh tat, schaffte er es, und ich brachte ihn in mein Zimmer und legte ihn aufs Bett. Dann zogen wir das Hosenbein hoch und sahen die Bescherung. Das Knie war geschwollen und ziemlich rot. Ich ging dann runter zu Mutti, die am Stammtisch saß, und erzählte ihr, was passiert war. Der Sanitäter, der mir das Attest besorgt hatte, hörte sich die ganze Geschichte mit an. Der Sani fragte Mutti, ob er mal Ralfs Bein anschauen dürfte, was ihm Mutti auch erlaubte. Er schaute sich das Bein an und sagte: »Das sieht nicht gerade gut aus. Am besten wir fahren gleich nach Stockach ins Krankenhaus und lassen das Knie mal röntgen. Das sieht verdammt nach einer gebrochenen Kniescheibe aus. Und wenn es das wirklich ist, kannst du dich auf etwas gefaßt machen.« Ralf wurde dann von dem Sani ins Krankenhaus nach Stockach gefahren.

Als der Sanitäter, der übrigens Peter hieß, zurückkam, kam er ohne Ralf. Er ging zu Mutti, die immer noch am Stammtisch Karten spielte, und sagte: »Der muß im Krankenhaus bleiben. Die Kniescheibe ist angebrochen, aber zum Glück nicht durchgebrochen.« Dann sagte Mutti zu mir: »Fritz, pack für Ralf ein paar Sachen ein und tu auch das Waschzeug dazu.« Ich machte das und verstaute alles in einer Reisetasche.

Am nächsten Morgen brachte Mutti Ralf schon ziemlich früh die Kleider, und mich wunderte es, daß Mutti schon so früh aufstand. Am Mittag, als ich aus der Schule kam, erkundigte ich mich gleich bei Mutti, was mit Ralf los ist. »Er wird ein paar Tage im Krankenhaus bleiben müssen, bis das Knie einigermaßen abgeschwollen ist, und dann bekommt er einen Gips und darf wieder nach Hause.« »Kriegen die sein Bein wieder hin?« »Ja, das ist nicht so schlimm, da die Kniescheibe nicht ganz durchgebrochen ist.« Ich war richtig froh, daß sie Ralfs Bein wieder richtig hinkriegen würden, denn ich weiß ja wie das ist, wenn man etwas am Bein hat und nicht richtig laufen kann. In der Schule gab ich dann Ralfs Lehrer, also dem Ehemann von Frau Riegelsberger, eine Entschuldigung und ein Schreiben vom Krankenhaus. Er musterte mich und sagte nur: »Naja, dann müssen wir ja eine Weile auf Ralf verzichten.« In der Schule ging es bei mir beschissen. Jede Klassenarbeit, die ich zurückbekam, war total versaut. Ich hatte immer eine schlechte Note. Wenn ich dann die Arbeit zum Unterschreiben nach Hause brachte, hatte ich immer Muffe, denn ich wußte, daß das nur Ärger gibt. Mutti sagte mir noch, wenn ich kein anständiges Zeugnis bringe, dann kann ich mich auf etwas gefaßt machen.

Ralf kam nach ein paar Tagen nach Hause und sein ganzes Bein war in Gips. Er mußte vorläufig noch viel liegen und durfte nur aufstehen, wenn er auf die Toilette wollte. Sieglinde war für uns schon ziemlich unentbehrlich geworden und auch ein guter Kamerad. Als meine Aufputschtabletten zu Ende waren, da ich nun öfters eine nehmen mußte, weil ich bis in die Nacht arbeitete und ein Teil von Ralfs Arbeit noch mitmachte und jeden Morgen noch hundemüde war, fragte ich Sieglinde, ob sie mir noch ein Röhrchen von den Tabletten besorgen könnte. Sie machte es ohne weiteres und brachte mir sogar zwei Röhrchen mit. Sie sagte nur, daß ich nicht zu viel davon nehmen sollte, da man von den Dingern abhängig werden könnte. Ich war froh über die Tabletten und wußte, daß es für mich die nächste Zeit auf jeden Fall kein Schlappmachen geben würde, da ich ja die Tabletten hatte und die auch immer halfen. Ich steckte wegen Weihnachten bis über beide Ohren in Arbeit, und wir mußten auch noch die Weihnachtsgeschenke besorgen für Mutti und Pappa. Dann kam einer der schlimmsten Tage in meinem Leben. Ich ging des Morgens zur Schule und wußte genau, daß es heute Zeugnisse geben würde. Als ich aufstand, hatte ich schon zwei von den Aufputschtabletten gefuttert, da ich hundemüde war.

In der Schule paßte ich so gut auf, wie ich konnte, und in der letzten Stunde gab es dann die Zeugnisse.

Als ich die Noten sah, fiel ich fast in Ohnmacht. Es war ein verdammt schlechtes Zeugnis, und ich wußte auch, daß wenn ich dieses Zeugnis Mutti vorlegte oder Pappa, wenn er angesoffen war, dann würde ein höllisches Theater losgehen. Ich bekam auf einmal eine riesige Angst, und ich hoffte, daß diese eine Unterrichtsstunde nie zu Ende gehen würde, damit ich nicht nach

Hause mußte. Aber sie war schneller zu Ende als die anderen vorher, wahrscheinlich gerade weil sie nicht zu Ende gehen sollte.

Ich steckte das miese Zeugnis in meine Schulmappe und hatte nur einen Gedanken: Das ist die Freikarte für eine knallharte Tracht Prügel.

Als ich mich von Sonja verabschiedet hatte und nun im Bus saß, kamen mir ein paar Gedanken, wie zum Beispiel: Abhauen von zu Hause. Das ist Blödsinn, die Polizei kriegt mich ja doch wieder. Das Zeugnis gar nicht abgeben. Nein, das ging auch nicht, dann das würde spätestens in ein paar Tagen auffallen.

Dann kam mir der härteste Gedanke. Umbringen, ja mich einfach umbringen, so kommt man um die eine Tracht Prügel herum und mit dem ganzen Ärger ist Schluß.

Der letzte Gedanke schoß mir so einfach in den Kopf und ich fing an zu überlegen, wie ich es machen wolle. Mit Strom, der ist wahrscheinlich zu schwach. Tabletten nehmen, das ist zu unsicher. Die Pulsadern aufschneiden hat auch keinen Wert, da ich ja soviel arbeiten mußte und wenn ich nicht an meinem Arbeitsplatz bin, würde man mich suchen und finden, das ist genauso wie mit den Tabletten. Das hatte alles keinen Sinn, ich mußte mir etwas anderes einfallen lassen.

Dann kam mir der Gedanke, nach dem ich gesucht hatte, man brauchte dafür nur einen Gegenstand. Aufhängen, ja genau, das ist die richtige Todesart. Schnell und billig.

Ein Seil lag im Tanzsaal und das war auch stark genug für mich. Zu Hause sagte ich nichts von dem Zeugnis, denn meine beiden kleinen Geschwister bekamen erst morgen Zeugnisse, da das in der Grundschule so üblich war und Frau Riegelsberger ja sowieso immer von der schnellen Truppe war.

Ich machte den ganzen Tag meine Arbeit wie sonst auch und gegen Abend fand ich mich mit dem Gedanken schon ab, daß ich heute nacht sterben werde.

Ich futterte noch zwei Aufputschpillen, da ich ja noch einen

Abschiedsbrief schreiben mußte heute nacht und auch mich noch aufhängen, und einschlafen wollte ich vorher nicht.

Gegen halb zwei Uhr war dann Feierabend und ich ging in mein Zimmer. Dort legte ich mich kurz ins Bett, bis es im Haus ruhig war. Dann setzte ich mich an meinen Tisch im Zimmer, machte eine Kerze an und fing an, meinen Abschiedsbrief zu schreiben. Ich schrieb nichts Besonderes, sondern nur ungefähr:

Liebe Mutti und lieber Pappa.
Da ich ein schlechtes Zeugnis habe,
und keine Schläge deswegen will,
bringe ich mich um.
Letzter Gruß
Euer Fritz.

Das war alles, was ich geschrieben hatte. Dann ging ich mit der Kerze in den großen Tanzsaal, um mir den Strick zu holen. Mir wackelten die Knie, als ich den Strick vom Boden aufhob.

Mit dem Strick in der Hand ging ich dann auf den Speicher und suchte mir mit der Kerze einen geeigneten Platz, an dem ich in Ruhe hängen konnte.

Nach kurzem Suchen fand ich dann auch eine passende Stelle. Es war ein Balken, der ungefähr die Dicke von einem männlichen Oberarm hatte. Ich stellte die Kerze auf den Boden und fing an eine Schlaufe zu knüpfen. Als der Strick fertig war, sah er zwar nicht so aus wie die in den Western, aber er sah kräftig aus und würde mich halten.

Das eine Ende des Strickes schmiß ich dann über den Balken. Da ich zu kurz war und den Balken nicht erreichte, suchte ich mir etwas zum Draufstehen. Ein alter morscher Stuhl diente dazu. Ich stellte ihn unter den Balken, stieg darauf, knotete das Seil an den Balken und schaute, ob das Seil auch die richtige Länge hätte. Als ich dann mit meiner Arbeit zufrieden war, legte ich mir die Schlinge um den Hals.

Das war ein merkwürdiges Gefühl, dazustehen und die Schlinge um den Hals zu haben. So stand ich dann einige

Minuten, und es war nur noch ein Sprung bis zu meinem Ende. Da der Stuhl alt war, quietschte und knarrte er, und ich dachte mir, wenn er jetzt zusammenbricht, dann brauch ich nicht einmal mehr zu springen.

Ich hatte nicht den Mut vom Stuhl zu springen. Warum wußte ich auch nicht. Ich stieg langsam wieder vom Stuhl, und setzte mich dann auf ihn. Über mir baumelte der Strick. Ich konnte nicht mehr. Ich schaute nur noch in die flackernde Flamme der Kerze. Da saß ich nun, zu feige vom Stuhl zu springen und mit allem Schluß zu machen.

Als die Kerze fast abgebrannt war, nahm ich sie und ging, nachdem ich den Strick heruntergeholt hatte, wieder in mein Zimmer. Dort schmiß ich den Strick unters Bett, nahm den Brief, den ich geschrieben hatte, zerknüllte ihn und warf ihn in den Mülleimer.

Ich legte mich aufs Bett und fing an zu weinen. Ich heulte eine halbe Ewigkeit, aber es tat mir gut. Einschlafen konnte ich nicht, das kam bestimmt von den Aufputschtabletten. Ich war irgendwie fertig mit der Welt, für dieses Gefühl gibt es fast keine Beschreibung.

Ich lag die ganze Nacht wach auf dem Bett und überlegte, wie ich das mit dem Zeugnis nur hinter mich bringen könnte.

Gegen Morgengrauen entschied ich mich, das Zeugnis sofort nach der Schule ihr vor die Nase zu legen. Was sie dann machte, werde ich ja sehen. Als Frau Riegelsberger mich fragte, warum ich das Zeugnis nicht dabei hätte, sagte ich nur: »Meine Mutter hat vergessen zu unterschreiben.« »Dann bringst du es morgen mit, und nicht wieder vergessen.« »Ja, ja.« Ja, ja heißt so viel wie leck mich am Arsch.

Die Schule war zu Ende und ich hatte wieder das wacklige Gefühl in den Knien wie am Tage zuvor. Ich sagte Sonja weder auf Wiedersehen oder sonst etwas, sondern stieg gleich in den Bus.

Unterwegs dachte ich schon an die Tracht Prügel, die ich heute noch kassieren würde. Zu Hause ging ich gleich zu Mutti und sagte ihr, daß wir heute Zeugnisse bekommen haben. Sie wollte es nach dem Mittagessengeschäft anschauen, und ich sollte jetzt an meine Arbeit gehen. Naja, wenn sie es erst am Nachmittag anschaut, dann kriegt wenigstens Sieglinde nicht mit, wie ich die Hucke voll bekomme, dachte ich mir. Das Mittagsgeschäft war zu Ende und Mutti verlangte das Zeugnis, sie wollte es unterschreiben, bevor sie ihren täglichen Mittagsschlaf machte. Ich gab ihr das Zeugnis, und bereitete mich auf das kommende Donnerwetter vor, indem ich versuchte, total abzuschalten. Das gelang mir aber nicht.

Dann fing Mutti an zu toben wie eine Furie. Sie holte die Reitpeitsche und versohlte mir den Arsch, aber ganz gewaltig. Ich schrie zwar wie am Spieß, aber das half alles nichts, ich bekam mein Quantum. Hinterher unterschrieb sie mein Zeugnis und verlangte die von Uwe und Daniela.

Bei Uwe schimpfte sie nur ein wenig und bei Daniela sagte sie gar nichts.

Mir tat der Arsch weh und ich überlegte krampfhaft, was ich dagegen machen könnte. Ich ging dann an den Arzneischrank im Bad, da war allerhand drin. Ich schaute mir die Arzneimittel an und hatte dann das richtige in der Hand, Tabletten gegen Kopfschmerzen und allen möglichen Schmerz, ich glaube, sie hießen Optalidon. Ich schluckte gleich drei von den Dingern, damit ich die verfluchten Schmerzen nicht den ganzen Tag hatte, denn solche Striemen tun immer noch eine ganze Weile weh.

Ungefähr eine halbe Stunde später ließ der ziehende Schmerz nach. Ich weiß nicht, irgendwie war ich nun abgestempelt gegen Schläge. Mir taten zwar die Schläge weh, aber nach einer Tracht Prügel konnte ich Mutti deswegen nicht richtig böse sein. Ich war froh, daß die Tracht Prügel rum war, und ich nahm mir vor ein klein wenig besser zu werden in der Schule. Das war aber auch alles.

Am Abend erzählte Mutti natürlich Pappa von meinem schlechten Zeugnis, und als mich Pappa zu sich rief und mir eine Moralpredigt hielt, dachte ich mir nur: Du mußt gerade etwas sagen, du säufst dir täglich den Arsch voll, kommst nach Hause, randalierst dann und mir willst du dann noch etwas erzählen. Meine Tracht Prügel hab ich mir schon abgeholt und jetzt kannst du mich am Arsch lecken, du Säufer! Als er dann fertig war mit seiner Predigt, drehte ich mich um und ging wieder an meine Arbeit. Für mich war der Fall schlechtes Zeugnis abgeschlossen.

Am nächsten Tag gab ich mein Zeugnis ab, und als die Schule zu Ende war, drückte mir auf dem Gang Ralfs Lehrer ein Zeugnis in die Hand und fragte mich, ob ich das mitnehmen und unterschreiben lassen könnte. Im Schulbus schaute ich mir dann Ralfs Zeugnis an. O je, das war auch nicht besser als meins, na dann gute Nacht um sechse, dachte ich mir nur.

Zu Hause gab ich Ralfs Zeugnis Mutti und sagte nur: »Der Klassenlehrer von Ralf meinte, es sei nur ein bißchen schlechter ausgefallen, weil er die letzten Klassenarbeiten nicht mitschreiben konnte, da er ja krank ist, sonst hätte er die schlechten Arbeiten ausbügeln können.« Sie sah mich erstaunt an und nickte nur mit dem Kopf, das hieß so viel, daß sie mich verstanden hatte. Zwar hatte das Ralfs Lehrer nie zu mir gesagt, aber ich dachte mir halt, daß das den Ärger vielleicht ein klein wenig eindämmen würde.

Der Erfolg war erstaunlich. Mutti unterschrieb Ralfs Zeugnis anstandslos, ging dann zu Ralf und sagte ihm nur, daß das Zeugnis zwar nicht gut sei, aber das sei ja nicht seine Schuld und das hätte auch der Lehrer gesagt. Ralf bekam weder Schläge noch einen Anschiß, das Zeugnis war unterschrieben, und der Fall war erledigt. Das fand ich nicht schlecht, warum ist mir bloß nicht so eine Ausrede bei meinem Zeugnis eingefallen. Jetzt waren es nur noch zwei Tage bis zu den Weihnachtsferien.

Sonja kam zu mir und fragte mich: »Schwänzen wir morgen die Schule, ist ja sowieso der letzte Schultag und da wird keiner groß fragen, wenn wir fehlen, das wird nicht einmal eingetragen in das Klassenbuch, das interessiert doch kein Schwein.« »Ja, warum denn nicht«, gab ich Sonja zur Antwort. Dann machte ich Sonja den Vorschlag: »Was hältst du davon, wenn wir morgen mal das machen, wozu wir Lust haben. Wir fahren einfach nach Stockach, da kennt uns keine Sau, und wir können machen was uns gerade einfällt.« »Das ist klar, genau das machen wir.« Dann machten wir noch aus, daß wir uns morgen nicht in der Schule treffen, sondern ich den Siebenuhrfünfundvierzig-Bus nach Stockach nehme, und sie dann in Nenzingen zusteigt, da der Bus ja sowieso über Nenzingen fuhr. Der Schulbus fährt ja schon um zwanzig nach sieben und so war das genau passend. Keiner konnte etwas merken.

Das war echt der beste Vorschlag, den Sonja hatte machen können.

Am Abend als das Geschäft leer war, und ich in meinem Zimmer war, ging ich an meine Geldschatulle und zählte. Da ich das Geld für die Weihnachtsgeschenke vom Sparbuch holte, mit Muttis Erlaubnis natürlich, und das Trinkgeld, das ich noch hatte, nicht einzahlte, war da noch eine ganze Menge Geld drin. Ich steckte das Geld in meinen kleinen Geldbeutel und verstaute ihn in meiner Hose. Das Geld wollte ich mit Sonja ausgeben, wenn ich mit ihr nach Stockach fahre. Dann ging ich ins Bett und pennte auch sofort ein.

Als ich morgens aufstand und noch ein wenig müde war, futterte ich gleich eine Aufputschtablette, damit ich den Tag auch richtig genießen konnte und nicht, weil ich müde war, mir den Tag versauen würde. Meinen Schulranzen nahm ich nicht mit, und wenn mich Mutti danach fragen sollte, hätte ich ihr gesagt, daß wir ihn nicht mitnehmen mußten, da wir heute keinen Unterricht machten, sondern irgendwelche Spiele wie Stadt, Land, Fluß oder so etwas. Das würde sie mir abkaufen und das klang auch glaubwürdig.

So nahm ich dann den Bus nach Stockach und meine erste Geldausgabe war das Fahrgeld. In Nenzingen stieg Sonja zu, und da sie das Fahrgeld zahlte und dabei einen Geldbeutel in der Hand hatte, nahm ich an, daß sie ihre Spardose geplündert hatte. Sonja setzte sich neben mich und schmiegte sich ganz eng an meine Seite. Jetzt sahen wir aus wie ein junges Liebespärchen, das durch die Gegend gondelt. In Stockach gingen wir dann ausgiebig spazieren, schön Hand in Hand, und als wir später ein

Café entdeckten, das geöffnet war, tranken wir erst mal in aller Ruhe Kaffee. Danach gingen wir durch die Geschäfte bummeln, und ich kaufte Sonja einen kleinen Ring, der nicht besonders teuer war und schenkte ihn ihr zu Weihnachten. Sie freute sich darüber und als Gegengeschenk schenkte sie mir einen kleinen Geldbeutel, den sie in einem anderen Kaufhaus ergatterte. Es war ein schöner Tag. Ich fühlte mich frei und glücklich und wünschte mir, daß der Tag nicht aufhören würde. Sonja und ich gingen dann nochmals etwas trinken, und dieses Mal tranken wir keinen Kaffee sondern Alkohol. Jeder trank einen Sonnenschein, das war Eierlikör mit Fanta und einem Strohhalm darin, und das machte uns irgendwie happy. Die Zeit verging schnell, viel zu schnell, und wir mußten uns beeilen, daß wir noch den Bus erwischten. Dann im Bus sagte Sonja: »Jetzt werden wir uns fast drei Wochen nicht mehr sehen, das finde ich Scheiße.« »Ach, das macht nichts, ich werde dich öfters anrufen und dann können wir ja immer miteinander reden.«

Sonja schmiegte sich immer enger an mich, und als ihre Bushaltestelle kam, hätte sie vor lauter Träumen sie fast verpaßt. Sie verabschiedete sich schnell von mir und stieg aus. Sie winkte dann dem Bus noch nach, und ich winkte zurück.

Dann dachte ich, Scheiße, jetzt ist der schöne Tag schon zu Ende und gleich darf ich mich wieder in die Scheißkneipe stellen und den Leuten ihre Wünsche erfüllen. Ich fing das erste Mal an, das Scheißlokal zu verfluchen und ich wünschte mir, daß es abbrennen würde. Aber ich wußte, daß mein Wunsch nie in Erfüllung gehen würde, wenn ich den Laden nicht selber anstecken täte. Aber dazu hatte ich sowieso keinen Mut, und außerdem könnte man das ja nachweisen.

Zu Hause fragte ich Mutti, wie wir das denn machen am Heiligabend und so, ob da das Lokal auch auf sei. »Natürlich ist das Lokal auf, bis sechzehn Uhr, und den Ersten und Zweiten Weihnachtsfeiertag ebenfalls«, gab sie mir zur Antwort. Daß ich meine Schulmappe nicht mitgenommen hatte, fiel Mutti gar nicht auf und deswegen fragte sie mich wahrscheinlich auch nicht danach. Im stillen amüsierte es mich, daß ich ihr eins ausgewischt hatte, denn wenn sie wüßte, daß ich heute gar nicht in der Schule war, sondern ich mich vergnügt hatte und auch noch ein Mädchen dabei hatte, wäre sie bestimmt explodiert und hätte mich verdroschen, daß ich in keinen Sarg mehr paßte. Das machte mich irgendwie froh, und ich schämte mich nicht einmal deswegen.

Sieglinde war heute auch schon ganz schön vergnügt, und ich fragte mich, warum denn nur. Später fragte ich sie dann: »Du, warum bist du denn heute so happy?« »Ich hab den Mann meiner Träume gestern in der Disco kennengelernt. Wenn ich mir den angeln kann, dann brauch ich nicht mehr arbeiten.« »Ja warum denn?« »Der ist Architekt von Beruf, hat ein eigenes Haus und ein dickes Bankkonto. Er sieht nicht schlecht aus für sein Alter und ist charmant.« »Ja wie alt ist er denn?« »Naja, schon vierzig, aber das sieht man ihm nicht an.« »Und der interessiert sich für dich?« »Na klar, so schlecht sehe ich ja nicht aus.« »Nein, schlecht aussehen tust du nicht, aber was sucht der in dem Alter in der Disco, und du bist ja erst zwanzig.« »Ich hab doch gesagt, man sieht ihm nicht an, daß er so alt ist, und er sieht ziemlich sportlich aus.« »Naja, Sigi, das ist dein Brot und ich wünsch dir viel Glück, aber deswegen mußt du ja nicht bei uns aufhören zu arbeiten.« »Doch, ich will ihm ja eine gute Ehefrau sein, und eine Ehefrau hat zu Hause zu sein, wenn ihr Mann nach Hause kommt.« »Ach, das ist doch Quatsch, was du da erzählst.« »Und außerdem will ich auch mal Kinder haben und eine Familie.« »Das ist schon was anderes.« Wir plauderten noch eine ganze Weile miteinander, und Sigi vergaß ganz, daß sie schon Feierabend hatte. Als sie es merkte, war es schon zu spät, um nach Hause zu fahren und hinterher wieder herzukommen wegen dem Abendgeschäft. So blieb sie gleich da und wir machten das Kaffeegeschäft zusammen. Sie erzählte mir immer wieder von ihrem Traummann, und langsam langweilte mich der Typ. Aber das legte sich nach einer Weile, und sie hörte auf, von dem Supermann zu quatschen.

Heute war der Heilige Abend, und nur bis vier Uhr geöffnet.

Ralf, Uwe und ich hatten unser Geld zusammengelegt und für Mutti eine Nähmaschine gekauft. Es war zwar nicht gerade die teuerste, aber es war eine gute und man konnte mit dem Ding allerhand anstellen, so stand es in der Gebrauchsanweisung.

Für Pappa hatten wir eine Uhr gekauft und ein ganzes Etui für Pfeifenraucher, dazu gehörten Pfeifenreiniger, Filter, die Pfeife selber, das Etui, Tabakbeutel und das komplette Pfeifenbesteck.

Junge, Junge, das war ein teures Weihnachten, unsere ganzen Sparbücher waren fast leer, und jetzt erst fiel mir auf, wieviel Trinkgeld das ausmachte. Zusammen machten die ganzen Geschenke fast fünfhundert Mark aus und das ist ein ganzer Batzen Geld, den wir uns da zusammengespart hatten.

Wir verpackten unsere Geschenke am späten Nachmittag und Sieglinde half uns dabei noch. Jetzt erst fiel mir ein, daß wir Sieglinde ja auch ein Geschenk hätten kaufen können, aber das hatte ich ganz vergessen.

Am Abend machten wir Bescherung. Wir überreichten Mutti ihr Geschenk und Pappa ebenfalls, dann wünschten wir noch frohe Weihnachten. Wir packten alle unsere Geschenke aus und ich bekam dieses Jahr einen Plattenspieler, den ich schon oft im Katalog bewundert hatte. Dazu noch eine Langspielplatte und ein paar Singles. Ich freute mich wahnsinnig über meinen Plattenspieler und probierte ihn gleich aus. Mutti freute sich über die Nähmaschine und Pappa war ganz begeistert, daß er nun eine anständige Uhr besaß und eine nagelneue Pfeife.

Wir tranken dann alle noch ein Glas Sekt und quatschten eine ganze Weile. Auf einmal fingen Mutti und Pappa an zu streiten. Wegen was wußte ich nicht genau, auf jeden Fall warf Pappa mit ein paar flegelhaften Ausdrücken durch die Gegend, die nicht gerade sittlich waren, und das noch an Weihnachten. Da war für mich das Fest schon wieder versaut. Ich stand auf, wünschte eine gute Nacht, packte meinen Plattenspieler unter den Arm und ging in mein Zimmer. Mutti und Pappa waren so verblüfft, daß sie für einen Moment aufhörten zu streiten, aber gleich darauf fingen sie wieder an. Ich hörte sie bis hinauf in den ersten Stock und da ich von der ganzen Scheiße nichts mitbekommen wollte, machte ich meinen neuen Plattenspieler an und stellte ihn so laut, daß ich die Streiterei von Mutti und Pappa nicht hörte, denn schließlich war ja Weihnachten.

Pappa ging am nächsten Morgen arbeiten. Er sah ziemlich verkatert aus und daraus schloß ich, daß er sich am gestrigen Abend noch ganz schön den Arsch vollgesoffen haben mußte. Auch ich machte mich an die Arbeit, und erstaunlicherweise klopfte es schon an der Eingangstüre. Als ich öffnete, stand schon der erste Stammgast da und ich dachte mir gleich, das kann ja heiter werden. Sieglinde kam rechtzeitig zur Arbeit, und konnte sich gleich voll reinstürzen. Der ganze Stammtisch war versammelt und man konnte denken, daß die alle keine Familie haben. Aber dem war nicht so, die meisten hatten Familie, aber in Orsingen sind die Idioten so versessene Stammtischbrüder, daß sie sogar am Todestag ihrer Mutter noch zum Stammtisch gehen würden. Für mich waren das sowieso alles Bauerntrampel und nicht ganz richtig im Kopf.

Ich machte das Mittagessen, und da Mutti ja die Leute am Stammtisch begrüßen mußte und dann von dort nicht mehr wegkam, konnte ich die ganze Arbeit alleine machen. Da Mutti in letzter Zeit sowieso nicht den Alkohol verschmähte, hatte sie gegen Mittag schon einen Gewaltigen sitzen, und sie war nicht mal in der Lage, die Theke zu führen, als im Lokal eine wahnsinnige Hektik losging und die Leute uns die Bude fast einrannten. Sieglinde, Uwe, ich und sogar Ralf mit seinem Gipsbein meisterten an diesem Tag das Geschäft. Es war zwar ein Wahnsinnsstress und Sieglinde erklärte sich bereit auch noch durchzuarbeiten, denn sie sah, daß wir im Schwimmen waren.

Als der Tag dann rum war und es auf den Feierabend zuging, war Mutti blau und auch Pappa, der ebenfalls schon angesoffen nach Hause kam. Da Mutti die Tropfen, die sie immer Pappa verabreichte, an der Theke hatte stehen lassen und sie mir auftrug, für Pappa und sie etwas zu trinken zu machen, kam mir eine Idee: Wenn ich beiden das Zeug verabreiche, müßte normalerweise für heute Ruhe sein. So nahm ich die Tropfen, stellte mich vor die Gläser und verabreichte sowohl Mutti als auch Pappa eine ganz gewaltige Prise. Dann stellte ich den beiden die Gläser vor die Nase. Sie tranken es beide mit Genuß. Ich hatte nicht einmal ein schlechtes Gewissen, warum weiß ich auch nicht. Dann war endlich Feierabend. Mutti und Pappa stritten sich nicht, im Gegenteil, sie waren freundlich zueinander und Pappa nannte Mutti sogar einen Schatz. Aber beide waren besoffen und hundemüde. Ich drückte Mutti den Geldbeutel in die Hand und in Nullkommanichts waren Mutti und Pappa im Schlafzimmer verschwunden. Ich machte dann noch die Theke, nachdem ich das Lokal abgeschlossen hatte, und räumte alles auf. Dabei dachte ich mir, daß die Tropfen wunderbar gewirkt hatten, im ganzen Haus war es friedlich, keiner streitet rum, und es war so eine schöne Ruhe, daß ich mich hinsetzte und mir einen Sonnenschein machte und dabei an Sonja dachte. Um vier Uhr, als ich aus meinen Träumereien endlich aufwachte, ging ich ins Bett.

Am nächsten Morgen war ich total schlapp. Ich stand auf und das erste was ich tat, war zwei von den Pillen zu schlucken. Sieglinde hatte mir ja genug Nachschub besorgt, daß ich mit den Dingern nicht sparen mußte. Als ich ins Bad ging stellte ich fest, daß Mutti und Pappa noch schliefen. Ich klopfte sachte an die Tür und Pappa rief dann mit verschlafener Stimme Herein. Ich machte ihn aufmerksam, daß er arbeiten gehen müsse, und als er auf den Wecker blickte, stand er auch sofort auf. Mutti blieb im Bett liegen und schlief weiter.

Pappa ging gleich zur Arbeit, ich hatte ihm umsonst das Frühstück gerichtet. Als ich dann selbst gefrühstückt hatte, kamen auch schon meine Geschwister die Treppe runter.

Ich ließ den Frühstückstisch für die anderen stehen und stürzte mich gleich in die Arbeit.

Das Lokal war schon geöffnet, und Sieglinde war auch schon auf ihrem Posten, als plötzlich Mutti die Treppe herunterkam und auf wackeligen Füßen in die Küche taumelte. Sie hielt sich den Kopf und stöhnte leise vor sich hin. Dann sagte sie zu mir: »Mann bin ich kaputt, ich fühl mich total müde und schlapp bin ich auch total.« »Vielleicht hast du gestern was Falsches getrunken oder auch zuviel.« »Was und wieviel ich trinke, das geht dich einen Scheißdreck an, kümmere dich lieber um deine eigenen Sachen.«

Ich freute mich irgendwie über ihren Zustand, aber ich konnte ihr auch nicht sagen, daß sie ihre eigenen K.o.-Tropfen gestern geschluckt hatte. Ich hatte ihr eine schöne Ladung verpaßt und auf Alkohol sind die Dinger ganz schön extrem, stellte ich fest.

Mutti war den ganzen Tag nicht in der Lage, etwas zu arbeiten, und nicht einen Schluck Alkohol rührte sie an, das machte mir am meisten Freude. Mir war es egal, ob sie etwas arbeitete an dem Tag, sie machte sowieso nicht viel und öfters sogar gar nichts außer rumzukommandieren. Das Ende vom Lied war dann, daß sie den ganzen Tag auf dem Sofa lag und schlief, und wenn sie ab und zu aufwachte, verlangte sie etwas zu trinken. Einmal kam ich schon in Versuchung, ihr nochmal die Tropfen zu verabreichen, denn dann hätte ich meine Ruhe für den nächsten Tag ebenfalls gesichert. Den Gedanken verwarf ich aber und ließ die Tropfen stehen, wo sie waren. Mutti dachte immer noch, daß sie so kaputt wäre vom Saufen, und das war auch gut so, denn wenn sie dahintergekommen wäre, daß ich ihr ihre eigenen Tropfen verabreicht hätte, hätte sie mich bestimmt totgeschlagen.

Der Tag verlief sagenhaft. Kein Geschrei, kein Gemotze, keine Schläge, keine Anschisse, einfach Spitze. Ich machte meine Arbeit und hatte meine Ruhe.

Eines Morgens stellte ich fest, daß ich in letzter Zeit immer mehr zu den Aufputschtabletten griff, und daß ich, wenn ich so weitermache, vielleicht noch tablettensüchtig werde. So legte ich die Tabletten, die ich noch hatte, in den letzten Winkel vom Schrank und sagte mir, daß ich mit dem Zeug aufhören muß. Die ganzen nächsten Tage stellte ich fest, daß ich mich öfters dabei ertappte, wie ich dachte, so eine Tablette würde mich jetzt fit machen, und ich sollte mir eine genehmigen. Aber ich ließ es sein und ich dachte, ich sei schon süchtig. Zum Glück war ich es noch nicht, und so nahm ich die Tabletten auch nicht mehr, auch wenn ich müde war, verzichtete ich darauf und trank lieber einen starken schwarzen Kaffee.

Silvester verbrachten wir mit einem großen Saufgelage. Es waren ein paar einsame Stammgäste, Sieglinde und wir. Auf dem Tisch stand ein großer Rumtopf, im Kühlschrank waren Wein und Sekt kalt gestellt, und für den Hunger hatten wir einiges Futter fein hergerichtet. Für Musik sorgte ich mit meinem neuen Plattenspieler, und da ich zu wenig Platten hatte, nahmen wir aus der Musikbox noch einige heraus. Wir waren ungefähr zusammen zwölf Mann, und die ganze Mannschaft vernichtete den Alkohol, als sei's ein Wettbewerb. Ralf, Uwe und ich tranken ebenfalls Alkohol und sogar von dem Rumtopf. Die paar Schluck, die ich trank, spürte ich auch schon, und ich glaube, ich war beschwipst, aber nicht besoffen. Ich fühlte mich erleichtert und mir gefiel der Zustand sogar. Um zwölf Uhr machten wir vor dem Haus ein Feuerwerk und wünschten uns alle ein frohes neues Jahr. Die Sauferei ging noch bis in die Frühe, aber ich selber ging gegen zwei Uhr ins Bett, genauso meine Brüder, morgen mußten wir ja wieder arbeiten. So verbrachten wir sogar ein gutes Silvester und das freute mich, als ich am nächsten Tag daran dachte.

Es lag noch eine ganze Menge Schnee, aber ich bin in diesem Jahr nicht einmal zum Schlittenfahren oder Skifahren gekommen, zu gar nichts in der Richtung.

Nach der ersten Januarwoche ließ das Geschäft nach, und wir hatten weniger zu tun, trotzdem gab es genug Arbeit wie zum Beispiel Holzhacken, Aufräumen und halt noch die Gäste.

An einem freien Tag ist Pappa nach Villingen gefahren, um dort seine Eltern zu besuchen, und auch ein paar Freunde wieder zu treffen.

Mittags rief er dann an aus einer Kneipe und sagte Mutti, daß er jetzt nach Hause fahren würde und ungefähr in einer halben bis dreiviertel Stunde zu Hause sei. Nach einer Stunde war Pappa noch nicht da und Mutti rief in der Kneipe an. Dort sagte man zu ihr, daß er das Lokal mit ein paar Freunden schon seit fast einer

Stunde verlassen hatte. Sie wurde nervös und knallte den Hörer auf die Gabel. Nach fast drei Stunden stand dann Pappa in der Haustüre. Neben ihm stand eine schöne Frau, die interessiert durch die Gegend blickte.

Als Mutti das sah, kochte sie schon vor Wut. Pappa setzte sich mit der Frau ins Lokal und rief mich zu sich an den Tisch. Er stellte mich der Frau als seinen Sohn vor, aber mir stellte er sie nicht vor. Dann sagte er zu mir, er wolle ein Bier, und die Frau bestellte einen Asbach-Cola. Sie hatte ein schwarzes Kostüm an und eine weiße Bluse. Sie sah sehr attraktiv aus und ich stellte fest, daß sie schöner war als Mutti, sogar um einiges schöner, denn sie hatte auch keine schlechte Figur, wie ich feststellte.

Mutti stand hinter der Theke, und wenn Blicke töten könnten, wären Pappa und die Frau sofort tot umgefallen. Ich ging also an die Theke und machte die Getränke für die zwei, dabei fragte mich Mutti: »Was ist das für eine Hure, die er da bei sich hat?« »Ich weiß es nicht, sie scheint doch einen guten Eindruck zu machen.« »Ach halt dein Maul, davon verstehst du nichts, und außerdem mußt du ja schon wieder zu deinem Vater halten«, zischte sie mich an. »Ich halte doch nicht zu Pappa, ich sagte ja nur, daß die Frau einen guten Eindruck macht.« Die Frau war im Gegensatz zu Mutti sauber angezogen, denn Mutti rannte immer in ihren ältesten Klamotten rum, obwohl sie eine ganze Menge nagelneuer Kleider und Blusen sowie Röcke in ihrem Schrank hatte.

Ich nahm das Tablett mit den Getränken in die Hand und wollte es an den Tisch bringen. Aber bevor ich vor der Theke war, hatte Mutti mir das Tablett aus der Hand genommen und sagte: »Die werden jetzt ihr blaues Wunder erleben.« Dann marschierte sie auf Pappas Tisch zu und wenn man sie so sah, konnte man meinen, ein Stier gehe auf die beiden los. Ich wußte schon, daß es jetzt Ärger geben würde, und ich sagte zu Sieglinde, daß sie herkommen soll. »Bleib hier an der Theke, da qualmt es jetzt gleich.« »Ja, warum denn?« »Schau mal, was da vor sich geht.« »Ach du Scheiße«, rief sie leise aus. Mutti leerte

Pappas Begleitung gerade den Asbach-Cola über die Bluse und fing an zu kreischen: »Da hast du Hure was zu saufen, und wenn du das Lokal verläßt nimm den Hurenbock da auch gleich mit.« Mit dem Hurenbock meinte sie natürlich Pappa und das ganze Lokal hörte zu. Dann stand Pappa auf und gab Mutti eine schallende Ohrfeige, vor all den Leuten, die im Lokal saßen, und schrie: »Ich hab mit ihr gar nichts gehabt. Wir waren bei ihrem Mann zum Vespern, und da sie Langeweile hatte, lud ich sie ein, mit mir hier herunter zu fahren und mal unsere Kneipe anzusehen. Gegen Abend hätte ich sie dann wieder nach Hause gebracht und du wärst mitgefahren, da wir zwei zum Essen eingeladen sind, bei einem Freund von mir. Das Geschäft hätten Sieglinde und Fritz alleine machen können heute abend.« Mutti glaubte ihm nicht und fing gleich wieder an zu kreischen: »Du bist ein elender Lügner, du hast das Miststück auf dem Weg hierher im Wald oder weiß Gott wo gefickt.« Darauf gab Pappa ihr noch eine Ohrfeige. Dann zog sich Mutti langsam zurück und warf mit Schimpfwörtern nur so um sich.

Pappa schnappte die Frau am Arm und verließ mit ihr das Lokal. Mutti war wie eine Furie. Sie stürmte hoch in die Wohnung und schloß sich im Schlafzimmer ein. Ich hatte so was Seltsames in mir und mir tat Mutti leid. Ich dachte mir noch, hoffentlich tut sie sich nichts an.

Die Gäste waren natürlich neugierig und fragten Sigi wie auch mich, was da denn los gewesen sei, und wir gaben nur immer zur Antwort: »Ein Mißverständnis.« Als ich einen Augenblick Zeit hatte, ging ich hoch an die Schlafzimmertür und wollte mit Mutti sprechen, damit sie sich nichts antut, und rief: »Mach auf Mutti, das hat doch keinen Wert so!« »Hau ab, und laß mich in Ruhe!« »Mutti, du wirst dir doch nichts antun, oder?« »Ich hab dir gesagt, du sollst mich in Ruhe lassen.« Ich kam so nicht weiter und fragte deshalb ganz intensiv: »Wenn du jetzt nicht gleich sagst, was du vorhast, ruf ich die Polizei und dazu gleich den Krankenwagen!« Der Satz erforderte zwar meinen ganzen Mut, aber ich hatte Angst um Mutti, denn es wäre ja nicht das erste Mal, daß sie sich etwas antut. Aber ich bekam diesmal eine konkrete Antwort. »Ich pack jetzt meine Klamotten und haue ab.« »Wohin willst du denn?« »Zu meiner Mutter nach Mannheim und dann in die DDR zu meinen Verwandten.« »Was hast du denn davon, und wir sollen hierbleiben oder was?« Darauf bekam ich dann keine Antwort mehr, und ich ging zurück ins Lokal und sagte zu Sieglinde, die mich fragte, was los ist: »Ach Sigi, Mutti ist am Packen, sie will auf und davon.« »Ja und was ist mit euch?« »Keine Ahnung wir bleiben wahrscheinlich hier.« »Das kann sie doch nicht machen.« »Man kann viel machen.« Durch das Gespräch kamen mir Tränen in die Augen, und da Sigi das merkte, fing sie an, mich zu trösten.

Mutti hatte sich nun schon über eine Stunde im Schlafzimmer eingeschlossen, und hatte auch kein einziges Mal die Tür geöffnet. Auf einmal stand Pappa wieder vor mir und fragte mich nach Mutti. »Wo ist sie?« »Im Schlafzimmer.« »Und was macht sie da?« »Sie hat sich eingeschlossen und packt gerade ihre Koffer.« »Ja ist die denn nicht ganz sauber im Hirn?« Dann ging er die Treppe hinauf. Ich hörte, wie er an die Tür klopfte und Mutti beim Vornamen rief. Sie gab ihm auch eine Antwort: »Hau ab, du mieses Schwein, ich will weg von dir und dem ganzen Dreck hier.« Mir fiel auf, daß Pappa gar nicht besoffen war, sondern ziemlich nüchtern. »Mach die Tür auf Brigitte, oder ich schlag sie ein.« »Hau ab, hab ich gesagt, es ist aus, und die Tür mach ich nicht auf.« Ich stand mittlerweile neben Pappa und verfolgte die ganze Geschichte haargenau.

Da die Tür alt war und in der Mitte mit einer Sperrholzplatte, war sie nicht besonders stabil.

Pappa warnte Mutti nochmal und bat sie diesmal ganz höflich, sie möge bitte die Türe aufmachen.

Da Mutti die Türe nicht aufmachte, holte Pappa mit der Faust aus und schlug genau auf die Sperrholzplatte. Die Platte flog aus der Türe. Pappa griff in das große Loch und da der Schlüssel innen noch steckte, hatte er auch die Türe gleich auf. Mutti stand vor dem großen Schlafzimmerschrank. Vor ihr auf dem Bett lagen zwei große Koffer und darin schon einige Klamotten. »Laß mich in Ruhe und rühr mich nicht an!« schrie Mutti ihm gleich entgegen. »Ja bist du denn von allen guten Geistern verlassen, du dumme Sau, du?« »Halt deine Schnauze. Wir sind geschieden und ich kann machen was ich will, du hast mir gar nichts zu befehlen.« Das wurde Pappa zu dumm, er schnappte einen Koffer und leerte ihn aus, schmiß ihn dann an die Wand und mit dem zweiten Koffer machte er genau dasselbe.

Da wollte Mutti ihm eine Ohrfeige geben. Pappa fing Muttis Hand vor dem Gesicht ab, schnappte sie an den Haaren, gab ihr eine gewaltige Ohrfeige und packte sie an den Armen und schmiß sie aufs Bett. »Hör auf Pappa«, rief ich und er hielt inne. Er schaute uns zwar nicht an und schien sich gar nicht richtig bewußt zu sein, daß wir dastanden, aber er hörte auf, Mutti zu schlagen.

Dann fing er ganz langsam in einem zischenden Ton an mit Mutti zu sprechen. »Wenn du die Kinder unglücklich machst und nur einmal ins Heim steckst, dann schlag ich dich tot. Haben wir uns verstanden, du kleines mieses Aas?« Mutti schaute ihn nun mit ängstlichen Augen an und fing an zu weinen. Sie gab ihm aber keine Antwort mehr. Dann sagte Pappa noch zu ihr: »Du kannst mich verachten oder sonst etwas mit mir machen, aber es kommt keines von den Kindern ins Heim, darauf kannst du dich verlassen.« Dann drehte sich Pappa um und verließ das Schlafzimmer. Ich wollte mit Mutti reden und da sie mir leid tat, auch mit ihr sprechen, was man gegen Pappa unternehmen könnte, damit so etwas nicht wieder vorkommt.

Als ich sie ansprach, war alles, was ich zur Antwort bekam: »Hau ab, ich will alleine sein, du hältst ja sowieso zu deinem Vater, du bist ja sein Lieblingskind.« Ich stand auf und ging wieder ins Lokal hinunter. Ich fragte Sieglinde, wo denn Pappa sei. »Der ist von oben runtergestürmt in sein Auto und auf und davon.« Dann fragte sie mich, was denn dort oben losgewesen sei, und ich erzählte ihr die ganze Scheiße. Die Gäste waren natürlich neugierig, aber bekamen alle keine Auskunft, weder von mir noch von Sieglinde. Sigi war wie ein guter Kumpel zu mir, aber sie wußte auch keinen Rat, wie man solche Probleme aus dem Weg schaffen könnte, obwohl sie krampfhaft überlegte, denn ich fragte sie, was man machen könnte, damit sich Mutti und Pappa nicht mehr streiten.

Pappa kam am späten Abend wieder nach Hause, er war stinkbesoffen. Er konnte nicht einmal mehr gerade laufen und er fing auch gleich an zu meckern, daß die Bude nicht sauber sei. Er befahl mir, ihm etwas zu trinken zu holen, und zwar einen doppelten Gedoppten, das ist ein doppelter Asbach mit einem kleinen Schuß Cola.

Ich ging an die Theke und machte ihm den Gedoppten und am liebsten hätte ich ihm eine gewaltige Ladung von den K.o.-Tropfen, wie ich sie immer nannte, verpaßt. Aber ich tat es nicht, weil es gegen meine Prinzipien war, und ich brachte ihm dann seinen doppelten Gedoppten, so wie es sich gehörte.

Mutti kam den ganzen Tag nicht aus dem Schlafzimmer, und ich machte mit Sigi das ganze Geschäft alleine. Pappa fragte mich, wo Mutti sei, und ich sagte ihm, daß sie den ganzen Tag über im Schlafzimmer gewesen sei. Das stellte ihn irgendwie zufrieden, und er fing an, mit mir zu händeln, indem er mir genauso wie Ralf vorwarf, daß wir Schweine wären, weil hier alles aussah wie im Schweinestall. Dann mußte ich ihm noch einen doppelten Gedoppten bringen. Ich hatte solch eine Wut in mir, daß ich dieses Mal gegen meine Prinzipien verstieß, denn ich haute ihm eine geballte Ladung K.o.-Tropfen in seinen Gedoppten. Also ich persönlich hätte das Ding nicht saufen wollen, ich glaube, ich wäre nicht mehr aufgestanden.

Ich gab Pappa das Glas und er donnerte das Gesöff in einem Zug seine Kehle hinunter. Er merkte nicht, daß K.o.-Tropfen drin waren, und verlangte gleich noch einen. Er moserte zwar immer noch rum, als ich mit dem dritten Glas kam, und ich dachte mir, beim nächsten Glas verpaß ich ihm noch einen Hammer, aber das erübrigte sich, denn er schlief auf dem Sofa ein. Er kam nicht einmal mehr bis ins Schlafzimmer, um sich in sein Bett zu legen.

Am nächsten Tag machte sich dann im ganzen Dorf das Gerücht breit, das ja auch stimmte, daß der Kreuzwirt seiner Alten auf die Schnauze gehauen haben soll. Die Leute, die ins

Lokal kamen, tuschelten natürlich miteinander, aber man konnte nichts dagegen machen, und so war es mir auch scheißegal, was die Leute sagten.

Mutti machte natürlich Propaganda, denn am Stammtisch erzählte sie jedem der Arschlöcher, die öfters zu uns kamen, daß Pappa sie totschlagen wollte. Ich fragte mich, was denn die Leute unsere Familienangelegenheiten angehen, und ich kam auf des Rätsels Lösung, nämlich daß es die gar nichts angeht. Naja, mir wars jetzt egal, und ich kümmerte mich nicht groß darum und hörte auch nicht zu, wenn Mutti eine Horrorgeschichte von Pappa erzählte.

Ich rief öfters Sonja an und wir machten unsere Späßchen am Telefon, obwohl mir manchmal zum Spaßen gar nicht zumute war. Aber Sonjas Stimme baute mich ein bißchen auf, und ich vergaß ab und zu für ein paar Minuten die ganze Scheißstimmung, die zu Hause herrschte.

Mutti und Pappa gingen sich aus dem Weg, soweit es nur möglich war. Sie sprachen kaum ein Wort miteinander, auch wenn Pappa mal den ganzen Tag zu Hause war. Sie sprachen nur das Nötigste und Mutti verpaßte Pappa K.o.-Tropfen, daß es mich wunderte, daß er ab und zu sogar noch wach war und arbeiten ging. Wenn irgend etwas vorkam fielen ein paar harte Bemerkungen, und Mutti zog dabei immer den kürzeren, denn sie mußte nachgeben, sonst hätte sie bestimmt die Hucke vollbekommen.

Dann fing die Schule wieder an und ich war froh, daß ich wenigstens für ein paar Stunden am Tag aus diesem Affenstall von Streiterei, Rumnörglerei und Aufstichelei raus war. Für mich war es eine Wohltat zur Schule zu gehen, nicht um zu lernen, sondern um ein wenig auszuspannen und das Zuhause für ein paar Stunden zu vergessen. Es war irgendwie zuviel für mich, und Mutti glaubte immer, daß ich zu Pappa hielt, nur weil ich sein Lieblingskind bin, so wie er immer sagte. Er nahm mich auch härter ran, denn er erwartete von mir viel, und wenn mal etwas nicht zufriedenstellend war, gab es auch immer Ärger, denn ich sollte ja so etwas wie ein Musterknabe sein. In der Schule konnte ich nur ganz selten abschalten, denn ich mußte oft an zu Hause denken. Vom Unterricht bekam ich so gut wie gar nichts mit, denn ich war mit meinen Gedanken immer wo anders, und wenn mich Frau Riegelsberger mal etwas fragte, konnte ich ihr nicht antworten, da ich die Frage gar nicht gehört hatte. Das war natürlich nicht gerade gut für meine Noten. Dann kam eines Tages ein Neuer in die Klasse. Er sah schlampig aus und sah auch ziemlich verwegen drein. Ich schloß mit ihm Freundschaft, und er erzählte mir, daß seine Eltern beide Säufer seien und sich manchmal fast totschlagen. Ich erzählte ihm auch von mir zu Hause, und da stellten wir fest, daß wir beide nicht gerade das beste Elternhaus haben.

Eines Tages, als ich mit Sonja hinter der Schule stand, kam Raphael, mein neuer Freund und Klassenkamerad, zu uns. Er merkte sofort, daß Sonja und ich miteinander gingen, und er war so korrekt, keine Witze darüber zu machen, und auch den anderen nichts davon zu erzählen. Im Gegenteil, er wünschte mir sogar viel Glück mit Sonja und er sagte, so ein Mädel möchte er auch gerne haben und daß Sonja eine dufte Biene sei, die nicht nur gut aussieht, sondern auch etwas im Kopf hätte.

Dann zog Raphael eine Schachtel Zigaretten aus der Tasche und machte das Paket auf. »Na, Fritz, willst du auch eine?« »Ne, das hab ich noch nie gemacht, nur mein Vater raucht bei uns.« »Na komm, nimm schon eine, ich rauche auch noch nicht lange, und du Sonja auch?« Wir nahmen uns halt jeder eine Zigarette aus der Schachtel. Raphael gab jedem Feuer. Junge, Junge, das Zeug schmeckte ja ekelhaft, aber Raphael schien es zu schmekken, denn er machte sogar Lungenzüge. »Mann, ihr müßt den Rauch einatmen«, sagte Raphael und machte es uns vor.

Sonja und ich machten es dann genauso, und wir husteten uns bald die Lunge aus dem Hals. Dann pafften wir wieder bis die Zigarette zu Ende war. Lungenzüge machten wir keine mehr, denn ich glaube, das hätten unsere Lungen nicht durchgehalten. Mir wars zwar ein bißchen schlecht, und Sonja ebenfalls, aber das war nicht weiter schlimm.

Das war das erste Mal, daß ich eine Zigarette geraucht hatte, und komischerweise war ich sogar stolz drauf, denn ich fühlte mich jetzt erwachsen und redete mir ein, ich sei ein Mann. Zu Hause sagte ich natürlich niemandem etwas davon, und als ich mal alleine war und von Pappa eine Packung Zigaretten fand, die er liegen gelassen hatte, steckte ich mir die Packung ein. Eines Nachts stand ich dann in meinem Zimmer bei offenem Fenster und versuchte, eine Zigarette zu rauchen. Ich machte sogar ab und zu einen Lungenzug und mußte das Husten unterdrücken. Mir war dann immer ein bißchen schwindlig, aber das fand ich sogar schön, denn es war kein richtiger Schwindel, sondern so ein leichtes Benebeltsein. Ich rauchte nun öfters eine Zigarette und inhalierte fast die ganze Zigarette, ohne daß es mir was ausmachte. Mir wurde weder schlecht und ich mußte auch nicht Husten. Mit der Zigarettenversorgung hatte ich keine Schwierigkeiten, denn ich berichtete Sigi, daß ich ab und zu rauchte. Dann fragte ich sie noch, ob sie mir ab und zu ein paar Zigaretten von sich geben könnte. Das machte sie ohne weiteres und sie schwor mir, daß sie mich nicht verpetzen und das Geheimnis hüten würde wie ihren Augapfel.

Wenn ich nun zu Hause Ärger hatte, zog ich mich meistens irgendwann später in eine Ecke oder sonst irgendwohin zurück und rauchte eine Zigarette. Ich hatte also einen neuen Freund entdeckt, die Zigarette. Manchmal hatte ich auch richtig Lust, eine Zigarette zu rauchen, was ich dann auch tat.

Schon morgens rauchte ich mit Raphael hinter der Kirche, und wenn wir mal in Nenzingen waren, Sonja, ich und Raphael, qualmten wir alle drei wie die Großen. Ab und zu tranken wir auch mal einen Schnaps, den Raphael in einem Flachmann mitgebracht hatte. Wir machten immer das, was verboten war, und gerade das war das Schönste. Mann, wenn das Mutti oder Pappa wüßte, daß ich rauchte und ab und zu auch mal einen oder zwei Schnäpse trank, die wären bestimmt ausgeflippt. Damit niemand etwas merkte, hatte ich immer genug Kaugummi bei mir.

Im Februar war bei uns im Geschäft die Hölle los. Da ein

Hoch- und Tiefbauunternehmen in der Gegend Gasleitungen verlegte, kamen die Bauarbeiter alle zu uns zum Essen. Das waren eine ganze Menge Leute, so um die dreißig. Jeden Mittag hatten wir die Bude gerammelt voll und des Abends ebenfalls.

Sieglinde hatte nun ihren Traummann geangelt und kündigte. Bevor sie ging, hatte sie dann noch mit Mutti Streit, weil sie ihr sagte, sie solle sich mal besser anziehen, denn die alte Kluft, die sie immer anzog, sei abstoßend, und das hätten sogar ein paar Gäste gesagt. Ich war irgendwie traurig, daß uns jetzt Sigi verließ, aber dagegen konnte man ja nichts machen, denn ihr Entschluß stand fest. Mutti machte nun für die Bauarbeiter täglich ein Abo-Essen für fünf Mark. Das war ganz schön billig, denn ein Jägerschnitzel mit Pilzen und Soße sowie Spätzle und Salat kostet ja normalerweise schon fünf Mark in der Herstellung, und da Mutti die Schnitzel ziemlich groß machte, legte sie natürlich noch Geld drauf. Als ihr der Nachbar das sagte, tat sie so, als wenn es sie nichts anginge.

Die Arbeiter kamen immer genau dann, wenn ich gerade fünf Minuten von der Schule zu Hause war. Sie riefen vorher immer an und bestellten gleich die Abo-Essen vor. Dann durfte ich den ganzen Haufen bedienen. Das war immer eine Hektik, und ich war froh, wenn sie nach dem Essen wieder abschwirrten. Die Arbeiter gaben immer ein gutes Trinkgeld, aber das hatten wir uns ja auch reichlich verdient. Denn meine Brüder halfen in der Küche und wuschen das Geschirr ab, und ich machte das Lokal. Aber für fünf Mark war das Essen trotzdem zu billig. Es ging auf Muttis Geburtstag zu und ich schaute im Katalog, was ich ihr denn schenken könnte, und ich entschied mich für einen netten kleinen Ring, der genau sechzig Mark kostete. Ich bestellte den Ring, denn bezahlen konnte ich ihn, da ich mir das Geld mit meinen Trinkgeldern und dem Taschengeld zusammengespart hatte.

Pappa arbeitete nun nicht mehr im Singener Wienerwald, denn er schloß sich den Arbeitern vom Hoch- und Tiefbau an und verlegte mit denen Gasleitungen.

Am Abend saßen dann immer eine Horde vom Hoch- und

Tiefbau bei uns in der Kneipe und schluckten wie die Buntspechte. Mutti saß immer bei den Typen und sie schien sich prächtig zu amüsieren. Sie saß merkwürdigerweise immer bei demselben Typ, und der hieß Günter, und neben ihr saß ebenfalls immer einer, und der hieß Heinz. Also ganz einfach, sie saß immer nur bei den beiden. Einer der Hoch- und Tiefbauarbeiter hatte sich eine Freundin zugelegt aus Radolfzell, die auch öfters bei uns war. Da sie keine Arbeit hatte, fing sie an, bei uns zu arbeiten. Sie hieß Inge, hatte rote Haare, qualmte wie ein Fabrikschornstein und soff wie ein Loch. Aber sonst schien sie ganz nett zu sein. Der Teufel ist ein Eichhörnchen, und deswegen blieb ich vorsichtig und hatte halt nicht dieselbe Kameradschaft mir ihr wie zuletzt mit Sigi. Eines Tages, an einem Freitag, es regnete wie aus Kübeln und Pappa arbeitete deswegen nicht, besser gesagt die ganze Firma nicht, holte ich mir von Mutti die Karte für mein Postsparbuch, damit ich das Geld abholen konnte, denn ich erwartete den bestellten Ring für Muttis Geburtstag. Sie gab mir die Karte und ich ging zur Post und hob das ganze Geld ab, es waren genau siebzig Mark, denn ich mußte ja das Porto mitbezahlen, der Ring kam per Nachnahme. Dann ging ich gleich wieder nach Hause und da wir heute keine Schule hatten, weil unsere Klassenlehrerin krank war, hatte ich meine Arbeit an der Theke schon erledigt.

Pappa fragte mich, ob ich mit ihm auf die Baustelle gehen wolle, um die Wasserpumpen zu überprüfen und Diesel nachzufüllen, damit die Pumpen nicht ausgehen und die Rinnen für die Gasleitungen nicht ganz unter Wasser stehen. Ich sagte zu dem Vorschlag ja, aber ich mußte erst noch mein Sparbuch irgendwo unterbringen. Da ich keine Zeit mehr hatte, weil Pappa drängte, legte ich das Geld samt dem Sparbuch in die Kasse. Das Geld hatte ich ins Sparbuch gelegt und Mutti schaute mir zu, wie ich das Geld in die Kasse legte. Dann ging ich mit Pappa zum Wagen und fuhr mit ihm zur Baustelle. Dort sah es zwar verheerend aus, denn die ganzen Gräben standen unter Wasser, weil zwei Dieselpumpen keinen Sprit mehr hatten. Wir füllten alle Pumpen auf und stellten die zwei, die ausgefallen waren, wieder an.

Dann fuhren wir wieder nach Hause. Dort mußte ich mich erst mal trockenreiben, da ich vom Regen total durchnäßt war. Als ich fertig war, fiel mir mein Sparbuch wieder ein und ich ging ins Lokal und öffnete die Kasse, um das Geld herauszuholen und im Zimmer zu verstauen. Als ich das Sparbuch herausholte und es aufklappte, traf mich fast der Schlag.

Das Geld war weg, und auch die Auszahlungskarte. Das war zuviel und ich ging zu Mutti, da sie die einzige war, die im Hause war und von dem Geld wußte. Ich fragte sie ganz höflich: »Du Mutti, hast du das Geld aus dem Sparbuch in der Kasse genommen?« »Nein, ich hab kein Geld dort rausgenommen.« »Wer soll es denn rausgenommen haben?« »Das weiß ich doch nicht.« Ich ging zu Pappa und fragte ihn: »Hast du gesehen, wer das Geld aus der Kasse geholt hat, das ich dort hineingelegt hatte, bevor wir zur Baustelle fuhren?« »Nein, wir waren ja zusammen auf der Baustelle, und ich hab es auf keinen Fall.« »Das gibts doch nicht, das Geld ist spurlos verschwunden.« »Hast du schon Mutti gefragt? Sie ist ja die einzige, die im Haus war, als wir auf die Baustelle fuhren.« »Ja hab ich schon, aber sie sagt, sie hat das Geld nicht genommen.« »Frag sie halt noch mal, vielleicht hat sie dich nicht richtig verstanden oder so was.« »Oh, mach ich.« Ich ging wieder zu Mutti. »Du Mutti, du mußt das Geld aus dem Sparbuch genommen haben, sonst war ja keiner da.« »Was, du behauptest, ich hätte dich bestohlen.« Bum, und schon hatte ich eine Ohrfeige. Ich sagte dann nichts mehr zu ihr, sondern ging noch mal zu Pappa. »Sie sagte, sie hat das Geld nicht, und hat mir eine Ohrfeige gegeben, weil sie dachte, ich bezichtige sie des Diebstahls.« Als ich Pappa das sagte, stand auch schon Mutti hinter mir, und ich hörte sie nicht kommen. »Wenn ich dir sage, ich habe das Geld nicht, dann habe ich es auch nicht, nur daß wir uns verstanden haben. Du hast das Geld bestimmt woanders hingelegt und weißt es jetzt bloß nicht mehr. Und dann brauchst du dich nicht bei deinem Vater zu beschweren und sagen, ich hätte dir das Geld geklaut.« »Ich hab das Geld nicht verlegt, ich weiß ganz genau, daß ich es in die Kasse gelegt hatte, und außerdem fehlt die Auszahlungskarte ebenfalls.« Mutti gab nicht zu, daß sie das Geld gestohlen hatte, sie stritt alles ab. Aber Pappa wußte genauso wie ich, daß sie log, und er machte nichts dagegen.

Wie sollte ich jetzt nur den Ring bezahlen. Ich muß ihn zurückschicken, und dann habe ich kein Geburtstagsgeschenk für Mutti. Ich entschloß mich, den Ring zurückzuschicken an den Versand und Mutti nichts zu schenken, sie hatte ja schon das Geld und das soll sie nun eben behalten und sich selber einen Ring kaufen. Mir wollte es nicht in den Kopf gehen, daß Mutti mich bestahl, sie hätte mich ja fragen können, ob sie das Geld haben könnte, oder es mir sogar wegnehmen, das wäre alles nicht so schlimm gewesen, als wenn sie's mir heimlich klaut, es dann abstreitet und mir noch eine Ohrfeige verpaßt. Ich beschloß dann, auf kurz oder lang, Mutti genauso zu beklauen wie sie mich beklaut hatte. Da ich ja nicht auf der Registrierkasse oder auf dem Bonbuch arbeitete, fiel es nicht auf, wenn ich mal einen Zehner oder Zwanziger aus dem Geldbeutel nahm und ihn in meine Hosentasche steckte. Ich beschloß, mich dafür zu rächen, und das doppelt und dreifach.

Am Nachmittag kam Mutti zu mir und sagte: »Wenn der Ring kommt, werde ich ihn annehmen und bezahlen, dafür verzichtest du auf dein Taschengeld und gibst mir dein Trinkgeld, bis der Ring abbezahlt ist.« Das war ja das Beste, dachte ich mir, jetzt soll ich den Ring nochmals bezahlen. »Ist in Ordnung, so können wir das machen«, sagte ich und dachte mir gleich hinterher: Wenn du den Ring haben willst, und ich ihn zweifach bezahlen muß, dann bezahlst du ihn zehnfach an mich zurück. Erstens dafür, daß du mir das Geld gestohlen hast, zweitens, weil ich den Ring nochmals bezahlen soll, und drittens, weil das eine gemeine und unverschämte Frechheit ist, was du dir da geleistet hast.

Gleich am Abend nahm ich auch schon die ersten zwanzig Mark aus dem Geldbeutel und steckte sie mir in die Hose, und ich hatte keinerlei Schuldgefühle dabei, im Gegenteil ich freute mich darüber, daß ich sie nun beschissen hatte, und ich schwor mir, daß es erst der Anfang sei, sie sollte dafür bluten. Ein paar Tage später, als ich aus der Schule kam, zeigte mir Mutti die

Rechnung und auch den neuen Ring. Er sah sogar noch besser aus als im Katalog, und es tat mir irgendwie weh, daß mit dem Ring soviel linkes Zeug gedreht wurde und wird. An Muttis Geburtstag wünschte ich ihr nur alles Gute, und für mich war der ganze Mist gelaufen. Von mir aus sollte sie den Ring behalten, sie hatte ihn ja in meinen Augen nicht von mir geschenkt bekommen, sondern ihn gestohlen, und mir lag nichts mehr daran.

Ein Teil von dem Geld, das ich zusammengestohlen hatte, legte ich auf die Seite, den Großteil gab ich mit Sonja aus. So z. B. schwänzten wir einen ganzen Tag den Unterricht, und ich schrieb mir selber eine Entschuldigung, indem ich sie mit der Schreibmaschine tippte und Muttis Unterschrift fälschte, indem ich sie von einem Lieferschein abpauste. Keiner merkte etwas und Frau Riegelsberger ebenfalls nicht, denn das sah ja alles so echt aus, und Frau Riegelsberger kannte Muttis Unterschrift.

Sonjas Mutter schrieb ohne weiteres eine Entschuldigung aus, denn Sonja erzählte ihr weiß Gott was und sie glaubte das alles.

Wenn wir schwänzten gingen wir Kaffeetrinken, Frühstücken oder wir machten sonst etwas, denn das Geld, das ich zusammenklaute, mußte ja ausgegeben werden.

Wenn das Geschäft gut lief, klaute ich zwanzig Mark, und wenn es weniger gut lief, nur mal fünf oder zehn Mark. Da kam schon eine ganze Menge bei raus, und ich hatte keine Gewissensbisse, denn unsere Parole lautete unter den Schulkameraden, du sollst gleiches mit gleichem vergelten, oder Aug um Auge, Zahn um Zahn.

Eines Tages hatte ich Streit mit meinem Bruder Ralf, weil er immer meine Schallplatten zerkratzte. Dabei trat er mich gegen das Schienbein, ich holte aus und wollte ihm eine schmieren. Er duckte sich, und ich schlug auf den Schrank, und mein Finger kam dabei so auf, daß er angebrochen war. Ich mußte dann ins Krankenhaus nach Stockach und mir den Finger schienen lassen. Ich bekam dort eine Metallschiene unter den Finger gelegt, die ein Gips am Handgelenk hielt, und mein Finger wurde mit

Pflaster so auf die Schiene geklebt, daß ich ihn nicht mehr bewegen konnte. Mutti erzählte dann Pappa mal wieder, daß ich meine Brüder terrorisieren und sie auch öfters schlagen würde, und dabei hätte ich mir den Finger gebrochen. Bevor ich mich richtig versehen konnte, hatte ich auch schon von Pappa eine Tracht Prügel weg, ohne mich verteidigen zu können. Den Gips hatte ich nur zwei Wochen, dann machte ich ihn mir selber ab mit der Geflügelschere. Pappa fand das zwar nicht richtig und meckerte deswegen auch rum, aber ich dachte dabei nur: Erst mir die Hucke vollhauen und dann auch noch meckern, wenn ich mir den Gips abnehme. Erstens ist das mein Finger, und zweitens kannst du mich mal kreuzweise am Arsch lecken, für mich bist du so langsam nur noch ein Säufer. Gearbeitet hatte ich trotzdem, obwohl ich die Schiene an der Hand hatte, da ich mußte. Diese Scheiß-Inge tat überhaupt nichts. Sie saß rum, hat rumgesoffen und gefressen und ab und zu mal, wenn sie Lust hatte, mal etwas weggetragen zu Gästen. Geld bekam sie nur wenig, aber dafür konnte sie saufen und fressen soviel sie wollte und ab und zu schlief sie auch mit ihrem Stecher, der Hannes hieß, bei uns im Aufenthaltsraum, wo sie sich dann das Sofa ausklappten und sich als Bett herrichteten, nachdem sie von uns noch Kissen, Decken und Laken bekommen hatten. Für mich war das Weib eine dumme Sau, und ich mußte auch noch auf sie hören, da es Mutti mir befahl. Ich tat zwar das, was sie sagte, aber sonst war sie Luft für mich.

An manchen Ruhetagen, wenn Pappa des Abends fortging, um etwas trinken zu gehen, nahm er mich meistens mit. Er hatte mich gar nicht gefragt, sondern einfach zu mir gesagt: »Komm mit Fritz, wir gehen etwas trinken.« Ich ging dann immer mit und trank dort entweder Sonnenschein oder mal auch ein Bier. Mir war es im Grunde genommen egal, ob mich Pappa mitnahm, denn von mir aus hätte er mich auch zu Hause lassen können. Nur einen Vorteil hatte es, wenn er mich mitnahm, denn ich kam wenigstens mal für ein paar Stunden aus dem Haus.

Mutti war da total dagegen, und wenn ich am nächsten Tag nur in ihre Nähe kam, fing sie immer an: »Na, hast du deinem Vater alles erzählt, was du weißt. Du bist ja sowieso sein Liebling. Und haste wieder schön Wetter bei ihm gemacht und mich in die Pfanne gehauen.« Solche Sprüche hatte sie dann immer losgelassen, und ich wußte nicht, was ich dazu sagen sollte.

Mutti fing an, nun immer Pappa gegen mich aufzusticheln, indem sie ihm immer meine Schandtaten, und wenn es nur ein Glas war, das ich zerbrochen hatte, unter die Nase band. Pappa merkte das anfangs nicht, und ich bekam ab und zu eine Abreibung, bis er mal zu Mutti sagte: »So viel wie du mir da erzählst, kann der Junge ja gar nicht falsch machen.« Und als Mutti das schlucken mußte, war natürlich die Kacke am Dampfen. Sie mußte sich nun etwas anderes einfallen lassen oder mich selber verhauen, was sie dann auch ab und zu tat.

Als ich eines Tages von der Schule nach Hause kam, stand Mutti im Hausflur und flipperte. Neben ihr stand ein Typ vom Hoch- und Tiefbau und hatte den Arm um ihre Hüften gelegt und stand ganz nah neben ihr. Junge, Junge, ich hatte natürlich gleich einen Verdacht, und dann war es noch genau derselbe Typ, neben dem sie jeden Abend saß. Als der mich sah, zog er sofort den Arm zurück, der um Muttis Hüften lag. Mutti hörte auf zu flippern und sah mich ganz verlegen an. Dann herrschte sie mich an, daß ich mich für das Mittagsgeschäft bereit machen solle.

Ich ließ sie mit dem Typ wieder allein und machte mich an meine Arbeit. Pappa war nicht da, denn er hatte sich frei genommen und war für zwei Tage nach Villingen gefahren, um dort ein paar Sachen zu erledigen. Während dem Mittagsgeschäft spukte mir die ganze Zeit das Bild im Kopf herum, wie Mutti mit dem Typ am Flipper stand. Am Nachmittag sprach ich dann mit Ralf. So ganz nebenbei fragte ich ihn: »Du, glaubst du daß Mutti fremdgehen würde?« »Ich weiß nicht, aber zutrauen würde ich es ihr.« »Naja, als ich nach Hause kam, da stand sie mit dem Heinz vom Hoch- und Tiefbau am Flipper, und der hatte seinen Arm um ihre Hüfte gelegt und stand ganz eng bei ihr. Vielleicht hat sie was mit dem.« »Wenn das Pappa wüßte, der tät sie totschlagen.« »Naja, ich hab nichts gesehen, und vielleicht ist da auch gar nichts.« Dann hatten wir noch ein wenig über belanglose Dinge geredet, und ich bin wieder an meine Arbeit gegangen.

Was sich nun hinter meinem Rücken abspielte, fand ich eine große Schweinerei. Ralf ging zu Mutti, die schon auf ihn gewartet hatte, wie ich später erfuhr, und erzählte ihr alles, was wir gesprochen hatten.

Mutti kam an die Theke und schrie mich gleich an: »Was hast du behauptet? Ich würde etwas mit einem anderen haben. Weißt du überhaupt, was du damit anrichtest. Was weißt du kleiner Scheißer überhaupt, gar nichts. Einen unschuldigen Mann in den Dreck ziehen und mich auch noch. Und das willst du auch noch deinem Vater erzählen.« Dann bekam ich mitten im Lokal vor allen Leuten eine saftige Ohrfeige. Mutti ging ans Telephon, das an der Theke stand, und sagte zu mir: »Jetzt werd ich deinen Vater in Villingen anrufen und ihm erzählen, was du hier für einen Scheißdreck erzählst.« »Ich habe doch gar nicht behauptet, daß du einen andern Mann hast, und Pappa wollte ich doch gar nichts erzählen.« »Du sollst mich nicht anlügen, du hast zu Ralf gesagt, daß ich einen anderen Macker habe und du das deinem Vater erzählen willst.« »Das stimmt doch gar nicht!« »Halt dein verlogenes Schandmaul, bevor ich es dir mit der Reitpeitsche stopfe.« Dann hob sie den Telephonhörer ab und wählte eine Nummer. Da Pappa nicht am Apparat war, ließ sie sich mit ihm verbinden. Dann war Pappa am Apparat. »Ja, ich bins, Brigitte. – Du, ich muß dir unbedingt etwas erzählen. Also unser Sohn Fritz erzählt im ganzen Dorf rum, daß ich einen andern Kerl hätte, das verlogene Stück. Das stimmt überhaupt nicht, und ich habe das erst dadurch erfahren, weil es mir Ralf sagte. Ich hätte größte Lust ihn zu vertrimmen. Wann kommst du nach Hause? Gut, heute abend, dann können wir das ja abklären, der kann sich auf was gefaßt machen.« Obwohl ich Mutti bat, mir den Hörer zu geben, damit ich mit Pappa sprechen und das Mißverständnis richtigstellen konnte, gab sie mir Pappa nicht, im Gegenteil, sie hackte nur noch mehr auf mir rum. Dann legte sie den Hörer auf und sagte zu mir: »Heute abend kannst du dich auf etwas gefaßt machen.« Dann drehte sie sich um, ließ mich stehen und verschwand im Aufenthaltsraum. Ich merkte auf einmal, daß mich ein ganz ungutes Gefühl beschlich. Ich glaube, diesmal war es mehr Angst, als ich mir selber eingestehen konnte. Ich hatte eine Muffe vor dem Abend, und ich konnte den ganzen Rest des Tages mich nicht auf die Arbeit konzentrieren, denn ich dachte nur immer daran, was los sein würde, wenn Pappa nach Hause kommt und womöglich noch besoffen ist.

Am Abend saßen dann die ganzen Arbeiter vom Hoch- und Tiefbau im Lokal und auch der gewisse Heinz, der mit Mutti im Flur stand und den Arm um ihre Hüfte gelegt hatte. Mir war das zwar nicht ganz egal, was Mutti machte und ob sie fremdging. Sie war ja ein erwachsener Mensch und konnte machen, was sie wollte, nur Pappa dürfte das nie erfahren, und ich hätte sie bestimmt auch nicht verraten, denn ich hielt ja mehr zu Mutti als zu Pappa, warum weiß ich jetzt noch nicht, und ich glaube, ich werde es auch nie erfahren. Pappa kam dann auch nach Hause und ich sah ihm an, daß er angeheitert war. Er ging sofort in den Aufenthaltsraum und als ihn Mutti sah, folgte sie ihm gleich.

Nach ungefähr zehn Minuten wurde ich von der Theke in den Aufenthaltsraum geholt, und ich konnte mir denken, was nun gleich los sein würde. Ich ging also mit zitternden Knien zu Pappa. Der saß auf einem Sessel, und vor ihm standen zwei volle Flaschen Bacardi. Vor ihm blieb ich stehen und schaute ihn an, und er schien mich auch zu mustern.

Dann fing er ganz langsam an zu sprechen: »Du hast also behauptet, daß deine Mutter einen anderen Mann hat, obwohl das gar nicht stimmt. Was glaubst du eigentlich, wer du bist? Du kannst doch nicht einfach so einen Scheißdreck behaupten.« Nun sprach er schon lauter, ich stand in der Nähe des Türrahmens und blieb dort auch wie angewurzelt stehen. Ich sagte kein einziges Wort, denn ich wußte, daß es keinen Wert hatte, mit ihm zu sprechen, wenn er angesoffen und schon von meiner Schuld hundertprozentig überzeugt ist. Dann sprach er zu Mutti: »Hol man den Heinz hierher, mit dem du angeblich was haben sollst, er soll sehen, daß ich ihn dafür bestrafe.« Als Mutti draußen war, versuchte ich Pappa zu erklären, daß es gar nicht so ist, wie es behauptet wurde. Aber der Versuch schlug fehl, und ich wurde von ihm nur mit einem Satz unterbrochen. »Du brauchst gar nicht anfangen zu wimmern, denn das, was du behauptet hast, ist eine riesige Schweinerei und du wirst dein Fell vollbekommen.« Dann standen auf einmal Mutti und Heinz im Aufenthaltsraum, und Pappa sagte: »Ich hoffe, du bist mir nicht böse Heinz, wegen dem, was mein Sohn behauptet hat, und du sollst sehen, daß ich ihn dafür bestrafe, und er wird sich danach bei dir entschuldigen.« Dann stand er auf und stellte sich vor mich hin. Er holte aus und schlug mir mit voller Wucht auf die Wange. Ich hatte das Gefühl, daß mir der Kopf wegfliegt. Dann schlug er noch achtmal zu, und jedesmal wenn er auf die linke Wange schlug, knallte ich mit dem Kopf gegen den Türrahmen und meinte, jetzt sei mein Schädel gespalten. Dann hörte er auf. Mir liefen nicht einmal die Tränen runter, denn ich weinte nicht, nur bei jedem Schlag ließ ich einen kleinen Aufschrei los. Darauf sagte Pappa: »Und jetzt entschuldige dich bei ihm für das, was du gesagt hast, sonst gibt es noch mal.« Ich ging zu ihm hin und entschuldigte mich bei ihm. Dabei merkte ich den süßlichen Blutgeschmack in meinem Mund. Dann trat mir Pappa noch mal in den Arsch und jagte mich davon. Ich ging ins Badezimmer. Mir tat der Kopf weh an der Stelle, mit der ich immer auf den Türrahmen schlug, das Gesicht brannte wie Feuer, und nun taten mir auch noch die Innenseiten der Wangen weh, und auch die Nase ein wenig. Im Bad schaute ich in den Spiegel und erschrak fast, als ich mich sah.

Die Wangen waren angeschwollen und knallrot, aus der Nase blutete ich, und an beiden Mundwinkeln rann ebenfalls Blut, aber nicht von der Nase, sondern aus dem Mund. Am Hinterkopf bekam ich eine Beule, die mir riesig vorkam, als ich sie abtastete, und ich dachte mir, daß die noch größer wird, was auch später der Fall war. Auf einmal fing ich dann an zu weinen, und mir kullerten die Tränen herunter. Ich stand einige Minuten vor dem Spiegel und schaute mich an. Dann wusch ich mein zerschundenes Gesicht. Ich benetzte mein Gesicht eine ganze Weile mit kaltem Wasser, und es tat mir sehr gut, denn der

Schmerz und das Brennen hörte auf. Nur die Beule am Hinterkopf und die Innenseiten der Wangen taten mir noch weh. Das Bluten aus der Nase hatte aufgehört, aber im Mund schien es immer noch zu bluten. Dann schaute ich wieder in den Spiegel. Leicht geschwollen waren die Wangen noch, aber nicht mehr so rot wie vorher. Blut war keines mehr im Gesicht, und ich sah nun wieder einigermaßen normal aus. Als ich den Mund aufmachte und die Innenseite der Wangen anschaute, sah ich, daß aus ein paar kleinen Wunden noch immer Blut floß und daß sie von den Zähnen stammten.

Dann machte ich den Medikamentenschrank auf und nahm das Fläschchen mit den Optalidontabletten heraus. Ich schluckte drei Stück und stellte sie wieder in den Schrank. Ich merkte schon, wie ich leichte Kopfschmerzen bekam, aber die mußten ja bald weggehen durch die Tabletten, dachte ich mir.

Da ich auf dem Hemd ein paar Tropfen Blut hatte, und so ja nicht vor den Gästen rumlaufen konnte, zog ich mir in meinem Zimmer ein frisches Hemd an. Dann erinnerte ich mich an meine Aufputschpillen, die ich noch im Schrank hatte. Ich kramte sie heraus und nahm auch noch zwei davon und legte sie wieder unter die Klamotten.

Dann ging ich wieder ins Lokal, um zu arbeiten. Die Stammgäste schauten mich zwar komisch an, als sie mich sahen, aber sie sagten nichts. Nach einer ganzen Weile kamen Pappa und Heinz aus dem Aufenthaltsraum und setzten sich an den Stammtisch.

Ich mußte die zwei Flaschen Bacardi holen und für Pappa und Heinz je einen machen. Als ich sie vor ihnen hinstellte, bekam ich von Pappa gleich einen Anschiß, da ich die Zitrone vergessen hatte. Zum Glück hatte ich Eiswürfel hineingetan, sonst hätte er mich auch gleich angejohlt.

Den ganzen Abend saßen Pappa und Heinz da und tranken Bacardi, und ich wurde von Pappa öfters beschimpft. Jedem neuen Gast, der hereinkam, wurde von Pappa erzählt, was ich behauptet hatte, und daß dies gar nicht stimmt, und wie er mich bestraft hatte dafür. Das fand ich so gemein und widerlich, daß ich ihm am liebsten in die Fresse gehauen hätte, wenn ich es hätte können.

Der ganze Abend war im Arsch, denn das, was Pappa erzählte, ging mir auf die Nerven. Schmerzen hatte ich keine mehr an dem Abend und ich war hellwach durch die Tabletten.

Ich stand die halbe Nacht am Fenster und rauchte. Ich hatte über Mutti, Pappa und meine Geschwister, sowie auch die Szene im Flur mit Heinz nachgedacht, aber ich kam zu keinem klaren Ergebnis, was in diesem Haus in letzter Zeit gespielt wurde oder wird.

Ein paar Tage später eröffnete Mutti uns, daß sie den Führerschein machen würde und jeden zweiten Tag Fahrschule hätte. In Wirklichkeit machte Mutti gar nicht den Führerschein, wie ich ein paar Monate später erfuhr, und was die Täuschung mit dem Führerschein bewerkstelligen sollte, werde ich später erklären.

Mutti ging also nun fast jeden zweiten oder dritten Abend zum Unterricht, auch wenn Pappa zu Hause war fuhr er sie nicht in die Fahrschule, sondern sie wurde immer abgeholt. Pappa arbeitete weiterhin beim Hoch- und Tiefbau, und jeden Mittag brachte ihm Mutti mit Inge zusammen das Essen hinaus auf die Baustelle, da Inge ja ein Auto hatte. Und jedesmal tat Mutti in Pappas Essen auch von den Tropfen hinein.

Am Abend kam dann Pappa von der Baustelle und war hundemüde und kaputt. Einmal erzählte er mir sogar, daß er auf der Baustelle im Sitzen eingeschlafen sei, so müde wäre er gewesen und er wußte nicht warum. Ich wußte es, aber sagte nichts.

Ein paar Wochen später fuhren Pappa und ich an einem Ruhetag nach Villingen, und da passierte uns etwas, was ihm und mir zu Denken gab, aber keiner von uns beiden wollte es wahrhaben.

Wir fuhren auf der Autobahn mit ziemlich hoher Geschwindigkeit auf der linken Fahrspur, und überholten einige Wagen. Dann fuhren wir wieder auf der rechten Fahrspur und immer noch mit der gleichhohen Geschwindigkeit. Vor uns tauchten zwei Autos auf, und der hintere Wagen blinkte gerade, weil er den vorderen überholen wollte. Pappa sah das und wechselte gleichzeitig mit dem überholenden Wagen die Fahrspur, da er den anderen Wagen ebenfalls überholen wollte. Wir kamen dem überholenden Wagen immer näher und Pappa wollte ein wenig abbremsen, damit er dem Wagen nicht hinten drauffuhr. Er trat auf die Bremse. Sie sprach darauf überhaupt nicht an und er trat fester drauf. Die Bremsen zeigten keinerlei Reaktion und wir waren dem überholenden Wagen ganz nahe, und es konnte nur noch wenige Augenblicke gehen, bis wir hinten auffuhren. Den andern Wagen auf der rechten Spur hatten wir schon überholt. Wir kamen dem Wagen immer näher und ich dachte, jetzt wird es gleich passieren, dann hängen wir dem anderen hinten drauf.

Pappa fing an zu hupen und zu schreien: »Du Idiot, geh auf die Seite!« Im letzten Augenblick wechselte der vordere Wagen die Fahrspur und wir fuhren an ihm vorbei. Der Fahrer zeigte uns den Vogel, und Pappa regte sich noch mehr auf. Pappa ließ den Wagen dann am Fahrbahnrand ganz ausrollen und fluchte wie ein Rohrspatz. »Wir hätten verrecken können, wegen der Scheißkiste, Himmel, Arsch und Wolkenbruch.« So fluchte er eine halbe Ewigkeit, und hielt dann einen Wagen an und bat den Fahrer, den Abschleppdienst anzurufen.

Nach einer halben Stunde kam wirklich ein Wagen vom Abschleppdienst. Man lud unseren Wagen auf die Pritsche und fuhr in die nächste Werkstatt. Dort ließen wir gleich nachschauen, was mit dem Wagen nicht in Ordnung ist. Der Monteur kam aus der Werkstatt: »Das hätten wir dann, die Bremsen sind wieder in Ordnung, und wenn sie das nächste Mal etwas am Wagen machen, bringen sie ihn lieber in die Werkstatt, zu Leuten, die etwas davon verstehen.« Pappa sah den Monteur entgeistert an und sagte: »Ich hab doch garnichts an dem Wagen gemacht, denn davon verstehe ich nichts.« »Ja, das hat man gesehen«, entgegnete ihm der Monteur. »Ja, was hat dem Wagen denn gefehlt?« »Naja, die Bremsen waren nicht in Ordnung, weil da jemand dran rumgefummelt hat, der nichts davon verstand, und so reagierten die Bremsen nur bei einer ganz minimalen Geschwindigkeit.« Dann drehte sich der Monteur rum und sagte nochmal: »Also, das nächste Mal bringen Sie den Wagen lieber gleich in die Werkstatt und basteln nicht selber daran rum, bevor etwas Ernsthaftes passiert, denn wie Sie ja schon sagten, verstehen Sie ja nichts davon!« Dann verschwand er wieder in der Werkstatt.

Es war offensichtlich, daß jemand den Wagen präpariert hatte, und damit wollte derjenige bestimmt nichts Gutes bezwecken, denn nur Pappa fuhr den Wagen, und sonst niemand. Es konnte aber keiner an den Wagen ran außer Mutti, denn sie hatte den Ersatzschlüssel, und ohne den konnte kein Mensch die Motorhaube öffnen, da sie vom Fahrersitz aus entriegelt werden mußte. Aber der Gedanke war ja absurd, denn Mutti verstand genausowenig von Autos wie ich, und sie würde auch so was nie machen, aber ich dachte mir, daß ich sie darauf mal ansprechen und ihr die ganze Geschichte erzählen würde. Pappa dachte genau dasselbe wie ich, nur sprach er es nach einer Weile aus, und ich behielt es für mich. Auf jeden Fall stand fest, daß jemand an den Bremsen rumgebastelt hatte und das war für Pappa ein Mordversuch. Die Frage blieb halt offen, wer das gemacht haben könnte.

Die Fahrt nach Villingen und der Ruhetag war natürlich für uns total versaut. Wir erledigten, was wir in Villingen zu machen hatten, und fuhren zurück nach Orsingen.

Zu Hause sagte Pappa zu Mutti gar nichts, und warum er das nicht tat, wußte ich auch nicht. Am Abend fuhren Pappa und ich nach Singen in den Wienerwald, um dort etwas zu trinken und uns mit Pappas Freunden zu unterhalten.

Am späten Abend kamen wir dann nach Hause und Mutti bebte vor Wut. Pappa ging ins Bett und Mutti nahm mich in die Mangel. »Na, haste deinem Vater wieder alles von mir erzählt, was du weißt und mich wieder anständig verkauft.« »Ich hab ihm gar nichts erzählt, und ich habe dich auch noch nie verkauft.« »Wenn du das Maul aufmachst, fängst du an zu lügen, und wenn du's zumachst, hast du gelogen.« Das ging mir auf die Nerven, und ich sagte spontan zu Mutti: »Jemand wollte uns umbringen.« »Ja, warum denn?« Die Frage kam so gleichgültig, daß sich in mir nun doch ein leiser Verdacht regte. Dann erzählte ich ihr, was auf der Autobahn passiert war. Sie war überhaupt nicht berührt davon, und mir kam der Gedanke, es war Mutti, die die Bremsen manipuliert hatte. Aber dann verwarf ich den Gedanken, denn ich wußte ja, daß sie nichts von Autos verstand, und deshalb das Ding gar nicht drehen konnte. Der Täter blieb vorläufig unermittelt und Pappa machte nicht einmal eine Anzeige bei der Polizei. Aber jedesmal, wenn er jetzt ins Auto stieg, überprüfte er den ganzen Wagen.

Nun kam mein Geburtstag und ich freute mich richtig auf den Tag. Meine Brüder wünschten mir gleich am Morgen alles Gute und so fing der Tag auch schon gut an. In der Schule wünschte mir meine Klassenlehrerin sogar alles Gute, und Sonja schenkte mir einen Schal, damit ich immer an sie denke. Zu Hause wünschte mir dann Mutti alles Gute und ich wartete schon gespannt darauf, was sie mir schenken würde. Arbeit gab es an dem Tag eine ganze Menge, und Mutti hatte mir bis zum späten Abend noch kein Geschenk überreicht. Pappa schenkte mir fünfzig Mark und sagte, ich solle mir dafür etwas Schönes kaufen, aber ich dürfte Mutti nicht sagen, daß er mir fünfzig Hebel geschenkt hatte.

An diesem Tag, also an meinem Geburtstag, bekam ich von Mutti nichts geschenkt, und ich war enttäuscht. Und wenn es nur eine Tafel Schokolade gewesen wäre, ich hätte mich bestimmt gefreut, aber ich bekam von ihr gar nichts.

Und ich dachte mir, das wirst du mir genauso bezahlen, wie die Sache mit dem Ring, und ich setzte meine Gedanken in die Tat um. Mir ging das irgendwie nach, daß ich von Mutti außer einem Haufen Arbeit gar nichts zum Geburtstag bekam. Sonja hatte mir an meinem Geburtstag etwas geschenkt, aber meine eigene Mutter nicht, das fand ich irgendwie eine Frechheit. Zu Hause wurde die Stimmung immer unerträglicher. Pappa trank mehr als je zuvor, und Mutti und Pappa stritten sich immer öfters und einmal warf ihr Pappa in einem Satz vor: »Vielleicht hast auch du die Bremsen am Auto so hergerichtet, damit ich und Fritz draufgehen.« »Aha, der also hat dir den Floh ins Ohr gesetzt, ich hätte was am Auto gemacht.« Das war ein großer

Fehler, den Pappa gemacht hatte, denn nun glaubte Mutti, ich hätte Pappa das erzählt, und dafür wollte sie sich natürlich rächen. Aber ich hatte Pappa das ja gar nicht erzählt, und Mutti versuchte nun dafür die größte Gemeinheit, die es überhaupt gibt.

Am Abend kam Pappa von der Arbeit und war nüchtern bis aufs Knochenmark. Ich machte gerade die Theke und Mutti ging mit ihm in den Aufenthaltsraum. Nach einer ganzen Weile kam dann Pappa zu mir und sagte: »Fritz, ich habe mal eine Frage an dich, und du tust sie mir ehrlich beantworten.« »Na, klar tue ich das.« »Deine Mutter hatte soeben behauptet, du hast sie bumsen wollen, aber ich kann das nicht so recht glauben.« Ich war ganz perplex, als ich das hörte, denn das war für mich die größte Lüge und Schweinerei, die ich je gehört hatte. »Nein, Pappa, das habe ich nie versucht und ich würde so etwas auch nie machen.« Ich brachte die Worte gar nicht richtig raus, denn das war alles so unglaublich für mich. »Das hatte ich mir gedacht, daß sie mich nur aufhetzen will gegen dich, weil sie denkt, du hättest mir erzählt, daß sie vielleicht das mit dem Auto gedeichselt hat.« Pappa klopfte mir auf die Schulter und sagte dann noch: »Nimm die Sache nicht zu ernst, denn das, was sie sich da jetzt geleistet hatte, ist sowieso ein Witz, und deswegen brauchst du keine Angst haben.« Ich war froh, daß mir Pappa glaubte und so etwas nicht zutraute, denn das war ja auch wirklich eine infame Lüge und nur dazu gedacht, daß Pappa mir den Frack vollhaut.

Aber ich konnte immer noch nicht verstehen, wie Mutti so etwas behaupten konnte. Für Pappa war der Fall erledigt, und ich fragte mich, was nun als nächstes von Mutti kommen würde.

Langsam zermürbten mich die ganzen Attacken von Mutti, und ich wußte weder ein noch aus.

Auch Uwe bekam einen Haufen Druck von Mutti, nur Ralf nicht und das verwunderte mich. Zum Beispiel haute Mutti Uwe einmal einen Fleischklopfer an den Kopf, nur weil er seine Arbeit nicht ganz richtig gemacht hatte. Er blutete am Kopf und Mutti kam zu mir und sagte nur: »Geh in die Küche und verarzte deinen Bruder.« Uwe stand am Herd und hielt sich den Kopf, und ich sah, daß seine Hände blutig waren. Ich ging mit ihm ins Bad und wusch ihm die Wunde aus. Dann tat ich etwas Jod darüber, wobei er zusammenzuckte, und ging mit ihm zum Arzt. Der stellte fest, daß es nicht so schlimm sei, und versorgte die Wunde anständig.

Bei mir ist es nicht anders gewesen. Wir hatten einen Gast vom Hoch- und Tiefbau, zu dem jeder Kleiner sagte, anstatt Freddy, wie er richtig hieß, und ich ebenfalls, da er mir es angeboten hatte. Ich war mit vielen Gästen per Du und ich kannte sie ja auch schon eine ganze Weile.

Eines Mittags saßen die Leute am Stammtisch und auch Freddy und alle waren schon ziemlich angesoffen, denn es war ein Sonntag und sie waren schon den ganzen Morgen da. Als Freddy sein Bier leer hatte, fragte ich ihn: »Du, Kleiner, kriegst du noch ein Bier?« »Na klar, muß ich denn immer noch bestellen, wenn ich das Glas leer habe?« Er muß dann irgendetwas zu Mutti gesagt haben, die ebenfalls am Stammtisch saß.

Mutti holte mich in die Küche, schloß die Tür hinter mir und da war für mich der Teufel los. Sie haute mir links und rechts ins Gesicht, und als ihr die Hände weh taten, griff sie nach einer Schaumkelle und schlug sie mir um die Ohren und auf den Kopf. Mir rann das Blut aus der Nase und aus der aufgeplatzten Lippe, und ich war fast soweit, zurückzuschlagen, als sie plötzlich aufhörte und mir dafür noch kurz in die Eier trat, was höllisch schmerzte. Ich sank in die Knie und wimmerte vor mich hin und hörte sie sagen: »So, das war dafür, daß du zu Freddy Kleiner gesagt hast, du kannst doch nicht einfach unsere Gäste beleidigen, und jetzt entschuldigst du dich bei ihm.« Dann ging sie, und ich stand auf und wußte nicht, wohin ich meine Hände pressen sollte, denn mir tat es an so vielen Stellen auf einmal weh. So wie ich aussah ging ich ein paar Minuten später, als ich mich erholt hatte, direkt an den Stammtisch und entschuldigte mich bei Freddy. Alle sahen mich ganz sprachlos an, und Freddy wußte nicht, was er sagen sollte. Dann herrschte mich auch Mutti gleich an. »Geh ins Bad und wasch dich, du kannst doch nicht so hier rumrennen. Und mach ein bißchen dalli, sonst kriegst du gleich noch mal eine Tracht. Nur damit wir uns verstanden haben.«

Im Bad richtete ich mich her und futterte gleich zwei Optalidondragees gegen meine Schmerzen. Mann, da hatte mich meine Mutter ganz schön zugerichtet. Die Lippen waren aufgeplatzt, ein Veilchen würde ich auch bekommen, wie ich feststellte, einige Schrammen hatte ich noch im Gesicht, aber die Schmerzen im Unterleib waren nicht mehr so schlimm, sie ließen schnell nach, aber mir war ein bißchen übel. Dann cremte ich mir das Gesicht noch ein und machte ein wenig Puder drüber, daß man die Schrammen nicht so sah. Dann ging ich wieder ins Lokal an meine Arbeit und stellte fest, daß Freddy gegangen war. Er ließ sich den ganzen Tag nicht mehr blicken.

Am nächsten Tag tauchte er aber abends wieder auf und kam zu mir und sagte: »Du, es tut mir leid, was da gestern passiert ist, ich wollte nicht, daß du wegen mir so einen Ärger bekommst und ich hab auch nichts dagegen, wenn du zu mir Kleiner sagst, das war im Suff und völlig unbeabsichtigt. Nimmst du meine Entschuldigung an?« Mir schossen die Tränen in die Augen, und ich wußte nicht einmal warum. Aber ich brachte dann doch hervor: »Ist ja nicht so schlimm, und deine Entschuldigung nehme ich an.« Er freute sich wie ein kleines Kind, daß ich ihm das nicht nachtrug, und dann redeten wir noch eine ganze Weile miteinander. Aber meine Veilchen hatte ich wieder einmal gekriegt, wie vorhergesehen, und ich hatte sie wie immer überschminkt, damit es nicht ganz so auffiel.

Ärger war also genug, denn Mutti versuchte, mich oft bei Pappa anzuschwärzen, was ihr auch ein paarmal gelang, und ich von Pappa entweder gewaltig zusammengeschissen wurde oder auch mal eine auf die Ohren bekam. Sie merkte nicht, daß sie sich langsam zu meinem Feind machte und Pappa genauso.

Aber ich hielt trotzdem noch mehr zu Mutti als zu Pappa, da sie mir leid tat, wenn sie mit Pappa stritt, und ab und zu sogar auch mal eine Ohrfeige bekam, und das fand ich von Pappa fies.

So zum Beispiel kam Pappa des Abends um elf, halb zwölf

nach Hause, dann stellte er sich an die Theke und trank noch ein paar Asbach, und obwohl er besoffen war, hörte er nicht auf zu saufen, im Gegenteil, er kippte sich immer mehr von dem Zeug rein. Wenn dann das Lokal leer war, ging der Streit los. Ralf, Uwe und Daniela waren schon zu Bett gegangen. Pappa ging in die Küche und in den Aufenthaltsraum. Dort stellte er fest, daß alles dreckig war und nicht aufgeräumt. So holte er Ralf und Uwe aus dem Bett, mich holte er in die Küche und auch Mutti. Dann befahl er uns, die Küche zu putzen von oben bis unten, und er stand daneben und beschimpfte uns alle mit Schweine, Drecksäue und noch mehr Wörtern aus seinem Wortschatz, der unerschöpflich war.

Und den ganzen Dreck mitten in der Nacht, als wenn wir am Tag nicht auch alles putzen könnten. Dann befahl er Mutti, ihm einen Cognac zu holen, und das auch noch pur. Mutti ging an die Theke und kam zurück mit einem Cognacschwenker, der bis zum Rand gefüllt war, und reichte ihn ihm und sagte: »Hier, sauf dir damit den Rest von deinem Verstand auch noch ab.« Pappa reagierte darauf extrem und haute ihr das Glas aus der Hand und schmierte ihr eine, und dann befahl er ihr, sie solle ihm einen neuen Cognac bringen, und wenn sie es nicht richtig mache, dann würde er ihr das Glas ins Gesicht drücken. Und das soll ja überhaupt nicht gesund sein, und das schien Mutti auch zu wissen, denn sie brachte ihm diesmal einen Schwenker, der normal gefüllt war. Ab und zu bekamen wir noch einen Tritt in den Arsch, wenn Pappa an unserer Putzerei etwas zu beanstanden hatte. Als wir dann gegen drei oder vier Uhr morgens die Küche auf Hochglanz gebracht hatten, und Pappa nichts mehr beanstandete, durften wir endlich ins Bett gehen und schlafen.

Solche Sachen kamen nun öfters vor und dabei tat mir Mutti immer leid, aber ich sagte es ihr nicht, denn sie glaubte ja immer, daß ich zu Pappa halten würde. Trotzdem war sie auch irgendwie mein Feind, denn wegen ihr habe ich ja schon einen Haufen Ärger bekommen.

Eines Morgens in der Schule bekam ich Streit mit einem Klassenkameraden. Der Streit hatte sich aus Lappalien entwikkelt, und da er mich mit Schimpfwörtern belegte und genauso ich ihn, hob er die Hand gegen mich zum Schlag. Als ich das sah, schalteten sich bei mir alle Lampen auf rot, und ich haute ihm zwei gewaltige Fausthiebe ins Gesicht. Ich weiß nicht, was ich dabei dachte und fühlte, ich glaube, es war eine Kurzschlußreaktion. Er lag am Boden und wimmerte. Ich hörte nach diesen zwei furchtbaren Schlägen auf draufzuhauen, und ich schämte mich sogar ein wenig wegen der Schläge, die ich ihm verabreicht hatte, auch wenn die ganze Klasse mir deswegen zujubelte. Während der ganzen Unterrichtsstunde grübelte ich dann nach, wie ich das bei Martin, so hieß mein Schulkamerad, wieder gut machen könnte. Nach der Schule ging ich dann zu ihm hin und sagte: »Du Martin, ich möchte mich bei dir entschuldigen für das, was da vorgekommen ist.« »Das ist doch nicht so schlimm, wenn du nicht so blitzartig draufgehauen hättest, hätte ich bestimmt draufgehauen, und in gewisser Hinsicht war es auch meine Schuld, denn ich hätte die Hand nicht heben sollen.« Mann, ich war richtig froh, daß er meine Entschuldigung angenommen hatte, und Sonja, die danebenstand, freute sich anscheinend ebenfalls darüber, denn sie zwinkerte mir mit einem Auge zu.

Nach Hause ging ich nach der Schule nur ungern, denn mich kotzte die Arbeit und die Stimmung zu Hause an. Ich wußte irgendwie nicht mehr genau, was ich von Pappa oder Mutti halten sollte, denn jeder von beiden trug seinen Teil dazu bei, daß ich sie nicht direkt gern hatte, sondern nur als meine Eltern duldete und nicht liebte und ehrte, so wie es sein sollte und in der Bibel stand.

Ralf und ich gingen ja seit langem schon in den Konfirmationsunterricht nach Eigeltingen. Eine hübsche Pfarrerin gab uns Unterricht, und sie war auch sehr nett und verständnisvoll.

Ich hatte sie sehr gerne und bin auch gut mit ihr ausgekommen. Ich muß sogar zugeben, daß ich ein wenig in sie verknallt war, aber für mich war sie natürlich unerreichbar.

Zu Hause wurde nun die Hektik immer schlimmer. Pappa erwischte Mutti mit einem Typ und das hatte für Mutti verheerende Folgen. Pappa hatte sie des Mittags erwischt, wie sie sich einen Kuß gaben und das war ihm natürlich zuviel. Er setzte sich in sein Auto und fuhr einfach weg. Sehr spät des Abends kam er erst wieder nach Hause und natürlich, so wie es jeder erwartet hatte, stinkbesoffen. Er war sogar freundlich, aber der Schein trog. Als das Lokal leer war und nur noch der Typ da war, mit dem Mutti rumpoussiert hatte, ging der Tanz los. Pappa machte sich etwas zu trinken, und als der Typ mich aufforderte, ihm ebenfalls etwas zu trinken zu machen, schrie Pappa: »Nein, du kriegst bei mir vorläufig nichts zu saufen, erst unterhalten wir uns ein bißchen miteinander. Wir werden erst mal klare Verhältnisse schaffen.« Dann befahl er Mutti: »Du gehst jetzt hoch ins Bett, dazu brauche ich dich nicht.« »Nein ich bleibe hier, du willst ihn ja nur zusammenschlagen, so wie es ja deine Art ist.« »Ich sage dir das letzte Mal, du sollst nach oben gehen, und treibs nicht auf die Spitze, sonst reißt mir gleich der Geduldsfaden.« Ich stand da und war sprachlos. Es war klar, daß Pappa den Typ vertrimmen wollte, und er war gegen Pappa nur ein halbes Hemd. Dann kam mir eine Idee. Ich ging an den Haupteingang und steckte den Schlüssel in die Tür und drehte ihn einmal um. Nun war die Tür aufgeschlossen und wenn der Typ wollte, konnte er nun die Flucht ergreifen, denn er hatte ja gesehen, daß ich die Tür aufgeschlossen hatte. Pappa war immer noch mit Mutti am Streiten, denn sie wollte nicht nach oben ins Schlafzimmer. Der Typ ergriff seine Chance und verschwand lautlos.

Warum ich die Tür aufgeschlossen hatte, wußte ich nicht, und ich weiß es auch heute noch nicht, womöglich, um dem Typ eine Chance zu geben.

Pappa und Mutti hatten noch nicht gemerkt, daß der Typ verschwunden war. Dann schrie Pappa wieder zu Mutti: »Wenn du jetzt nicht gleich oben bist, dann schleif ich dich an den Haaren hoch, du dreckiges Miststück.« »Ich geh nicht hoch, da kannst du dich vorher auf den Kopf stellen und mit dem Arsch Fliegen fangen. Da läuft nichts, hast du verstanden?« Pappa schien es zu bunt zu werden. Er holte mit der flachen Hand aus und schlug Mutti eine auf die Wange. Sie flog auf die Treppe, weil sie das Gleichgewicht verloren hatte. »Nun, gehst du jetzt hoch?« »Nein, du elendes Dreckstück.« Wenn Mutti gewußt hätte, daß ihr Typ schon weg war, wäre sie bestimmt hochgegangen ins Schlafzimmer. Ich stand da und verfolgte die Szene ganz genau, aber ich mischte mich nicht ein, weil ich Schiß hatte, von Pappa auch Schläge zu bekommen, und so siegte eben mal wieder die Feigheit über mich.

Da Mutti trotz der gewaltigen Ohrfeige nicht nach oben ging, und nun Pappa anscheinend wirklich der Geduldsfaden riß, ging er hin und packte Mutti an den Haaren. Dann zog er sie brutal und kaltschnäuzig die Treppe hoch. Mutti schrie vor Schmerzen, aber Pappa griff nur noch fester in ihre Haare und zog sie erbarmungslos die Treppe hoch, wie einen Sack Kartoffeln. Mutti stand auch nicht auf, sie machte nicht mal einen Versuch dazu, sondern ließ sich wie ein Stück Abfall die Treppe hochziehen. Das einzige, was sie dagegen tat, war schreien.

Dann hatte Pappa sie die Treppe oben und sie waren aus meinem Blickwinkel. Pappa schrie Mutti an und dann folgten noch ein paar dumpfe Schläge, und ich wußte, daß nun Mutti eine Abreibung kriegte. Sie tat mir wahnsinnig leid, und gleichzeitig hatte ich Angst, daß auch ich nun von Pappa eine Abreibung kriegen würde, weil ich den Typ rausgelassen hatte. Denn Pappa hatte ja die Tür selber abgeschlossen. Vor lauter Angst griff ich mir an der Theke das kleine Messer, das wir zum Zitronenschneiden dort liegen hatten. Es war spitz und scharf. Ich war entschlossen zuzustechen, wenn Pappa mich anlangen würde, denn ich konnte ja nichts dafür, daß Mutti fremd ging, und so brutal wie er heute war, wollte ich ihm nicht in die Finger geraten. Das Messer steckte ich in die hintere Hosentasche, nur ein Stück vom Griff schaute heraus.

Dann kam Pappa die Treppe herunter, und es war merkwürdig still im Haus. Mir zitterten vor Angst die Knie.

Dann stand er vor mir, und ich wußte nicht, was ich machen sollte. Ich griff ganz langsam nach hinten ans Messer, und die Berührung mit dem Ding gab mir irgendwie Mut, und ich sagte zu Pappa: »Der Typ ist auf und davon.« »Wie ist er denn rausgekommen?« »Du hattest den Schlüssel in der Tür stecken lassen.« Er schaute auf die Eingangstüre, und da steckte wirklich der Schlüsselbund, nur hatte er ihn nicht vergessen, sondern ich.»Verdammte Scheiße, jetzt wollte ich den ein bißchen in die Mangel nehmen!« Er glaubte also wirklich, daß er selber den Schlüssel hatte stecken lassen, und nicht, daß ich den Typ rausgelassen hatte. »Naja, der wird wahrscheinlich Angst gehabt haben. Ich erwisch ihn schon noch.« Dann machte er sich einen großen Cognac und leerte ihn in einem Zug herunter, und kurz drauf noch einen zweiten. Dann sagte er zu mir: »Mach die Kneipe dicht und räume sie anständig auf und geh ins Bett.« Er drehte sich dann um und ging nach oben ins Schlafzimmer zu Mutti. Als er weg war, verließ mich das Gefühl der Angst und ich atmete erleichtert auf. Ich wußte, daß er nun nicht mehr runterkommen würde und ich war froh darüber. Dann zog ich das Messer aus der Hosentasche und legte es an seinen Platz. Der Gedanke erschreckte mich, daß ich bereit war, meinen eigenen Vater zu erstechen, wenn er mich angerührt hätte. Ich steckte mir eine Zigarette an und stellte fest, daß meine Hände zitterten.

Ich schloß die Tür ab, dann setzte ich mich auf die Theke und griff in die Kühlbox und holte die Jägermeister-Flasche heraus. Ich setzte sie an die Lippen und nahm einen kräftigen Schluck. Da mußte ich erst mal husten. Aber es tat mir irgendwie gut und ich nahm noch einen Schluck. Die Sorgen und alles andere rückte langsam in die Ferne und sie waren leicht zu ertragen. Sie berührten mich kaum noch. In meinem Halbrausch machte ich routinemäßig das Lokal fertig, dann nahm ich noch einen anständigen Schluck aus der Flasche. Ich ging hoch in mein Zimmer und setzte mich an das offene Fenster. Nichts berührte mich mehr groß und ich saß da und schaute in den Sternenhimmel. Die ganze Welt konnte mich in diesem Augenblick am Arsch lecken. Als ich aufwachte, hatte ich ein wahnsinniges Schädelbrummen und als ich auf die Uhr schaute, stellte ich fest, daß ich verschlafen hatte.

Ich stand auf und schaute in jedes Zimmer. Ralf, Uwe und Daniela schliefen noch. Mutti lag auch noch im Bett und schlief, aber Pappa war verschwunden. Im Bad wusch ich mich dann und zog mich an. Im Haus schaute ich in jeden Raum, aber ich konnte Pappa nirgendwo finden, er hatte das Haus also schon verlassen. Nun weckte ich Ralf, Uwe und Daniela. Uwe und Daniela schickte ich in die Schule, aber für Ralf und mich war es schon zu spät und so blieben wir zu Hause. Ich machte das Lokal auf und es dauerte nicht lange, da war der Typ, wegen dem der ganze Krach war, auch schon da. Mir brummte noch immer der Schädel und nur sein Anblick ließ in mir eine Art Ekel aufsteigen. Er fragte mich: »Wo ist deine Mutter, und wie geht es ihr?« »Sie ist im Schlafzimmer und schläft noch.« »Wo ist das Schlafzimmer.« »Oben rechts die erste Tür, aber da können Sie nicht rein.« »Dann sag ihr, daß ich da bin und sie sprechen möchte.« »Ja, das kann ich machen.« Ich ging also die Treppe hoch und als erstes ins Bad. Dort nahm ich für meine Kopfschmerzen zwei Optalidon, dann ging ich ins Schlafzimmer. Mutti saß im Bett und schaute in einen kleinen Handspiegel. Sie sah verheerend aus. Die Wange war leicht blau angelaufen, die Haare total verzaust, ihr Gesicht war grimmig und über der Stirn hatte sie eine Schramme. Ich war erschrocken, als ich das sah, sagte aber nichts. Sie schaute mich an und fragte: »Was ist los?« »Da ist der von gestern Abend unten, der will dich sprechen.« »Schick ihn zu mir rauf.« »Du kannst den doch nicht ins Schlafzimmer lassen.« »Wenn ich dir sage, du sollst ihn raufschicken, dann tu das auch, bevor ich unangenehm werde.« Ich drehte mich um und ging wieder runter. Ich sagte dem Heini: »Du sollst hochkommen, in ihr Schlafzimmer, erste Tür rechts.« Dann war er blitzschnell verschwunden. Ich machte mir natürlich meine Gedanken. Sie kann doch den Typ nicht einfach in ihr Schlafzimmer reinlassen. Die werden doch da oben wohl jetzt keine Nummer schieben wollen, nachdem, was passiert ist gestern Abend.

Er blieb fast eine dreiviertel Stunde oben in Muttis Schlafzimmer, aber ich ging nicht hoch, um zu schauen, was dort oben los war. Dann kam er runter, trank in aller Eile einen Gedoppten, und das am hellichten Morgen, und verschwand wieder. Ungefähr eine halbe Stunde später kam auch Mutti die Treppe herunter. Sie hatte sich zurechtgemacht und man sah fast keine Spuren mehr von dem gestrigen Abend, so gut hatte sie sich geschminkt. Sie setzte sich an den Stammtisch und trank einen starken Kaffee, und das war ihr ganzes Frühstück. Später kamen drei Typen vom Hoch- und Tiefbau. Auch der Typ, mit dem Mutti was haben soll, war dabei. Sie sprachen eine ganze Weile miteinander, dann verdufteten sie wieder.

Am Mittag, als der Stammtisch ziemlich belegt war und Mutti bei den Gästen saß, verzapfte sie natürlich die größte Story, daß nämlich Pappa sie hätte umbringen wollen, eine ganze Hand voll Haare habe er ihr ausgerissen, geschlagen bis das Blut spritzte und zum Schluß hätte er sie noch vergewaltigt. Das war genug Stoff für das ganze Dorf, und würde eine ganze Woche halten. Ich sagte nichts, in solche Sachen mischte man sich am besten gar nicht ein, denn wenn man dann etwas Falsches sagt, ist man hinterher nur der Dumme. In der Küche erzählte sie Ralf und Uwe ebenfalls die Story und als sie dann sagte, Pappa hätte sie umbringen wollen, mußte Uwe lachen. Da Mutti das merkte und es gar nicht witzig fand, bekam Uwe gleich ein paar gewaltige Ohrfeigen von ihr.

Der Tag verging schnell, Mutti wurde an allen Ecken und Enden bedauert, und das ging mir also langsam echt auf die Nerven.

Am Abend kam dann Pappa nach Hause. Er war sauber angezogen, also war er heute nicht arbeiten. Er ging zu Mutti und sagte nur: »Ich gehe jetzt zum Festzelt.« Da es nicht weit war, ließ er den Wagen stehen und ging zu Fuß. Wir hatten an diesem Tag früh Feierabend, denn heute war Tanz und weiß Gott, was noch alles auf dem Festplatz, und die meisten Leute saßen dort. Mutti hatte schon einigen Alkohol intus als wir schlossen, aber sie war nicht besoffen oder angeheitert, denn sie war es ja gewohnt zu trinken. Sie nahm ihren Schlüsselbund und hielt den Ersatzschlüssel von Pappas Mercedes zwischen Zeigefinger und Daumen. »Ich werde jetzt mit dem Mercedes eine Runde fahren«, sagte sie zu mir. »Du hast doch gar keinen Führerschein.« »Das ist doch egal, du kannst ja mitgehen, wenn du willst.« »Okay, ich geh mit.« Ich weiß nicht, warum ich da mitging. Wir setzten uns in das Auto, und Mutti probierte erst mal alles aus. Dann steckte sie den Schlüssel ins Schloß und startete den Wagen. Wir fuhren tatsächlich einmal um Orsingen, aber das zu beschreiben, wäre reinste Idiotie. Auf jeden Fall wären wir als die chaotischsten Autofahrer des Jahres verhaftet worden, wenn das die Polizei gesehen hätte! Ich war richtig froh, als der Wagen wieder vor unserem Gasthaus stand. Als wir wieder im Haus waren, zog sich Mutti um, schnappte Schlüssel und Geldbeutel und sagte: »Jetzt geh ich auf den Festplatz und sag dem Alten, daß ich mit seinem Wagen gefahren bin.« »Mutti, laß das doch sein. Das gibt nur wieder Ärger, und dabei wirst du wie immer schlecht abschneiden.« »Diesmal werde ich nicht schlecht abschneiden, darauf kannst du dich verlassen.« Darauf ging auch schon die Tür hinter ihr zu, und ich wußte, daß es nur wieder Ärger geben würde.

Ich saß mit Ralf und Uwe vor dem Fernseher und wartete auf das kommende Donnerwetter.

Ungefähr eine Stunde, nachdem Mutti das Haus verlassen hatte, war der erwartete Krawall auch schon da.

Die Haustür flog auf, Mutti, Pappa, Hannes und Inge stürmten regelrecht herein, mit einem mordsmäßigen Krach. Pappa schrie am meisten, und mit dem, was er sagte, meinte er Mutti: »Du dreckige, elende Pipelinehure. Was fällt dir eigentlich ein? Ich laß mich von dir doch nicht provozieren, und mit dem Wagen bist du auch gefahren, und das noch ohne Deckel.« »Das kann dir Dreckstück doch egal sein mit wem ich tanze, und ob ich ohne Führerschein fahre.« »Aber nicht mit meinem Wagen, und außerdem hast du den Kerl ja fast auf der Tanzfläche gebumst, du dreckige Schlampe.« »Und ich sage dir, daß du keine Rechte auf mich hast, genausowenig wie auf die Kinder, denn wir sind geschieden und du hast kein Sorgerecht. Und außerdem geht es dich einen Scheiß an, mit wem ich ins Bett gehe. Und wenn die Kinder dadurch einen neuen Vater bekommen, geht es dich ebenfalls nichts an.« Pappa holte aus und schlug Mutti ins Gesicht. Mutti schaute Pappa ganz entgeistert an, und Pappa sagte: »Wenn du die Kinder ins Unglück stürzt, dann schlage ich dich tot, du verdammte Hure.« Und dann schlug Pappa noch mal Mutti ins Gesicht. Mutti riß dann die Haustüre auf und rannte hinaus. »Die wird schon wieder kommen, spätestens in zehn Minuten.« Das war aber nicht der Fall, denn nach einer Viertelstunde war sie immer noch nicht da, und Ralf und ich gingen auf die Suche nach ihr. Wir fuhren mit den Fahrrädern die ganze Gegend ab, bis nachts um zwei Uhr. Über jeden Feldweg, jede befahr- und begehbare Straße, aber ohne Erfolg. Wir fuhren dann mit der Hoffnung nach Hause, daß sie schon wieder zurück war. Dies war aber nicht der Fall, sie war wie vom Erdboden verschluckt und das wollte mir nicht in den Kopf gehen.

Pappa war schon im Bett als wir zu Hause ankamen, wie wenn ihn die ganze Sache nicht interessierte. Ich setzte mich dann mit Ralf in den Aufenthaltsraum und wir überlegten krampfhaft, wohin sie gegangen sein könnte. Ich war reif für eine Zigarette, so nervös war ich, und ich steckte mir vor Ralf eine an. Mir war es nun scheißegal, ob das jemand mitbekommen würde. Ralf schaute mich zwar erstaunt an, aber er sagte nichts, und ich war auch froh darüber, denn ich war kurz vorm Überschnappen. Mir kamen Gedanken, zum Beispiel, daß Mutti vielleicht nicht wiederkommen würde, aber sie kann uns ja nicht wie ein Stück Dreck wegwerfen, denn sie hat das Sorgerecht für uns, und wo sollen wir denn hin? Es ist ja noch Pappa da, aber der hat ja kein Sorgerecht und außerdem ist er sowieso immer besoffen. Aber dann beruhigten wir uns mit dem Gedanken, daß sie schon zurückkommen würde.

Wir saßen die ganze Zeit da und sind sogar in den Sesseln eingeschlafen, denn als wir morgens aufwachten, saß Ralf zusammengerollt auf dem Sessel und schlief noch und ich selbst wachte auch im Sessel auf. Ich weckte Ralf und dann schauten wir, ob Mutti nach Hause gekommen war, während wir schliefen. Sie war nicht da und eine wahnsinnige Enttäuschung überfiel mich. Pappa stand nun auch auf und tat, als wenn nichts passiert sei. Er trank einen Kaffee und ging in seinem besten

Anzug aus dem Haus. Am Nachmittag kam dann Pappa wieder nach Hause mit Oma und Opa. Sie packten Pappas Kleider zusammen und alles, was Pappa mitnehmen wollte.

Oma fing an zu weinen, als sie den ganzen Dreckstall sah, der im Hause herrschte. Pappa sagte uns dann allen auf Wiedersehen und meinte, daß Mutti bald wiederkommen würde. Dann fuhren sie weg. Ich hatte noch einen Haufen Arbeit an diesem Tag, aber ich brachte alles ordnungsgemäß zusammen, und ich dachte nur immer, wann kommt Mutti nach Hause. Sie kam nicht. Weder ein Anruf oder sonst etwas von ihr. Auf uns paßten nun diese Inge und der Hannes auf, die für mich nicht gerade vertrauenswürdige Personen waren.

Am nächsten Tag gingen Ralf und ich durchs Dorf, und fragten herum, ob jemand vielleicht unsere Mutter gesehen hatte. Es hatte sie niemand gesehen und wir hatten auch nichts anderes erwartet. Mit Ralf hatte ich nun ein Gespräch, das sehr aufschlußreich für mich war.

Er erzählte mir, daß er Mutti und einen von dem Hoch- und Tiefbau erwischt hatte, wie sie im Auto rumknutschten. Mutti hatte es gemerkt und ihn verpflichtet, niemandem etwas zu sagen.

Er erzählte mir auch, daß der Typ, mit dem sie es trieb, schon eine Ewigkeit Muttis heimlicher Gefährte sei. Sie ging mit ihm schon damals, als ich mit Ralf darüber sprach, ob Mutti fremdging. Sie ging fremd, und ich hatte die Schläge damals umsonst kassiert, nur weil sie die ganze Sache vertuschen wollte. Sie hatte die Absicht, mich bei Pappa so schlecht zu machen, weil sie dachte, daß ich zu Pappa halte, und wenn ich mal etwas mitkriegen würde, daß ich vor lauter Angst nicht die Schnauze aufmachen täte. Sie hatte auch nicht eine einzige Fahrstunde genommen in der Fahrschule, das war nur als Ausrede, damit sie mit ihrem Typ, der Heinz hieß, zusammen sein konnte. Das Geld damals aus dem Sparbuch hatte Mutti mir ebenfalls geklaut, denn sie hatte es Ralf gesagt. Ralf hatte deshalb nur so wenig Schläge bekommen, weil er von Muttis Machenschaften wußte.

Aber dafür hatten Uwe und ich eine ganze Menge mehr bekommen, und Pappa war zum großen Teil nur ihr Werkzeug. Er bekam angeblich auch etwas für das, daß er mich ausspielte bei Mutti, indem er ihr alles erzählte, was ich sagte und tat, wovon sie nicht wußte.

Das also hatte Mutti alles gemacht, und nun wußte ich auch, wer damals an den Bremsen rumgemacht hatte. Es war Heinz, Muttis heimlicher Freund, und er holte von ihr den Schlüssel für den Wagen, denn dieser Heinz verstand etwas von Autos, ich hatte schon gesehen, wie er seinen Wagen selbst reparierte. Also hatte man versucht, Pappa umzubringen, und wenn das geklappt hätte, wäre ich mitgestorben.

Ralf erzählte mir die ganze Geschichte, und nun wußte ich, daß ich praktisch nur existierte, weil ich zufällig auf die Welt gekommen bin, und Mutti hatte mich, Uwe, Ralf und Daniela niemals richtig geliebt, wenn überhaupt, so wie eine Mutter ihre Kinder normalerweise liebt. Wir waren nur für die Arbeit da. Man hat uns beklaut, geschlagen und gegeneinander ausgespielt und zuletzt weggeworfen wie ein Stück Dreck, das man nicht gebrauchen kann.

In mir brach eine Welt zusammen. Aber zum Glück waren wir Geschwister ja noch zusammen, und ich war Ralf nicht einmal böse für das, was er getan hat. Es waren meine Geschwister und sie werden es für mich auch immer bleiben.

Mutti kam auch die nächsten Tage nicht nach Hause, nur ihr Typ, der Heinz, kam einmal und holte ihre Kleider ab. Dabei erfuhr ich, daß Mutti ihre Flucht schon geplant hatte, aber auch das nur durch Zufall, da ich Inge und Heinz heimlich zuhörte, wie sie miteinander sprachen. Dadurch erfuhr ich auch, daß sie nicht mehr zurückkommen wollte, und Inge nun alle Vollmachten über uns hätte, und daß Mutti sich deswegen noch bei Inge melden würde.

Daniela weinte nun öfters, da sie Mutti vermißte, und ich hatte sie dann auf meinem Schoß sitzen und mußte sie trösten. Es zerriß mir manchmal das Herz, wenn ich den kleinen schluchzenden Körper auf dem Schoß hatte und meine kleine Schwester trösten mußte. Sie klammerte sich dann meistens an mir fest, und ich war für sie praktisch eine Ersatzmutter.

Uns Geschwister verband nun ein Band, das man fast nicht zerreißen konnte, allerhöchstens zerschneiden, und das wäre furchtbar gewesen. Ja, ich hatte meine Schwester trockengelegt und auch zum Teil aufgezogen, und ich hing an ihr und sie an mir. Ich brachte sie nun jeden Abend zu Bett und wartete bis sie eingeschlafen war, denn sie hatte Angst, daß ich eines Morgens vielleicht auch nicht mehr da sein könnte. Nach fast einem Monat war Mutti immer noch nicht da, und das einzige, was ich von ihr wußte, war, daß sie vier oder fünfmal mit Inge telefoniert hatte und daß es ihr gut ging.

Ralf, Uwe und ich ließen uns nicht viel von Inge sagen, denn sie war eine Schlampe und eine Säuferin noch dazu. Sie vögelte nur mit ihrem Hannes rum und machte was sie wollte, denn sie war ja nun die Chefin im Hause, wie sie sagte. Aber wir akzeptierten sie nicht als Chefin, und als sie einmal Hand an Ralf legen wollte, war der Ofen ganz aus und sie wurde nur noch geduldet.

Eines Tages kam vom Jugendamt Konstanz ein Mann mit Namen Hinck. Er sprach mit Inge, und dann erzählte er meinen drei kleineren Geschwistern, daß sie ins Heim kommen sollten. Als ich das hörte, traf mich der Schlag, und ich wußte nicht, was ich dagegen tun konnte. Ich sollte bei Inge bleiben, sagte er. Dann fuhr er mit meinen drei Geschwistern fort, um das Heim anzuschauen. Am späten Nachmittag kamen sie wieder. Ralf und Uwe packten ihre Klamotten zusammen, auch die von Daniela. Ich selbst war nicht fähig dazu, sondern schaute nur entgeistert zu. Daniela kam und ich nahm sie in den Arm. Ich wäre am liebsten mit Daniela getürmt, aber das ging ja nicht. Als alles zusammengepackt und im Auto verstaut war, verabschiedeten sich meine Geschwister von mir. Daniela hatte Tränen in den Augen, genauso wie ich. Dann stiegen sie alle ins Auto und fuhren in das Kinderheim. Daniela winkte noch, und ich winkte zurück. Am liebsten wäre ich dem Wagen nachgelaufen, aber das Heim nahm ja nur Kinder auf und keine Jugendlichen wie mich, und deshalb sollte ich bei Inge bleiben. Als der Wagen außer Sicht war, rannte ich in den Aufenthaltsraum, warf mich auf das Sofa und weinte, weinte, weinte. Ich weiß nicht wie lange ich geweint hatte, aber es muß schon eine ganze Weile gewesen sein. Als ich aufstand, fühlte ich mich beschissen. Innerlich war ich total aufgewühlt. In meinem Hirn waren nur noch meine Geschwister, und ich hätte am liebsten in diesem Moment meinen Vater sowohl wie meine Mutter erschossen, wenn ich eine Pistole gehabt hätte.

An diesem Abend war ich stinkbesoffen, und je mehr Alkohol ich intus hatte, desto besser fühlte ich mich und ließ sich die ganze Scheiße ertragen.

Stinkbesoffen schlief ich an diesem Tag ein, und ich glaube, neben mir hätten Kanonen abgefeuert werden können und ich wäre nicht aufgewacht. Am nächsten Morgen hatte ich Kopfschmerzen, und die ganze Scheiße, die passiert war, kam mir gleich wieder ins Bewußtsein. Als erstes nahm ich zwei Pillen gegen meine Kopfschmerzen. Als ich dann mal einen Blick auf die Uhr warf, stellte ich fest, daß ich den ganzen Morgen über geschlafen hatte.

Dann half ich ein wenig im Geschäft. Ich hatte keine Lust zum Arbeiten und machte nur das Notwendigste. Gegen Nachmittag rief ich dann Oma an und erzählte ihr alles, was passiert war. Ich hatte sie schon ein paarmal angerufen, seit Mutti weg war, denn sie bat mich darum, damit sie, und wahrscheinlich auch Pappa, auf dem laufenden blieb.

Am Abend fing ich dann wieder an zu trinken, und ich war auch an diesem Tag wieder besoffen.

Fast jeden Tag flatterten Rechnungen ins Haus. Vom Bierlieferant und vom Metzger kamen riesige Rechnungen, Mutti hatte nicht eine einzige davon bezahlt in den letzten Monaten. Es waren einige Tausend Mark, die da zusammenkamen, und ich fragte mich, wo Mutti denn das Geld gelassen hatte, das wir das ganze letzte Jahr über verdient hatten.

An einem schönen Tag stand schließlich der Gerichtsvollzieher im Haus und pfändete alles, was er in die Finger bekam. An jeder Maschine hing ein Pfandsiegel, der sogenannte Kuckuck. Als der Gerichtsvollzieher fertig war, sagte ich zu ihm: »Im Keller sind noch ein paar Kohlen, auf die sie noch keinen Kuckuck geklebt haben.« »Junge, werd bloß nicht frech, ich mach doch auch nur meinen Job.« Das klang fast wie eine Entschuldigung, und ich ließ den Gerichtsvollzieher seiner Wege gehen.

In den folgenden Tagen war ich nur noch besoffen. Schon am frühen Morgen hing ich an der Flasche, und als ich erfuhr, daß ich mit Inge nach Dortmund ziehen sollte, war ich schon am Morgen voll.

Dann rief eines Mittags Mutti an, und ich nahm den Hörer, den mir Inge hinstreckte. »Ja, ich bin's, Fritz.« »Na, du Säufer und Raucher«, sprach mich Mutti an. »Ich habe immer gedacht, du bist halbwegs vernünftig, aber da habe ich mich ja geirrt. Du säufst rum, arbeitest nicht mehr und rauchst wie ein Schlot. Man kann sich auf dich nicht verlassen, und wenn ich dich mal in die Finger kriege, dann kriegst du eine Abreibung, daß es nur so kracht. Für mich bist du ab jetzt gestorben, du hast jetzt keine Mutti mehr.« Das war zuviel für mich und ich schrie ins Telefon: »Ich habe noch nie eine Mutter gehabt, und du bist auch nicht gerade ein Engel!« Danach schmiß ich den Hörer auf die Gabel und trank gleich einen Jägermeister.

Eines schönen Nachmittags rief mich Sonja an, da ich ja nicht mehr in die Schule ging, das hatte ja auch keinen Wert, wenn man immer besoffen ist, und da machte ich mit ihr einfach Schluß. Ich hatte zu dieser Zeit keine Gefühle mehr in mir, da ich sie immer mit Alkohol abtötete, und die, die ich noch hatte, waren ja sowieso nicht gut. Denn ich haßte meine Mutter und meinen Vater so wie Inge und Hannes, ich haßte alle außer meine Geschwister, denn alle waren für mich Lügner, Betrüger und Gegner.

Ich sprach an diesem Tag nur ein paar Worte mit Sonja, und diese waren knallhart. Ich hatte also einfach mit ihr Schluß gemacht, als wenn sie mir gar nichts bedeutete.

Dann fuhren Inge, Hannes und ich irgendwann nach Dortmund, denn sie wollten mir meine neue Heimat zeigen. Dort oben in Dortmund gefiel es mir überhaupt nicht. Die Leute waren mir alle fremd. In der Nähe von Hannes Wohnung standen die Nutten rum, und als ich mal vorbeiging, quatschte mich auch noch eine von denen an. Mich ekelte alles an in Dortmund, und ich war froh, daß wir wieder nach Orsingen zurückfuhren. In Orsingen teilte ich dann Inge mit, daß ich mit ihr und Hannes niemals nach Dortmund ziehen würde. Ich habe weiter gesoffen und fand keinen Ausweg aus dem ganzen Mist. An einem Mittag lag ich besoffen auf dem Sofa im Aufenthaltsraum, als ein Mann zu mir kam. Er stellte sich mir vor als ein Herr Zander vom Jugendamt. Als er aber merkte, daß ich voll war, sagte er nur: »Das hat heute, glaube ich, keinen Wert, daß ich mit dir rede, ich komme eben morgen noch mal.« Da ich noch ein Bier vor mir stehen hatte, griff ich erst mal nach dem Glas und kümmerte mich gar nicht um den Typ. Am nächsten Tag, als der Mann vom Jugendamt wieder kam, war ich zufällig nüchtern. Es war schon ein älterer Herr, und sehr sympathisch. Aber was nützte mir das, denn er wollte mich in ein Heim nach Tuttlingen stecken, und ich sollte mir das überlegen.

Ich war fest entschlossen, in kein Heim zu gehen, lieber wollte ich verrecken.

Am Nachmittag war ich immer noch nüchtern, und ich dachte über alles nach. Ich war total verzweifelt. Meine Geschwister waren weg, meine Eltern ebenfalls, man hatte mich ein ganzes Leben lang belogen und betrogen, und in ein Heim wollte ich nicht. Ich war regelrecht fertig mit den Nerven und mit der Welt. So entschloß ich mich, mich umzubringen, denn das war die beste Lösung, die am geeignetsten war.

Nur die Methode mußte ich mir überlegen und auf die kam ich schnell. Ich wollte mich mit Tabletten umbringen. Da ich ja sowieso immer besoffen war, würde es keinem auffallen, wenn ich auf dem Sofa liegen und abkratzen würde.

Ich besorgte mir drei Röhrchen, und als es Abend war, holte

ich mir an der Theke einen halben Liter Bier und setzte mich im Aufenthaltsraum auf das Sofa.

Als ich das erste Röhrchen geöffnet hatte, zögerte ich einen Moment. Aber es war die beste Lösung so, was soll ich auf dieser verdammten Welt, dachte ich. Ich nahm die ersten Pillen in den Mund und spülte sie mit Bier runter. Ich hatte alle schnell unten, es waren ja nur fünfundsiebzig Stück, aber die würden langen. Die Verpackungen schmiß ich hinter das Sofa, so daß sie niemand sehen konnte. Zum Schluß trank ich noch einen kräftigen Schluck Bier und legte mich aufs Sofa.

Nun war ich bereit zu sterben, und mir war auch alles egal. Ich wurde müde und fühlte mich erleichtert und irgendwie frei von Sorgen und Kummer. Dann verlor ich das Bewußtsein.

Ich schlug die Augen auf, und das allein war eine Anstrengung. Mir schien die Sonne ins Gesicht und ich dachte ich bin im Himmel. Als ich aber dann Inges Gesicht über mir sah, und als sie noch anfing zu sprechen, wußte ich, daß ich nicht im Himmel war. Ich schloß sofort die Augen und schlief auch gleich wieder ein.

Ich hatte es also nicht geschafft, wie konnte das nur möglich sein? Die nächsten paar Tage war ich unansprechbar, denn ich lief nur wie im Traum herum und schlief auch noch sehr viel. Das waren die Nachwirkungen der Tabletten.

Inge erzählte mir dann ein paar Tage später, als ich wieder auf der Höhe war, wie sie gemerkt hatten, daß ich Tabletten genommen habe. Sie sei zu mir gekommen, um mich zu wecken, da ich auf dem Sofa schlief. Als ich auf ihre Rufe nicht reagierte, versuchte sie mich wachzurütteln. Dabei merkte sie, daß ich nach Medikamenten roch, und als sie dann meinen Atem kontrollierte und ich fast nicht nach Alkohol stank, wußte sie, was los war. Im Gasthaus vorne saß der Sanitäter, der unser Stammgast war, und sie holte ihn. Der stellte fest, daß ich nicht besoffen war, sondern mit Tabletten vollgepumpt. Er holte aus dem Auto seinen Sanitätskoffer, den er immer bei sich hatte, und versorgte mich. Ich soll gekotzt haben wie ein Reiher, und der Sanitäter hat mir noch eine Spritze gegeben. Die waren alle erstaunt, was für eine Menge Tabletten ich in mir gehabt habe, sagte Inge noch. Wenn sie mich nicht hätte wecken wollen, wäre ich auch bestimmt gestorben. Leider hatte es nicht geklappt.

Als ich wieder voll auf der Höhe war, kam auch der Mann vom Jugendamt wieder und er meinte, daß ich meine Entscheidung ja nun gefällt haben müßte. Ich war bereit, mir das Heim anzusehen, und dann erst meine Entscheidung zu treffen. Wir fuhren nach Tuttlingen und schauten uns den Laden an. Ich war ganz überrascht, daß die Kinder dort nicht in Uniformen rumliefen, sondern normale Kleider anhatten, so wie ich. Denn in Filmen hatte ich gesehen, daß Heimkinder Uniformen anhatten. Als wir zurückfuhren nach Orsingen fragte mich Herr Zander vom Jugendamt, wie nun meine Entscheidung wäre. Ich gab ihm zur Antwort: »Mir ist es egal, versuchen kann man es ja mal.« Mir war es wirklich egal und ich nahm mir vor, sowieso von dort fortzulaufen, wenn es mir nicht gefiel.

Den darauffolgenden Tag kam dann Herr Zander wieder, um mich und meine paar Habseligkeiten in das Heim zu fahren. Kleider hatte ich nicht mehr besonders gute, die waren zum größten Teil kaputt und nicht geflickt worden. An Geld hatte ich auch nur knapp vierzig Mark, denn ich hatte ja in letzter Zeit fast nichts gearbeitet und so hatte ich auch keine Gelegenheit, mir aus der Kasse Geld zu besorgen.

Ich kam also dort an und wurde in eine Gruppe eingewiesen. Es war ein richtiges Dorf, ein Kinderdorf. Es waren eine Menge Häuser, eine Schule, eine Verwaltung, ein Schwimmbad und sogar ein Fußballplatz. Jede Gruppe, die aus ungefähr acht bis neun Kindern und zwei, manchmal auch drei Erziehern bestand, hatte ein eigenes Haus mit Küche und allem Drum und Dran. Ich selbst kam in eine Gruppe, die aufgeteilt war von acht bis achtzehn Jahren. Ich war schon fünfzehn und der drittälteste in der Gruppe. Die älteste war ein Mädchen und sie hieß Leila, der zweitälteste war Thomas. Dann waren da noch ein Junge, der ungefähr ein Jahr jünger war als ich, der Michael hieß, und noch ein anderer, der gerade dreizehn war und der Kai hieß. Dann waren noch drei Kinder da, die unter zehn Jahren waren, aber mit denen hatte ich nicht viel zu tun. Ich bekam ein eigenes Zimmer, so wie Thomas und Leila es hatten. Leila war ein Mädchen mit pechschwarzen Haaren und sah wirklich nicht schlecht aus. Thomas hingegen sah aus wie ein Hippie. Er hatte lange blonde Haare und dementsprechend zog er sich auch an. Er machte auf intellektuell und Hippie zugleich, und das war schon irgendwie lächerlich.

Ich wurde mit allen bekanntgemacht, auch mit den Erziehern. Frau Runke und Frau Schulz waren zwei ältere Damen, die schon Jahre dem Kinderdorf treu waren. Dagegen war Angelika, die Praktikantin, aber für uns trotzdem eine Erzieherin war, ein junges Mädchen und jeder sprach sie mit ihrem Vornamen an. Sie war hübsch, was man von Frau Runke und Frau Schulz nicht behaupten konnte. In der Schillerschule in Tuttlingen wurde ich wieder eingeschult, denn die Kinderdorfschule war nur für die da, die Lernschwierigkeiten hatten und nach Ansicht von Frau Runke und Frau Schulz hatte ich das nicht.

Von Thomas und Leila wurde ich freundlich aufgenommen und wir wurden gleich gute Freunde. Dagegen hatte ich schon in den ersten paar Tagen Streit mit Michael und Kai, da die dachten, ich sei ein Idiot, und sie müßten mir Befehle erteilen. Mit den Kleinen hatte ich nicht viel zu tun, denn die waren für mich uninteressant und das Gegenteil von meinen Brüdern. Sie waren total naiv und dementsprechend verhielten sie sich auch.

In der ersten Woche wurde ich auch noch neu eingekleidet, da man feststellte, daß die ganzen Kleider, die ich hatte, es nicht mehr lange tun würden.

Abends, wenn ich im Bett lag, dachte ich oft an meine Geschwister und an das Vergangene und dann hatte ich immer Lust, mir geradewegs einen Rausch anzusaufen. Über Mutti und Pappa dachte ich auch nach, und da sie sich nicht um uns gekümmert hatten, beschloß ich, daß ich von beiden nichts mehr wissen wollte. Sie hatten uns behandelt wie Dreck und zum Schluß auch dementsprechend weggeworfen. Und deswegen hatte ich jede Zuneigung zu ihnen in mir abgetötet und erstickt in dem Haß, der in mir aufstieg gegen sie. Mir gefiel es nun im Kinderdorf nicht schlecht, nur die Gruppe, in der ich war, fand ich Scheiße, denn das Beten und das vorgeschriebene Fernsehschauen sowie das genau festgelegte Zu-Bett-Gehen und noch ein paar Sachen gingen mir gewaltig auf den Wecker. Dagegen konnte ich aber nichts machen. Dann gab es auch nur fünf Mark Taschengeld die Woche und das war natürlich zu wenig, da ich rauchte und mir eine Schachtel Zigaretten pro Woche viel zu wenig war. Mit Kai und Michael stritt ich immer, wenn nur die kleinste Gelegenheit dazu da war, aber geschlagen haben wir uns nie, nur immer Schimpfwörter an den Kopf geworfen, aber das langte auch, denn mein Schimpfwörterverzeichnis war ja riesig groß.

In der Schule hatte ich auch schon Freundschaften geknüpft. Es waren gerade die Jungen, die die Leute immer als schlechte Gesellschaft bezeichneten. Für mich waren es Kumpel, und ich war froh, daß ich sie kannte, denn die aus der anständigen Gesellschaft waren ja zu fein, um mit Heimkindern Freundschaft zu schließen, da sie das von ihren Eltern so gelernt haben. Für die waren Heimkinder schon Verbrecher und wir könnten sie ja verderben. Also war mir die schlechte Gesellschaft gerade recht. Meine Freunde, mit denen ich rumzog, rauchten ebenfalls alle, und waren aus dem Asozialenviertel von Tuttlingen. Das Asozialenviertel in Tuttlingen wurde auch Kleintexas genannt, und so sprach ich nicht mehr vom Asozialenviertel, sondern nannte es ebenfalls nur noch Kleintexas. Da ich kein Geld mehr hatte für Zigaretten, brachte mich einer von meinen Freunden auf die Idee, welche zu klauen. Die Sache war mir zwar nicht ganz geheuer, und ich hatte Angst man würde mich erwischen. Aber als mich dann einer meiner Kumpel fragte, ob ich feige sei, machte ich es dann doch. Die ganze Sache war gut verlaufen, und man hatte mich nicht erwischt. So kam es öfters vor, daß wir Zigarettenklauen gegangen sind, und nicht nur eine Schachtel, sondern sogar ab und zu eine ganze Stange. Angst hatte ich nur bei den ersten paar Malen, aber das verflog, und die Klauerei war nur noch Routine. Manchmal klauten wir auch andere Sachen, wie Alkohol, Feuerzeuge und einmal sogar fünf teure Taschenrechner.

Mein Taschengeld gab ich nun nicht mehr für Zigaretten aus, ich konnte sie mir ja klauen. Mit meinen Freunden kam ich gut aus, und wir waren eine regelrechte Clique, wie man das nennt.

Nun war ich schon eine ganze Weile im Kinderdorf, als sich eines Tages mein Vater zu Besuch anmeldete. Ich hatte irgendwie Angst davor und war entschlossen, ihm zu sagen, unter vier Augen natürlich, daß ich von ihm und Mutti nichts mehr wissen wolle, und daß man mich in Ruhe lassen solle.

Er hatte sich auf den Samstag angemeldet und ich hatte mir genau zurechtgelegt, was ich sagen würde. Trotzdem war ich nervös, und das sah man mir auch an.

Am Samstagnachmittag kam dann Pappa vors Haus gefahren. Den weißen Mercedes hatte er nicht mehr, sondern jetzt einen blauen Simca, der an allen Ecken auseinanderzufallen schien. Er kam in die Gruppe und begrüßte mich und meine Erzieher. Dann sprach er noch eine Weile mit Frau Runke und Frau Schulz und er schien einen guten Eindruck auf sie zu machen. Pappa hatte einen guten Anzug an und benahm sich auch. Er war weder besoffen noch sonst irgendwie auffallend.

Er fragte die Erzieher, ob er mich für zwei bis drei Stunden mitnehmen dürfte. Auf einmal klingelte es an der Türe, und als ich hinsah, stand Oma da. Ich öffnete ihr und begrüßte sie. Sie sagte den Erziehern und den anderen Kindern guten Tag. Dann sprach sie ebenfalls eine Weile mit den Erziehern und gab jedem in der Gruppe eine Tafel Schokolade. Dann gingen wir zu Pappas Auto. Wir fuhren in die Stadt, und ich empfahl Pappa ein Café, in das wir gehen konnten. Im Café setzten wir uns an einen Tisch und gaben die Bestellung auf. Ich selbst bestellte ein Bier, genauso wie Pappa, nur Oma trank eine Limonade.

Pappa fing an zu sprechen und erzählte mir, daß es ihm leid tut, was alles passiert ist, und daß er auch nichts machen konnte und weiß Gott was alles noch.

Ich sagte ihm knallhart ins Gesicht, daß er umsonst gekommen sei, und daß ich weder ihn noch Mutti bräuchte, und daß es das letzte Mal sei, daß er mich besucht hätte, denn ich wolle ihn nicht mehr sehen. Oma mischte sich ein und meinte, daß ich nicht nur Pappa die Schuld geben könnte, daß er immerhin mein Vater sei, und daß ich nicht so hart sein sollte.

Als ich nach dem Gespräch zu Pappa schaute, sah ich die Tränen in seinen Augen und mir schien, als sei er in der letzten halben Stunde um ein paar Jahre gealtert. Er tat mir leid, und ich sagte ihm dann, er dürfte mich wieder besuchen. Er freute sich wie ein kleines Kind, und ich wußte, daß er mich doch irgendwie auf seine Weise lieb hatte.

Als es zu dämmern anfing, brachte er mich zurück ins Kinderdorf. Beim Abschied hatte er wieder Tränen in den Augen und ich dachte mir: er ist wie ein kleines Kind, aber trotzdem erwachsen. Er versprach, daß er in zwei Wochen wiederkommen würde, und ich wußte, daß er es ernst meinte und kommen würde. Abends lag ich dann im Bett und dachte an Pappa. Irgendwie freute ich mich nun, daß er doch an mich gedacht hatte und mich besucht hatte.

Den Sonntag darauf wollte ich meine Geschwister besuchen, und ich fragte Frau Schulz, ob das nicht irgendwie mal ginge. Sie schaute in ihren Terminkalender und stellte fest, daß sie am kommenden Sonntag Zeit hatte und mich nach Engen zu meinen Geschwistern fahren könnte. Sie meldete uns in Engen an und wir fuhren an dem Sonntag zu meinen Geschwistern. Das Heim, in dem meine Geschwister untergebracht waren, war nicht so groß wie das Kinderdorf. Dort war alles in zwei mehrstöckigen Häusern untergebracht, und außenrum war eine Mauer von ungefähr anderthalb Meter Höhe. Es gab sogar einen Spielplatz, mit Sandkasten, Rutschbahn und allem, was man so auf einem Spielplatz für Kinder braucht.

Frau Schulz und ich gingen in das Haus und im Hausgang begegnete ich schon Ralf. Er freute sich riesig und führte uns gleich in den zweiten Stock, wo auch Daniela und Uwe waren. Ich sagte auch Uwe guten Tag und seine Freude war genauso groß. Als Daniela mich sah, nahm sie Anlauf und sprang mir in die Arme. Ich wäre fast umgeflogen, so einen Sprung hatte sie gemacht, und dann hing sie mir am Hals und klammerte sich an mich. Als Daniela sich dann beruhigt hatte, nahm ich sie an der Hand und begrüßte die Erzieherin. Im Gegensatz zu meinen Erziehern waren diese alle in Schwarz gekleidet und sahen aus wie Nonnen. Es waren auch Nonnen, stellte ich später fest, denn das Heim hatte dieser Schwesternorden gegründet und es waren auch gleichzeitig die Erzieher. Die Schwestern waren sehr freundlich und Frau Schulz sprach hinterher eine ganze Weile mit ihnen. Ich beschäftigte mich mit meinen Geschwistern, und sie zeigten mir ihre Zimmer und erzählten mir vom Heim. Sie fühlten sich wohl, und das war ja das wichtigste, und ich freute mich darüber. Dann tranken wir alle miteinander Kaffee und aßen Kuchen. Es waren ungefähr zwölf Kinder auf diesem Stockwerk, und sie saßen alle um den Tisch. Dann noch die Schwester, Frau Schulz und ich. Wir unterhielten uns prächtig, und da Daniela neben mir saß, sprach ich viel mit ihr. Gegen Abend verabschiedeten wir uns. Ralf und Uwe nahmen es nicht so schwer, aber Daniela weinte so jämmerlich, daß ich sie am liebsten mitgenommen hätte.

Auf der Fahrt nach Tuttlingen fing ich auch leise an zu schluchzen. Frau Schulz merkte es zwar, aber sie sagte nichts, wofür ich ihr auch dankbar war. Fast zwei Tage hatte ich meinen Moralischen danach, bis ich wieder auf der Höhe war.

Pappa kam mich nun öfters besuchen, aber ich sagte ihm nicht, daß ich klaute wie ein Rabe.

Eines Tages erwischten sie mich dann beim Zigarettenklauen. Zwei Schachteln hatte ich mir eingesteckt und als ich dann aus der Tür wollte, hielt mich jemand an der Schulter und sagte: »Na, na, mein Früchtchen, so geht das nicht. Was hast du denn da in den Taschen?« »Nichts«, gab ich kurz und bündig zur Antwort. Der Mann griff in meine Tasche und holte die zwei Schachteln Zigaretten heraus. Meine Freunde standen draußen und sahen die Scheiße und rannten weg, das war ja so ausgemacht, wenn sie einen von uns erwischen sollten. Der Typ redete nicht mehr lange und zog mich ins Büro. Dort rief er die Polizei an, die auch schneller da war als ich glaubte, denn sie war genau schräg gegenüber. Der Polizist brachte mich dann aufs Revier. Dort schrieb er ein Protokoll und ich unterschrieb es. Nach fast zwei Stunden fuhr ich in einem Polizeiwagen in Richtung Kinderdorf. In der Gruppe wurde dann erzählt, was ich angestellt hatte, und die Polizei verzog sich wieder. Ich wunderte mich, daß ich nicht ins Gefängnis kam, aber anscheinend schien alles seine Richtigkeit zu haben. Die Erzieher verloren kein Wort darüber, sondern sagten nur, daß ich den Mist nun auch ausbaden müßte.

Das war mir ja egal, nur wie brachte ich das Pappa bei, der was gegen Klauen hatte. Ich rief ihn an und sagte ihm klipp und klar, was passiert ist. Er regte sich nicht auf, sondern sagte nur dasselbe wie die Erzieher, daß ich die Sache eben ausbaden müßte. Ich war froh, daß er es wußte, und nun war die Sache halb so schlimm für mich.

Eines Abends stritt ich mich dann mit Michael so extrem, daß Frau Runke meinte, ich müßte in eine andere Gruppe, ein paar Tage später wurde ich verlegt. Diesmal war es eine Lehrlingsgruppe mit drei Erziehern, und darunter war ein Praktikant. Ich war der zweitjüngste. Die Gruppe bestand nur aus Jungen. Außer mir und Uwe gingen alle nicht mehr zur Schule, sondern waren schon in der Lehre. Nun mußte ich nicht mehr so früh ins Bett, brauchte nicht mehr beten vor dem Essen, und konnte machen, was ich wollte. Die Kerle in der Gruppe waren fast alle in Ordnung, bis auf Uli, Thomas und Günter. Von denen bekam ich öfters Druck und ab und zu auch den Frack voll. Ich sagte weder etwas zu meinem Vater darüber, noch zu meinen Erziehern.

Ich fuhr jedes zweites Wochenende mit Pappa nach Villingen. Ich durfte nur alle zwei Wochen und das fand ich Scheiße, denn meine Freundschaft mit Pappa war nun gut. Es war keine Vater- und Sohnfreundschaft, nein, mehr von Kumpel zu Kumpel. Am Wochenende besuchten wir immer Oma, denn Pappa hatte wieder eine eigene Wohnung. Dann tranken wir viel Alkohol, so daß ich auch ab und zu besoffen war, und das tat mir sogar gut.

Pappa hatte nichts dagegen, wenn ich besoffen war, er lachte nur darüber und paßte auf, daß ich keine Dummheiten machte. Es war immer ganz amüsant an den Wochenenden.

Ab und zu haute ich auch mal sonntags ab und trampte nach Villingen zu Pappa, obwohl ich normalerweise das Wochenende im Heim bleiben sollte. Mir fing es an zu stinken im Kinderdorf, vor allen Dingen wegen dem Druck von Freddy, der ein regelrechtes Muskelpaket war, und wegen Uli und Thomas, die Geschwister waren und immer zusammenhielten.

Mein Erzieher, Herr Baer, merkte, daß ich ab und zu sonntags abhaute, und verbot es mir. Ich befolgte das Verbot aber nicht und haute trotzdem ab, wenn mir der ganze Laden auf den Wecker ging.

Er merkte es und stellte mich zur Rede, und ich sagte ihm, daß ich abgehauen bin und warum ich abgehauen bin. Er nahm sich dann die drei vor und sagte ihnen die Meinung. Er glaubte zwar, daß das etwas helfen würde, das war aber nicht der Fall.

Der Herr Baer war schon ein guter Erzieher, ein wenig streng, was das Rauchen unter sechzehn Jahren anbetraf, aber ich hatte ihn gerne. Er war Vater von drei Mädchen und fuhr immer mit seinem leuchtend roten VW-Bus durch die Gegend. Er tat viel für seine Gruppe, und man mußte ihm auch hoch anrechnen, daß er uns mehr Zeit widmete als seiner eigenen Familie. Ich ließ es dann halt sein, abzuhauen und blieb an diesen Wochenenden im Kinderdorf. Nun gab es natürlich erst recht Ärger mit Uli, Thomas und Freddy, gerade weil ich sie bei Herrn Baer verpfiffen hatte.

Eines Tages meinte Freddy, er müßte mich mal wieder ein wenig in die Mangel nehmen. Er haute mir am laufenden Band auf meinen Oberarm, und das tat mit der Zeit gewaltig weh.

Hinter mir war die Wand und ich konnte nirgendwo hin, wir standen auch noch in der Küche. Der einzige Weg aus der Klemme war über Freddy. Ich nahm Anlauf und rannte gegen ihn an. Er wich auch ein Stück zurück, aber dann schlug er zu und traf mich in die Magengegend. Es schmerzte höllisch.

Freddy lachte, drehte sich um und rannte in die Richtung seines Zimmers. Er mußte aber noch die Treppe hoch und genau geradeaus dort war sein Zimmer. Mir tat der Ranzen weh, und als ich Freddy noch lachen hörte, drehte ich durch. Ich nahm das Messer, das neben mir auf der Ablage lag und rannte ihm nach. Freddy war gerade an seiner Zimmertür, als ich an der Treppe unten auftauchte. Ich hob die Hand und warf das Messer. Freddy drückte die Tür zu, als er das Messer sah, und das gerade im letzten Moment, denn das bohrte sich in die Tür, und blieb dort stecken. Ich war außer mir vor Wut und schrie: »Das nächste Mal stech ich dich ab, du Schwein, wenn du mich noch einmal anlangst, und genauso auch die anderen zwei.« Dann kam ich zu mir und sah, was ich angestellt hatte. Freddy hatte die Tür wieder geöffnet und schaute genauso auf das Messer, das in der Tür steckte, wie ich. Freddy war ganz sprachlos, denn die ganze Sache ging so schnell. Wenn Freddy die Tür nicht rechtzeitig zugedrückt hätte, hätte er das Messer im Bauch gehabt. »Du hättest mich umbringen können«, stellte Freddy fest. Ich sagte darauf gar nichts, sondern drehte mich um und ging aus dem Haus. Seitdem langte mich keiner mehr an, denn sie meinten, ich würde wirklich einen von ihnen abstechen. Ich wußte nicht, wie ich dazu kam, nach dem Messer zu greifen. Es war für mich unbegreiflich, aber die Sache war nun passiert.

Herr Baer erfuhr von der ganzen Angelegenheit zum Glück nichts, und ich war auch froh darüber.

Weder Uli, Thomas noch Freddy sagten etwas zu Herrn Baer, und ich ebenfalls nicht. Sie ließen mich nun in Ruhe und wir wurden sogar einigermaßen Freunde. Pappa brachte mich auf die Idee, wenn ich eine Lehrstelle hätte, könnte ich am Ende des Schuljahres von der Schule gehen und das Kinderdorf verlassen. Also ging Pappa auf die Suche nach einer Lehrstelle für mich, wenn möglich als Koch. Inzwischen hatte ich eine Vorführung beim Jugendrichter, wegen der Zigarettengeschichte, und der verpaßte mir acht Arbeitsstunden im Städtischen Krankenhaus, die ich auch innerhalb von zwei Tagen absolvierte. Aber ich klaute trotzdem weiter, und das einzige, was sich änderte, war, daß ich nicht mehr so unvorsichtig war, sondern aufpaßte wie ein Luchs. Meine Noten waren im Halbjahreszeugnis besser ausgefallen als in Orsingen. Nur im Englisch war ich eine Niete, aber Englisch war mir ja egal. Pappa fand auch eine Lehrstelle für mich. Mit ihm fuhr ich an einem Sonntag nach Schönwald in das Hotel Continental, um mich dort vorzustellen.

Ich hatte schon ein wenig Bammel davor, aber es mußte eben sein. Die Chefin und der Chef saßen am Tisch, und Pappa begrüßte sie wie alte Bekannte. Dabei erfuhr ich, daß die Chefin eine alte Schulkameradin von ihm war. Ich stellte mich vor, und die Chefin wie auch der Chef musterten mich von oben bis unten. Pappa erzählte noch ein paar Dinge von mir, so zum Beispiel, daß ich schon in der Gastronomie gearbeitet habe, und das fanden die zwei so gut, daß ich die Lehrstelle in der Tasche hatte, als wir wieder gingen.

Jetzt kam es nur noch darauf an, daß es genehmigt würde, daß ich von der Schule gehe. Genau zwei Tage vor dem Schulende kam die Genehmigung, und ich war überglücklich, daß ich entlassen wurde. Das bedeutete viel für mich, denn ich konnte aus dem Kinderdorf und ging nun arbeiten, hatte ein eigenes Zimmer im Hotel, und vor allen Dingen war ich nun auf niemanden angewiesen.

Am letzten Schultag verabschiedeten sich alle Kameraden von mir, und man schenkte mir von der Klasse einen Kugelschreiber, in dem mein Name eingraviert war.

Meine Lehrverträge hatte ich nun alle in der Tasche, genauso wie mein Abgangszeugnis. Am ersten August sollte ich anfangen und so hatte ich noch ein paar Tage Zeit.

Pappa holte mich vom Kinderdorf ab, und es gab ein großes Abschiedsessen. Herr Baer und Pappa unterhielten sich noch eine ganze Weile miteinander, dann fuhren wir ab.

Wir fuhren nach Singen, da Pappa dort wieder im Wienerwald arbeitete und auch sein Zimmer hatte. Wir wollten noch ein paar Tage miteinander verbringen, bevor für mich der Ernst des Lebens losging, so wie Pappa immer sagte.

Nun war also der erste August, und für mich fing an diesem Tag der Ernst des Lebens an. Meine Sachen hatten wir schon zwei Tage vorher ins Hotel gebracht, und so fuhr ich an diesem Morgen nur mit leichtem Handgepäck von Singen nach Schönwald.

Gegen halb neun kam ich im Hotel an, und in meinem Zimmer, das noch ein anderer Lehrling mit mir bewohnte, zog ich meine Kochuniform an. Ungefähr um neun Uhr stand ich in der Küche, und da noch niemand da war, der mir sagen konnte, was ich machen sollte, lehnte ich mich an die Wand und wartete darauf, daß der Chef kommt und mir seine Anweisungen gibt. So stand ich nun fast fünf Minuten da und wartete, als die Chefin hereinkam und mich ansah. Als sie mich gemustert hatte, sagte sie zu mir: »Bist du so müde, daß du dich an die Wand lehnen mußt?« »Nein«, antwortete ich und ging automatisch von der Wand weg. Junge, Junge, das ist aber eine Giftige, dachte ich mir, das fängt ja gut an. Ein paar Minuten später kam dann der Chef und gab mir Anweisungen. Ich war richtig froh, daß ich beschäftigt war. Die Chefin schlich dann um mich herum und schaute, was ich so arbeitete. Sie hatte mal hier und mal dort was auszusetzen, und das ging mir auf die Nerven, denn als der Chef sich ab und zu meine Arbeit anschaute, fand er sie in Ordnung, und der war ja gelernter Koch mit einigen Jahren Berufserfahrung und verstand sein Handwerk. Als wir dann Feierabend hatten, war ich ganz schön kaputt, denn ich war das Arbeiten ja nicht mehr gewohnt.

Auf dem Zimmer fing ich an, meine Klamotten auszupacken. Ich unterhielt mich mit meinem Zimmerkollegen und Arbeitsgenossen. Das Zimmer war groß und sehr komfortabel eingerichtet. Das Bad war ebenfalls ziemlich groß und in einem Extraraum untergebracht, der mit unserem Zimmer verbunden war und zu dem nur wir Zugang hatten. Die Decken waren mit Holz getäfert, der Boden war mit einem guten Teppichboden ausgelegt, an den Fenstern waren schöne Gardinen, und das ganze Mobiliar war hervorragend. Olaf, mein Kollege, meinte, daß man es hier gut aushalten könne. Er war auch erst seit ein paar Tagen hier und ebenfalls im ersten Lehrjahr.

Dienstags hatte ich jeweils meinen freien Tag, und Pappa holte mich immer Montagabends ab. Dann fuhren wir nach Villingen in seine Wohnung, oder gingen weg, um etwas zu trinken, und meistens endete es so, daß ich besoffen war und Pappa auch ziemlich. Pappa hatte die Arbeitsstelle gewechselt. Er arbeitete jetzt bei einer Firma, die Hausfassaden richtete und Dächer deckte. Er hatte immer früh Feierabend und wurde auch nicht schlecht bezahlt, wie er sagte.

Meine Arbeit fand ich hervorragend und sie machte mir Spaß. Der Chef war freundlich, verständnisvoll, wenn mal etwas schiefging, lustig, denn er machte viele Späßchen und vor allen Dingen hatte er Menschenkenntnis und kam mit jedem aus. Jeder, der in der Küche arbeitete, mochte ihn sehr, und ich selbst machte ihn mir zum Vorbild. Nur mit der Chefin kam ich vom ersten Tag an nicht richtig aus. Sie hatte immer an meiner Arbeit herumzunörgeln und wehe, sie sah, daß ich nur fünf Minuten herumstand und nichts machte. Dann ging die Kreischerei schon los.

Das ganze Theater mit der Chefin ging mir auf die Nerven, und ich war nach Feierabend meistens schlecht gelaunt. Das fiel auch meinem Vater auf und er fragte mich eines Abends, was denn los sei mit mir. Normalerweise hätte ich ihm nichts gesagt, da ich aber angetrunken war, erzählte ich ihm, daß die Chefin nur auf mir herumhackt, daß sie sparsamer ist als nötig und daß wenn es dort oben so weitergeht, ich kündigen würde, denn so was halte ich nicht aus.

Da Pappa auch schon angesoffen war, sogar besoffen, ging er ans Telephon und rief meine Chefin an. Ich wollte ihn davon abhalten, aber er meinte, er könne ja mit ihr reden, so unter Schulkameraden. Er rief also an und machte sie praktisch zur Sau und behauptete, ich hätte ihm wortwörtlich gesagt: »Die Chefin sei so geizig, daß sie ihre eigene Scheiße fressen täte um zu sparen.« So was hatte ich aber nicht gesagt und als ich Pappa fragte, warum er denn so einen Mist erzählt hätte, sagte er, daß man immer nur mit großen Geschenken auffahren muß, denn mit den kleinen hat man keine Chance. Mir war natürlich klar, daß man mich dafür rauswirft und fing mitten im Lokal an zu heulen wie ein Schloßhund. Daß die Leute mich anschauten, als wenn ich von einem anderen Stern komme, das war mir egal. In der Nacht rief er meinen Chef und meine Chefin nochmal an und quatschte mit ihnen. Ich lag während er telephonierte auf dem Sofa zu Hause und hörte jedes Wort mit, und ich fing wieder an zu heulen. Pappa führte sich auf wie der Retter seines Sohnes, den er aus einer Löwenhöhle geholt hatte. Das alles nur, weil ich Idiot eine weiche Minute hatte und Pappa etwas erzählte, und er machte aus einer Mücke einen Elefanten.

Mein freier Tag war für mich nun versaut, und am nächsten Tag dachte ich nur noch daran, wie ich die Sache wieder in Ordnung bringen könnte. Mir kam aber kein Gedanke, und so beschloß ich einfach ins Geschäft zu gehen und den ganzen Ärger, und wenn es sogar die Kündigung ist, wovon ich schon überzeugt war, über mich ergehen zu lassen, dann meine Koffer zu packen und abzuhauen, irgendwohin, wo mich die ganze Welt am Arsch lecken könnte.

Am Morgen kam ich in voller Arbeitsmontur in die Küche, und der Chef schrie mich gleich an. Er machte mir Vorwürfe, wie ich denn dazu komme, so einen Mist zu erzählen. Ich versuchte ihm klarzumachen, daß ich so was gar nicht gesagt habe, das mit der Chefin, daß sie vor lauter Geiz ihre eigene Scheiße fressen täte. Er meinte, daß mein Vater so etwas ja nicht aus der Luft greifen könnte. Ich erzählte ihm also die ganze Geschichte, so wie sie war, und er schien mir zu glauben. Er sagte mir dann, daß er mir nicht kündigen werde, und gab mir seine Anweisungen, damit ich anfangen konnte zu arbeiten.

Für meinen Chef war der Fall so gut wie erledigt, aber für die Chefin nicht. Ich war gerade dabei das Warenlager aufzuräumen, als die Chefin auf einmal hinter mir stand. Junge, Junge, die führte sich auf. Ich versuchte auch ihr zu erklären, wie es dazu kam, aber sie glaubte mir nicht und schimpfte mit mir, daß die Bude wackelte. Einmal äußerte sie sogar dabei den Wunsch mir die Hucke vollzuhauen. So, wie sie vor mir stand und rumschrie, glich sie auf das Haar meiner Mutter. Wenn man ihr jetzt noch eine Reitpeitsche in die Hand gedrückt hätte, wäre ich bestimmt durchgedreht, denn ich hatte mir ja geschworen, mich von keinem mehr schlagen zu lassen. Als sie sich ausgetobt hatte, konnte ich endlich weiterarbeiten. Der Tag war die reinste Hölle. Die Chefin schlich die ganze Zeit um mich herum, und ich bekam Anschisse für Sachen, die in Ordnung waren. Und ihre hinterhältigen Bemerkungen, wie zum Beispiel, das kannst du wieder deinem Vater erzählen, gingen mir gewaltig auf den Wecker.

Pappa ließ sich bei ihr nicht mehr blicken. Als er mich einmal fragte, ob es nun besser ginge im Geschäft, sagte ich nur, daß alles in Ordnung sei und nicht besser sein könnte. Ich nahm mir vor, Pappa von meinen Problemen im Geschäft nichts mehr zu erzählen, das würde nur wieder Ärger geben. Er wollte für mich zwar das Beste, aber er richtete nur Schaden an, da er alles übertreiben muß und zu stark dramatisiert. Ich war ihm zwar ein wenig böse für das, was er da angestellt hatte, aber das vergaß ich bald wieder. Ich hatte mir auch wieder eine Freundin gesucht, sie hieß Margrit, und ich kam mit ihr gut aus. Ich liebte sie sogar. Ich empfand für sie anders als für Sonja, einfach viel mehr. Sie war genau ein Jahr älter als ich, und wir hatten noch nicht miteinander geschlafen.

Ich bekam immer noch Druck von der Chefin, sie konnte die ganze Geschichte nicht vergessen. Sie und ich hatten halt immer Trubbel miteinander, denn ich konnte nicht Arschkriechen, so wie mein Arbeitskollege, das war nicht meine Art. Der Chef dagegen mochte es auch nicht, wenn einer ein Arschkriecher war, und mit ihm kam ich fabelhaft aus.

Eines Tages lernte ich meine Tante Rita kennen. Meinen Onkel Mike kannte ich ja schon, aber nicht seine Frau. Sie kamen ins Hotel Continental zum Kaffeetrinken. Da ich Mittagspause hatte, setzte ich mich zu ihnen. Oma war auch dabei, und Ritas kleiner Sohn Tim. Als ich mir eine Zigarette ansteckte, bat mich Rita, die selbst gerade sieben Jahre älter war als ich, ich soll die Zigarette wieder ausmachen, da sie schwanger sei. Rita sah fabelhaft aus, auch mit ihrem dicken Bauch. Sie hatte irgendwie den Blick eines Engels und genauso benahm sie sich auch. Ich war fasziniert von ihr. Sie war aber meine Tante und also unerreichbar für mich. Sie war zwar nicht blutsverwandt mit mir, sondern nur eingeheiratet, aber immerhin meine Tante. Da sie nur auf Besuch im Schwarzwald sei, wollte sie mich eben mal kennenlernen, und in ein paar Tagen würden sie sowieso wieder nach München fahren. Mike schenkte mir dann ein schwarzes Herrenhandtäschchen, und darin waren noch fünfzig Mark. Rita ging mir nicht so recht aus dem Kopf, als ich dann am Abend wieder arbeitete. Sie hatte sich irgendwie in meinem Kopf festgesetzt. Ich war zwar nicht verliebt in sie, aber ich dachte ab und zu an sie.

Mädchenbekanntschaften hatte ich genug gehabt, aber mit keiner war ich jemals richtig im Bett gewesen. Wir machten nur immer Petting und das war auch schon alles. Ich kannte die Mädchen vom Geschäft her und von der Hotelfachschule. Pappa durfte ich davon nichts erzählen, denn er meinte, daß ich noch nicht viel mit Mädchen zu tun haben brauche und lieber an meine Lehre denken sollte.

Einmal hatte ich mit Pappa Krach wegen einer Frau. Wir gingen abends weg, um etwas zu trinken, und das war an meinem freien Tag. Gegen elf Uhr gab es dann Ärger. Ich hatte eine Frau kennengelernt, die über dreißig war, ich glaube sie war genau einunddreißig Jahre alt. Wir flirteten die ganze Zeit herum und Pappa hatte etwas dagegen. Ich war schon angetrunken und die Frau ebenfalls. Wir hatten uns sogar verabredet für die darauffolgende Woche und schmusten dann weiter rum. Dann meinte Pappa noch mal, daß ich aufhören sollte, mit der Frau da rumzumachen, denn die sei viel zu alt für mich. Ich sagte ihm dann, das sei meine Sache. Er meinte ich solle nach Hause gehen, ich wollte aber nicht und sagte ihm das auch. Er ging dann mit mir vor die Lokaltüre, um mit mir zu sprechen. Dort bekamen wir Streit, weil er unbedingt wollte, daß ich der Frau den Laufpaß gebe. Das wollte ich nicht und gab klipp und klar zu verstehen, daß er mir nichts zu befehlen habe. Auf einmal hatte ich zwei gewaltige Ohrfeigen. Ich holte schon aus und wollte zurückschlagen, aber im letzten Moment beherrschte ich mich und ließ den Arm sinken.

Pappa sah das natürlich und meinte ich solle ruhig zuschlagen, aber dann würde ich im Krankenhaus wieder aufwachen. So ging ich nach Hause und ließ ihn stehen.

Zu Hause packte ich meine Reisetasche und ging zu Oma, und erzählte ihr die ganze Geschichte.

Ich hatte die Schnauze voll, und ich wollte mit Pappa nicht mehr viel zu tun haben, außer wenn er sich bei mir entschuldigen würde. Das tat er natürlich nicht. So ging ich nicht mehr zu ihm in die Wohnung, sondern blieb an meinen freien Tagen bei Oma.

Meine Geschwister kamen jedes zweite Wochenende nach Villingen, schon seit fast einem Jahr, und so konnte ich sie öfters sehen.

In der Zwischenzeit zogen auch Mike und Rita mit ihren zwei Kindern Tim und Sabrina von München nach Villingen. Sie sind runtergezogen, weil Mike hier eine gute Arbeitsstelle gefunden hatte, und weil ja seine ganze Verwandtschaft hier in Villingen war. Pappa hatte mit seinen Geschwistern, mit Mike und Gidion, immer Streit, außer mit seiner Schwester Edeltraut, aber die wohnte ja immer noch in München und kam nur in den Ferien mit ihrem Mann und ihrem Kind zu Besuch.

Wir waren sowieso die schwarzen Schafe in der Familie, da unser Familienzweig, also Pappa, Mutti und wir Kinder, keine Zeugen Jehovas waren. Sonst war ja restlos alles in dieser idiotischen Sekte. Da Pappa und wir einen anderen Lebensstil hatten als die Zeugen Jehovas, gab es immer Hader zwischen uns und den andern. So konnte man praktisch nie eine gesunde Basis schaffen, auf der die ganzen Familienstreitigkeiten abgeschafft werden konnten. Oma stellte Pappa immer Mike und Gidion als Vorbilder hin, und das war ein großer Fehler, denn die soffen und hurten genauso rum wie es Pappa tat. Nur machte es Pappa nicht heimlich und log seiner Mutter etwas vor, so wie es die anderen Heuchler taten.

Das waren natürlich alles Gründe, um sich zu streiten und zu verkrachen. Rita, also meine Tante, bekam ich nur ganz selten zu Gesicht, und dann wechselten wir auch nur ein paar Worte. Aber sie prägte sich trotzdem in meine Gedanken ein, warum wußte ich nicht genau, aber irgendwie zog mich diese Frau magisch an.

Mein Schulkurs war nun zu Ende und ich ging wieder zur Arbeit nach Schönwald. Pappa war nun immer die ganze Woche auf Montage, da er bei einer Schweizer Firma, die Fertighäuser aufstellte, arbeitete. Ich arbeitete nun schon ein ganzes Jahr im Hotel Continental, aber mein Verhältnis mit der Chefin war immer noch gleich. Sie hielt mir das, was vor Monaten passiert war, immer noch vor, und drücken wollte sie mich auch immer. Mit meinem Chef kam ich einfach Spitze aus, und ich versuchte mein Möglichstes zu tun, damit er mit meiner Arbeit zufrieden war. Natürlich gab es auch mal Reibereien zwischen dem Chef und mir, aber die waren immer bald aus der Welt geschafft. Der Chef versuchte, ein gutes Arbeitsklima zu haben, und das schaffte er auch. Er war also wirklich ein guter Chef, und ich könnte mir keinen besseren vorstellen. Er nahm mich sogar ab und zu gegen seine eigene Frau in Schutz, was ich ihm sehr hoch anrechnete. Die Bezahlung war ebenfalls gut, da der Chef selber die Abrechnungen machte, und den Lohn bezahlte er bar aus.

Am Dienstag, dem siebten Oktober, hatte ich einen freien Tag und ging nach Villingen. Dort erfuhr ich von Oma, daß Pappa im Krankenhaus liegt, mit einer schweren Lungenentzündung. Sofort machte ich mich auf den Weg ins Krankenhaus, um Pappa zu besuchen. Der Streit war mir nun egal, das war für mich nun nebensächlich. Das einzige was für mich zählte war, daß mein Vater krank war und im Krankenhaus lag, und ich wollte ihn besuchen.

Als ich ihn sah, bekam ich einen Schreck. Die Augen waren in richtigen Höhlen, er war blaß und das ganze Gesicht war eingefallen. Ich setzte mich zu ihm ans Bett und sprach mit ihm: »Hallo Pappa.« »Hallo Fritz.« Er konnte nicht mal mehr so schnell und klar sprechen, so wie er es vor seiner Krankheit tat. »Ich hatte nicht geglaubt, daß du mich besuchen würdest.« »Komm Pappa, vergessen wir den Streit, wir waren beide dran schuld.« Ich streckte ihm die Hand hin, denn wenn wir etwas abmachten, gaben wir uns die Hände, und er schlug ein und sagte: »In Ordnung Junge, alles vergessen.« »Wann wirst du wieder rauskommen, Pappa?« »Ich weiß es nicht, der Arzt meint in fünf bis sechs Wochen. Aber du kannst ihn ja mal selber fragen, vielleicht sagt er dir die Wahrheit. Am Ende des Ganges ist sein Büro, also geh mal hin und frag ihn.« »Okay, mach ich.« Ich stand auf und ging in das Büro des Arztes. Der Arzt fragte mich als erstes, was Pappa so in letzter Zeit trank, also welche Mengen. Ich sagte ihm, daß er meines Wissens viel trank, aber was er in letzter Zeit trank, das wußte ich nicht.

Dann erzählte mir der Arzt, daß Pappa eine doppelte verschleppte Lungenentzündung hat, und daß er ungefähr sechs Wochen im Krankenhaus bleiben müßte, bis er wieder in Ordnung ist. Also ich bräuchte mir keine Sorgen zu machen, meinte er, eine Lungenentzündung ist halb so schlimm. Ich fragte ihn auch, ob er mir die Wahrheit gesagt hatte, und er beteuerte mir, daß dies die volle Wahrheit wäre. Ich war zufrieden und ging wieder zu Pappa ins Zimmer. Er fragte mich gleich, was der Arzt gesagt hatte und ich erzählte es ihm. Auf einmal sagte Pappa: »Hier komme ich nicht mehr lebendig heraus.« »Ach, jetzt redest du aber ein Mist.« »Nein, glaub's mir, und wenn ich begraben werde, möchte ich niemanden an meinem Grab haben außer meine Kinder und meine Mutter.« Also somit fünf Personen, Oma, Ralf, Uwe, Daniela und ich.

»Paß auf, in sechs Wochen springst du wieder rum.« »Und an meinem Grab will ich keinen Geistlichen haben.« Er schien gar nicht wahrzunehmen, was ich sagte. »Jetzt hör doch auf, so einen Mist zu reden, du bist doch ein erwachsener Mann.« »Du glaubst mir nicht, aber du wirst sehen, daß diese Kurpfuscher mich umbringen.« Dann hielt er meine Hand und wir sprachen noch eine ganze Weile, aber nicht vom Sterben.

Über Mutti sprachen wir auch noch, von der wir immer noch

nichts gehört hatten, und einen Satz behielt ich davon am besten im Gedächtnis. Und der lautete: »Ich habe sie geliebt, und ich liebe sie immer noch. Trotzdem könnte ich sie dafür töten, für das, was sie getan hat.« Ich verabschiedete mich dann von Pappa, weil die Schwester mich darauf aufmerksam machte, daß die Besuchszeit um sei.

Pappa drückte mir die Hand und schaute mich an, als wenn er mich zum letzten Mal sehen würde, und ich sagte ihm, daß ich ihn an meinem nächsten freien Tag wieder besuchen würde. Ich war hundertprozentig sicher, daß er in sechs Wochen wieder aus dem Krankenhaus käme. Am Abend fuhr ich dann wieder nach Schönwald und ich dachte immer über den einen Satz nach, den Pappa über Mutti sagte. Ich fragte mich, ob Liebe wirklich so grausam sein kann, daß ein Mensch jemanden lieben kann und ihn trotzdem töten würde für das, was er einem angetan hat. Durch mein langes Nachdenken kam ich zu dem Ergebnis, daß Pappa an und für sich ein weiches Herz hat und ein anständiger Kerl ist. Nur wenn er was getrunken hatte, dann hatte er sich nicht mehr unter Kontrolle, und wenn er jemandem etwas antat, dann tat es ihm am nächsten Tag schon wieder leid, aber er war ein stolzer Mann und wollte sich um seines Stolzes willen bei keinem entschuldigen, da man ihm das vielleicht als Schwäche auslegen könnte. Auch durch die Gedanken, die ich mir machte, merkte ich, daß ich meinen Vater doch gerne hatte und ihn sogar liebte, auch wenn er mal zuschlug und brutal war. Darauf kam ich nur durch den einen Satz, den Pappa sagte. Warum mir gerade der Satz soviel zu denken gab, weiß ich nicht, aber ich war froh, daß mir dieser eine Satz soviel zu denken gab.

Im Geschäft arbeitete ich dann normal und machte mir keine großen Sorgen um Pappa, denn ich war immer noch überzeugt, daß er bald wieder in Ordnung sein würde. Am Freitagmorgen gegen halb acht klopfte es an meine Zimmertüre, ich war gerade dabei, mir Badewasser einlaufen zu lassen.

Ich zog meinen Morgenmantel an und ging an die Tür und machte auf. Vor der Tür stand die Mutter der Chefin, die auch im Betrieb arbeitete, und sagte zu mir. »Fritz, unten ist ein Telephongespräch für dich.« »Ja, ich komme sofort runter.« Ich schlüpfte in meine Hausschuhe und machte meinen Morgenmantel richtig zu. Dann ging ich hinunter ans Telephon. Als ich den Hörer in die Hand nahm, sagte die Mutter der Chefin zu mir: »Erschreck nicht und sei gefaßt.« Ich fragte mich schon, ob die noch alle Tassen im Schrank hat.

Am anderen Ende war Oma, und da erfuhr ich auch, warum ich gefaßt sein sollte. Pappa war in der Nacht von Donnerstag auf Freitag gestorben. Ich wußte nicht, was ich sagen sollte, und ich hatte den Hörer in der Hand und schaute ihn an, als wenn er für mich etwas Fremdes wäre. Dann warf ich den Hörer wieder auf die Gabel. Ich sagte mir dann, daß das doch nicht möglich sein kann.

Ich ging wie betäubt wieder in mein Zimmer und setzte mich in den Sessel. Da kamen mir dann die Tränen, aber richtig geweint habe ich nicht. Gegen halb neun zog ich meine Arbeitskleider an und ging hinunter. Dort setzte ich mich an den Frühstückstisch. Ich aß nichts, sondern trank nur mit zittrigen Händen eine Tasse Kaffee.

Um neun Uhr kam dann mein Chef und setzte sich zu mir an den Tisch. Bevor er angefangen hat zu sprechen, fing ich richtig an zu heulen. Ich wollte es nicht, aber es kam ganz plötzlich über mich.

Als ich mich dann wieder beruhigt hatte, meinte mein Chef, daß ich freinehmen könnte und nach Villingen fahren. Das Angebot schlug ich aus, denn ich wußte, wenn ich nun freinehmen würde, daß ich spätestens am Mittag stinkbesoffen gewesen wäre, und ich wollte vor Pappas Beerdigung nicht mehr besoffen sein, an keinem Tag. So arbeitete ich noch am Freitag und am Samstag. Am Sonntag nahm ich frei, weil am Montag die Beerdigung sein sollte. Ich war vor Pappas Beerdigung nicht ein einziges Mal besoffen, so wie ich es mir geschworen hatte.

Die Beerdigung vollzog sich nur im engsten Verwandtenkreis. Bei der Beisetzung waren Opa, Oma, Mike, Gidion, Edeltraut, Pappas Schwester, Ralf, Uwe, Daniela und ich. Ein Geistlicher der Zeugen Jehovas sprach ein paar Worte, und das war auch schon alles. Wir weinten fast alle am Grab von Pappa, und Daniela am meisten. Zwei Tage nach Pappas Beerdigung fing ich wieder an zu arbeiten.

Nun hatte ich also gar keinen Menschen, an den ich mich hätte wenden können, wenn ich mal wirklich eine Stütze gebraucht hätte. Aber ich kam gut zurecht und hatte nach ein paar Wochen Pappas Tod schon ziemlich überwunden.

Im November hatte ich Urlaub und gegen Ende meines Urlaubs auch noch mal Blockunterricht in der Berufsschule. Mike, mein Onkel, schlug mir vor, daß ich während des Urlaubs und der Schule bei ihm wohnen sollte, und ich nahm das Angebot an. So zog ich für die ersten zwei Wochen zu meinem Onkel, denn ich wollte die anderen zwei Wochen bei einer Großtante in Köln verbringen. Nun lernte ich mein Tantchen Rita besser kennen und auch ihre Eheverhältnisse. Da Rita nicht arbeitete, war sie den ganzen Tag über zu Hause. Wir waren am Anfang gute Kumpels und spielten Rommé, alberten rum und manchmal rauften wir uns auch aus lauter Übermut. Ich sah Rita nun nicht mehr als meine Tante, sondern als Frau. Ich verliebte mich total in sie, aber ich ließ es sie nicht merken. Genauso war es auch andersrum, denn sie hatte sich auch in mich verliebt. Von Mike wurde sie wie ein Untertan behandelt, und das ging mir gewaltig auf den Wecker. Sie machte alles für ihn und er war meiner Meinung nach nie zufrieden. Ein paar Tage bevor ich nach Köln fuhr, schlossen Rita und ich unsinnigerweise eine kleine Wette ab, und der Preis war, daß derjenige der verliert, dem anderen einen Kuß geben mußte. Rita hatte die Wette verloren, und sie hielt die Wette und gab mir einen flüchtigen Kuß auf den Mund, so wie es abgemacht war. Darauf versprach ich ihr, daß wenn ich von Köln zurückkomme, ich ihr auch einen Kuß geben würde. Sie glaubte mir nicht und machte sich lustig über mich und meinte, daß ich dazu zu feige sei.

Die zwei Wochen meines Urlaubs waren nun rum und ich

fuhr nach Köln, meine Großtante Herta besuchen. Die ersten Tage waren nicht so schlimm, aber ich mußte dauernd an Rita denken. Ich dachte dann nur noch an Rita, und ab und zu trank ich ein Bier, aber es wurde nicht besser, und so trank ich eben mehr Bier. Als es mir dann besser ging, war ich besoffen. Am nächsten Tag ging es wieder los, und ich wünschte mir, doch nur in Ritas Nähe zu sein. Ich dachte an ihre Figur, ihr Wesen und ihre Engelsaugen. Kurzentschlossen fuhr ich nach sieben Tagen wieder nach Hause, da ich bald verrückt wurde, wenn ich nur an Rita dachte. Ich hatte für sie solch eine Zuneigung entwickelt, daß ich Sehnsucht nach ihr hatte. Aber gleichzeitig wurde mir wieder bewußt, daß sie verheiratet und auch noch meine Tante war. Als ich wieder in Villingen war, ging ich zuerst mal zu Oma und Opa und sagte ihnen guten Tag, und ich hatte ja für jeden von ihnen auch ein Geschenk mitgebracht. Danach ging ich zu Rita, und wir tranken Kaffee, und ich erzählte ihr von Köln. Mein Versprechen, ihr einen Kuß zu geben, hielt ich anfangs nicht. Am zweiten Tag meiner Rückkehr saßen Rita und ich allein im Wohnzimmer. Ich ging in die Küche, um etwas zu trinken. Als ich wieder ins Wohnzimmer kam, ging ich hinter Ritas Sessel. Dann umfaßte ich zärtlich ihren Kopf und sie legte ihn langsam zurück in den Nacken. Ich gab ihr dann den versprochenen Kuß. Es war diesmal kein flüchtiger Kuß. Nein, er war mit völliger Hingabe und Zärtlichkeit von beiden Seiten und er dauerte fast eine halbe Minute lang. Dabei fing mein Herz an zu klopfen und das Blut hämmerte in meinen Schläfen. Als wir aufhörten, hatte ich wie auch sie einen beschleunigten Pulsschlag. Wir wußten beide, daß das, was wir getan hatten, niemals hätte passieren dürfen. Aber wir waren so verliebt ineinander, daß es in den nächsten Tagen nicht bei nur einem Kuß blieb. Sobald wir Zeit hatten und ungestört waren, schmusten wir miteinander rum und küßten uns. Ich liebte Rita abgöttisch, und ich wäre für sie durch jedes Feuer gegangen. Dann kam mein Blockunterricht. Morgens ging ich zur Schule, und abends blieb ich immer bei Rita zu Hause, denn Mike kam ja immer erst später und dann hatte er sowieso bös an Rita rumzumotzen. Abends, wenn Mike nicht da war und mit seinen Freunden saufen ging, waren Rita und ich immer glücklich, daß wir miteinander schmusen konnten.

Zwei Wochen bevor ich wieder nach Schönwald mußte, wurden Rita und ich intim miteinander. Ich war beim ersten und zweiten Mal so aufgeregt, daß ich total versagte. Ich sagte ihr, daß das für mich erst das zweite Mal sei, und sie glaubte es mir. Ich wollte ihr nicht sagen, daß ich schon ein paar Mal mit einem Mädchen geschlafen hatte, die bei uns arbeitete, denn es hätte sie ja verletzen können und das wollte ich nicht. Aber beim dritten Mal war ich so ausgeglichen und ruhig, daß es für uns beide die größte Erfüllung war. Ich merkte, daß ich ohne Rita nicht mehr leben könnte, so groß war meine Liebe zu ihr, das hatte ich noch nie bei jemand so empfunden. Genauso ging es auch Rita, denn als sie mich einmal darauf ansprach, und ich ihr sagte, daß ich es nicht mehr ohne sie aushalten könne, brach sie zusammen und weinte. Zum Schluß fing ich auch noch an zu weinen, aber wir erholten uns bald.

Nun mußte ich zurück nach Schönwald, und Rita schenkte mir zum Abschied einen Silberbarren, den man um den Hals hängen konnte. Es war ein wunderschönes Kettchen, und ich hatte auch schon mit dem Gedanken gespielt, ihr etwas zu kaufen, aber als ich sie darauf ansprach, meinte sie, daß es nicht gut wäre, denn wenn Mike einmal danach fragen sollte, könnte er ja etwas von unserem Verhältnis merken. In Schönwald dachte ich nur noch an Rita, aber ich machte meine Arbeit ordnungsgemäß. Rita rief mich öfters an. Durch Rita war ich vollkommen aufgeblüht, wieder mal lustig und vergnügt, was ich seit dem Tode meines Vaters nie mehr gewesen war. Auch mein Chef merkte das, und einmal sagte ich ihm, daß ich die Frau meines Lebens kennengelernt hätte, und er freute sich mit mir. Jeden Dienstag, an meinem freien Tag, traf ich mich mit Rita, und es war jedesmal der Himmel auf Erden für mich genauso wie für sie. Dann verkrachten wir uns miteinander, wegen einer Lappalie. Aber Rita war so stur, daß wir eine ganze Weile uns nicht trafen.

Eines Tages trafen wir uns dann wieder. Es war Ende Mai und wir fuhren in den Wald. Es fing an zu regnen, aber das machte uns nichts, und wir liebten uns im Auto. Rita nahm zu der Zeit keine Pille, da sie sie im Moment nicht vertrug. Und ich paßte auch nicht auf. Es wird schon nichts passiert sein, dachten wir.

Eines Tages bekam Rita ganz gewaltig Ärger. Mike war nach Hause gekommen und sah, daß ich auf dem Sofa lag und Rita vor mir kniete. Das war zuviel für ihn und er dachte auch gleich, daß zwischen Rita und mir etwas war. Er hatte zwar recht, aber wir stritten das natürlich ab. Mike warf mich aus der Wohnung, und ich dürfte nur zu ihnen kommen, wenn er da sei. Wenn er mich in seiner Wohnung antreffen würde und er wüßte nichts davon, würde er mich rausschlagen. Das sollte er mal versuchen, dachte ich mir, denn seit einem halben Jahr hatte ich eine Gaspistole in der Tasche, mich sollte keiner mehr schlagen, das würde demjenigen schon vergehen. Nun trafen Rita und ich uns eben heimlich, und einmal gab es deswegen wieder Ärger, denn Gidion, mein anderer Onkel, wollte mich mal mit Rita im Auto gesehen haben. Natürlich stritten Rita und ich das ab, aber man glaubte uns nicht, und deswegen gab es einen regelrechten Kampf zwischen meinen Onkels und mir.

Einmal trafen wir uns jetzt bei ihr zu Hause, ab und zu im Auto, immer so, daß wir für uns Zeit hatten. Ich hatte mir von Omas und Opas Wohnung einen Nachschlüssel machen lassen, damit ich mich mit Rita an meinem freien Tag dort treffen konnte, wenn Oma und Opa im Urlaub waren.

Jetzt sagte Rita zu mir, daß sie schwanger sei, und das schon im dritten Monat. Ich rechnete zurück und wußte gleich, daß das Kind von mir ist, denn ich kam genau auf die Zeit, als wir uns im Wald liebten. Rita wollte nun das Verhältnis mit mir lösen, und das wegen dem Kind. Ich konnte das nicht begreifen. Ich machte ihr den Vorschlag, sie solle sich scheiden lassen, aber das wollte sie nicht. Ich war dagegen, daß wir unser Verhältnis lösten, aber ich konnte nichts dagegen tun, denn sie wollte bei Mike bleiben und ihn im Glauben lassen, es sei sein Kind, und nichts konnte ihren Entschluß ändern.

Das machte mich total fertig, und ich fing an zu saufen. Es war schon extrem, was ich an Alkohol verkonsumierte. Ich ging mit jedem Weib, das mir über den Weg lief, ins Bett. Ich empfand für die Weiber so gut wie gar nichts, beim Mausen dachte ich meistens an Rita. Körperlich war ich bei dem Weib, das ich gerade unter mir hatte, aber geistig war ich bei Rita.

Eines Nachts, als ich von einer Sauftour zurückkam und nach Hause lief, kam ich am Getränkelager meines Onkels vorbei. Ich dachte an Mike und dann an Rita und brach in das Lager ein. Mit einem Tritt war schon die hintere Eingangstür am Büro auf. Im Lager wütete ich wie ein Wahnsinniger, und zum Schluß nahm ich den Feuerlöscher und sprühte ihm noch die zwölf Kilo Löschsand in die Bude. Der Laden sah aus wie ein Schweinestall, aber ich war irgendwie froh darüber, ihm so einen Schaden verpaßt zu haben, denn wegen ihm konnte Rita nicht zu mir kommen. Dafür sollte er mir bezahlen, aber ich wußte nicht wie.

Am nächsten Tag, als man die Sauerei entdeckte, war natürlich der Teufel los. Polizei und die Spurensicherung waren dort, aber sie konnten keine Fingerabdrücke finden, bis auf einen Daumenabdruck. Ich war ja bei der Kripo noch nie erkennungsdienstlich behandelt worden, und so konnten die mit dem Abdruck nicht viel anfangen.

Rita dachte sich natürlich, daß ich das gewesen sein könnte, aber sie sagte nichts, denn den Schaden bezahlte ja sowieso die Versicherung.

Am Tag nach dem Einbruch hatte ich auch meine Zwischenprüfung, die ich gut abschloß.

Nach der Zwischenprüfung bin ich dann auch gleich wieder saufen gegangen, und des Abends war ich wieder hackezu. Ich trank fast nur noch, aber ich machte meine Arbeit trotzdem. Nach der Arbeit, abends um zehn, elf Uhr ging ich immer in eine Kneipe, und ich kam meistens erst gegen vier oder fünf Uhr morgens nach Hause. Manchmal, wenn ich noch bei einem Mädchen war, kam ich dann erst gegen acht Uhr morgens nach Hause, und hatte gerade noch Zeit, mich für die Arbeit herzurichten.

Oben in Schönwald und Schonach nahm ich jedes Mädchen mit ins Bett, was nicht bis drei auf den Beinen war. Natürlich hatte ich da bei einer ebenfalls nicht aufgepaßt. Ich erfuhr von dem Mädchen, daß sie schwanger sei, und nur ich der Vater sein könne, da sie mit keinem anderen ins Bett gegangen war. Das war für mich zuviel. Die Schlampe von Weib konnte doch kein Kind aufziehen, und außerdem liebte ich sie ja nicht. Heiraten wollte ich sie nicht, da mein Herz schon vergeben war, und ich nicht wegen einem Kind heirate, denn das gibt sowieso keine anständige Ehe. Ich überlegte also, was ich machen sollte, und ich kam auf die zwei Möglichkeiten. Entweder das Kind auf die Welt kommen lassen und es ihr dann wegnehmen, denn sie mochte keine Kinder und konnte bestimmt auch nicht mit einem Kind umgehen. Die zweite Möglichkeit war die Abtreibung. Ich wußte wirklich nicht, was ich machen sollte. Ich beschloß, meine Oma zu fragen, denn die hatte genug Lebenserfahrung und müßte mir da einen Rat geben können.

An meinem freien Tag erzählte ich Oma, daß ich ein Mädchen geschwängert hatte, und fragte sie gleichzeitig, was ich denn dagegen machen könnte, oder besser gesagt, ob ich das Kind abtreiben lassen sollte oder nicht. Meine Oma war ganz schlau, denn sie legte mir die Bibel auf den Tisch und sagte: »Da steht es drin! Lies nach und du weißt, was du tun mußt.« Das wollte ich nicht kapieren, daß diese Scheiß-Zeugen-Jehovas so verbohrt sind. Was soll ich denn mit einer Bibel, ich brauchte einen Rat. Den konnte mir Oma nicht geben, denn als ich sie ein zweites Mal fragte, verwies sie wieder auf die Bibel. Was sollte ich nun machen. Ich ging zu dem Mädchen, das ich geschwängert hatte, und sprach mit ihr. Am Ende des Gespräches stand fest, daß das Kind abgetrieben wird. So ging ich dann zu einem Freund, und der gab mir eine Adresse, wo man eine Abtreibung machen konnte. Ich wußte, daß das illegal war, aber was blieb mir anders übrig, denn meinen Kindern sollte es nicht so ergehen wie mir. So fuhren wir dann zu der angegebenen Adresse, und ließen das Kind für zweitausend Mark abtreiben. Als die Sache rum war,

kümmerte ich mich zwar noch ein paar Tage um das Mädchen, aber dann trennten wir uns.
Eines Tages bekam ich einen Anruf. Am anderen Ende der Leitung war meine Mutter. Sie erzählte mir, daß sie sich geändert hätte und weiß Gott was alles für einen Mist. Ich ging auf gar keine Diskussion ein und sagte ihr, daß man mich in Ruhe lassen sollte, daß ich von ihr nichts mehr wissen will und daß sie gar nicht mehr zu mir zu kommen braucht. Sie hatte sich nun fast drei Jahre nicht gemeldet, und nun brauchte sie sich auch nicht mehr melden. Das alles sagte ich ihr mit zitternden Händen, denn ich war so aufgeregt durch das Telephongespräch. Als ich ihr zum Schluß sagte, daß ich zu meinem Vater halten täte, wenn er noch leben würde, meinte sie wortwörtlich: »Ich bin froh, daß der Alte verreckt ist.« Nach diesem Satz warf ich den Hörer auf die Gabel.

Ralf, Uwe und Daniela besuchten nun öfters unsere Mutter, nachdem sie sich nach so langer Zeit mal gemeldet hatte.

Trotzdem tauchte meine Mutter eines Tages bei mir im Geschäft auf. Sie hatte Ralf und ihren Schlägertyp dabei und kam die Treppe im Restaurant herauf. Da ich gerade an der Theke stand, sah ich sie sofort, und ich dachte, mich trifft der Schlag. Sie setzten sich an einen Tisch. Die Chefin bediente sie, und als die Chefin zu mir kam, meinte sie, ich solle an den Tisch gehen.

Ich sagte ihr, daß ich nicht an den Tisch ginge, da dort meine Mutter sitze, und daß es sonst ein Unglück geben würde. Sie war ganz überrascht, daß dort an dem Tisch meine Mutter saß, und nun merkte sie auch, daß ich am ganzen Körper zitterte. Ich zitterte nicht vor Angst, sondern aus Wut, da das für mich eine Unverschämtheit war.

Die Chefin ging an den Tisch zurück und richtete meiner Mutter aus, daß ich nicht zu ihr an den Tisch kommen würde. Da bestellte sie bei der Chefin einen Eisbecher. Als die Chefin auf dem Weg zu mir an die Theke war, rief meine Mutter ihr nach. »Er soll ihn aber richtig machen!« Damit war zweifellos ich gemeint, und ich fing an durchzudrehen. Ich ging in die Küche und wollte mir das Schlachtbeil holen, um meiner Mutti den

Schädel einzuschlagen, einschließlich ihrem dämlichen Freund. In der Küche stand mein Chef, der die ganze Sache mitbekommen hatte, und der schnappte mich gleich. Dann redete er auf mich ein, bis ich wieder ruhiger wurde. Zu meinem Chef hatte ich ein gutes Verhältnis und ich vertraute ihm voll und ganz. Ich hatte meinen Chef sehr gerne und ab und zu empfand ich für ihn auch so etwas als wenn er mein Vater wäre.

Nach fast einer Stunde verschwand meine Mutter, und ich war echt froh darüber, daß sie weg war. Die Tage danach dachte ich, ob es nicht besser gewesen wäre, zu meiner Mutter an den Tisch zu gehen und mit ihr zu sprechen. Aber dann sagte ich mir immer, daß es so, wie es jetzt ist, doch geeigneter für mich ist, denn später würde sie mich nur ausnutzen, und wenn dann das große Erwachen kommen würde, wäre das nur noch viel schlimmer für mich.

Ich hatte wieder mal Urlaub, und das einen ganzen Monat. Ich hatte immer im November Urlaub, da bei uns in Schönwald um diese Zeit nichts los war. Ich wohnte die ganze Zeit bei meinen Großeltern. Das war manchmal eine regelrechte Qual.

Rita sah ich fast gar nicht mehr, nur noch ab und zu, wenn sie bei Oma zu Besuch war. Dann, wenn ich sie sah, drehte ich immer fast durch, und am liebsten hätte ich sie entführt und wäre mit ihr abgehauen. Das ging aber nicht, und so habe ich mir dann immer am Abend einen gewaltigen Rausch angesoffen, um die ganze Scheiße zu vergessen. Einmal war es extrem schlimm und ich soff so lange bis ich in einer Diskothek vom Stuhl fiel. Am nächsten Morgen wachte ich im Krankenhaus auf. Zum Glück hatten die einen falschen Namen aufgeschrieben, den ich im Suff angegeben hatte, und so mußte ich die ganze Geschichte nicht bezahlen. Da ging's mir dann ein paar Tage richtig dreckig. Öfters stand ich auch in der Nähe von Ritas Wohnung und wartete auf sie, damit ich sie sehen konnte. Auch wenn sie mich nicht sah, ich hatte sie gesehen. Da bekam ich immer meinen Moralischen, und fing wieder an zu saufen. Wenn ich dann ziemlich vollgetankt war und nicht mehr an Rita dachte, angelte ich mir irgendein Mädchen und vernaschte sie. Wenn ich aufwachte und das Girl neben mir sah, jagte ich sie meistens aus dem Bett und ging duschen, denn mich ekelte dann das ganze Weiberpack an. Ich war dann meistens grob zu den Mädchen, denn mir ging meine Rita nicht aus dem Kopf und auch das Kind, das sie von mir erwartete.

Dolly nahm mir dann mal im Bett mein Kettchen ab, das mir Rita geschenkt hatte. Ich war so besoffen, daß ich es nicht merkte. Dolly ist das Mädchen, das ich später erstochen habe, samt ihrem Freund. Da ich es nicht merkte, behielt sie es auch, und ich war dann später, als ich es feststellte, stocksauer auf sie.

Während des Urlaubs beschloß ich, meine Schwester zu besuchen. Ich hatte sie schon lange nicht mehr gesehen, da meine Mutter das Sorgerecht für sie erhalten hatte, und meine Schwester zu ihr nach Karlsruhe gezogen war.

Karlsruhe war für mich eine riesige Stadt, und so mußte ich mir erst mal einen Stadtplan besorgen. In meiner Jackentasche hatte ich meine Gaspistole, falls es Ärger geben sollte mit dem Freund meiner Mutter, der mich ja sowieso umbringen wollte, wie er zu meinem Bruder gesagt hatte.

Nach fast zwei Stunden suchen und durch die Gegend kutschieren stand ich endlich vor dem Haus, in dem meine Mutter wohnte. Es war ein altes schäbiges Haus, und ich konnte mir schon vorstellen, wie es in dem Laden aussah.

Ich öffnete dann die Haustüre und ging die morschen Stufen hinauf, die bei jedem Schritt knarrten. An der Tür zur letzten Dachwohnung fand ich das Namensschild meiner Mutter und ich klingelte. Dann machte ich schnell zwei Schritte zurück, so daß man mir nicht gleich an der Türe eine verpassen konnte. Ich hatte meine Hand um die Pistole geklammert und machte mich auf alles gefaßt, was da nun kommen konnte.

Die Türe öffnete sich und meine Mutter stand im Türrahmen. Sie machte den Eindruck als sei sie besoffen. Dann fragte sie mich: »Wer sind Sie und was wollen Sie hier?« Das war schon die

Härte. Sie sprach mich mit »Sie« an und machte so, als wenn sie mich nicht kennt. »Du weißt genau, wer ich bin, und ich möchte meine Schwester besuchen«, antwortete ich ihr. »Die ist nicht da, sondern in der Schule. Und jetzt verschwinden Sie und lassen Sie mich in Ruhe.« »Dann komm ich eben später nochmal wieder«, sagte ich. Dann drehte ich mich um und ging. Vor der Türe blieb ich stehen und steckte mir eine Zigarette an. Ich überlegte, was ich jetzt machen sollte und entschloß mich, an die nächsten Schulen zu gehen und Daniela abzuholen. Schon die zweite Schule war ein Volltreffer, denn Daniela ging dort zur Schule. Dort erfuhr ich aber, daß Dani schon längst Schulschluß hatte. Das ärgerte mich, denn Dani war also zu Hause gewesen, als ich vorher dort war.

So ging ich zurück zu dem Haus, in dem meine Mutter wohnte. Nun stand ich wieder vor der Türe und klingelte. Mir wurde aber diesmal nicht aufgemacht, sondern meine Mutter sprach zu mir durch die Türe. »Daniela ist zwar da, aber sie will nicht mit Ihnen sprechen.« »Das glaube ich nicht, daß muß sie mir schon selber sagen.« Es verging nun fast eine ganze Minute und dann vernahm ich die Stimme meiner Schwester. »Fritz, ich will nichts mit dir zu tun haben, laß mich in Ruhe!« Das war fast zu viel für mich und ich hätte am liebsten die Scheißholztüre eingetreten, hinter der meine Mutter stand. »So, glauben Sie es jetzt? Und jetzt verschwinden Sie und lassen uns in Ruhe.« Darauf sagte ich nichts mehr und ich drehte mich um und ging aus dem Haus.

Meine Mutter hatte es also geschafft, meine kleine Schwester gegen mich aufzuhetzen. Das ging mir so an die Nieren, daß ich das nächste Lokal aufsuchte und dort gleich drei Cognac in mich reinkippte.

Dann fuhr ich zum Bahnhof und erkundigte mich nach dem nächsten Zug. Ich hatte noch fast drei Stunden Zeit, und so ging ich in eine nahegelegene Kneipe und verdrückte noch ein paar Bierchen. Den Alkohol spürte ich nun schon ganz gewaltig und so hätte ich fast meinen Zug verpaßt. Im Zug schlief ich dann über eine Stunde, und den Rest der Zeit saß ich einfach da und überlegte. Warum muß denn die ganze Scheiße immer mich treffen? fragte ich mich, aber ich kam nicht drauf.

In Villingen stieg ich aus dem Zug und ging zu Oma und Opa nach Hause. Dort erfuhr ich, daß meine Mutter angerufen hatte und sich bei Oma beschwert hatte, und daß ich aufhören sollte, sie und Daniela zu belästigen. Da ging mir dann die Hutschnur durch, und ich fing an zu toben und auf meine Mutter zu schimpfen, bis Oma mir Einhalt gebot. Dann schnappte ich mir noch eine Flasche Bier und leerte die in nullkommanichts in mich rein, genauso die zweite.

Am nächsten Morgen fühlte ich mich total beschissen. Ich dachte an Rita, an meine Schwester, alles, was ich verloren hatte, ging mir durch den Kopf. Auf der Bank holte ich mir dann Geld, dabei wurde mir gesagt, daß ich das Konto um fast tausend Mark überzogen hätte. Nun hatte ich auch noch Geldprobleme. Die ganze Welt hing mir zum Hals raus, und so war ich am Abend wieder besoffen.

Der Urlaub ging rum, ich mußte wieder arbeiten. Das lenkte mich wenigstens ein bißchen ab, und so ließ sich die Scheißwelt ertragen. Weihnachten war bei mir gar nichts los, denn zu wem sollte ich auch gehen, so soff ich mir eben einen an. Am Ersten und Zweiten Weihnachtstag mußte ich sowieso arbeiten, und so war mir nur der dämliche Heilige Abend aufs Gemüt gegangen. Zum Glück hatten wir viel Betrieb, und so dachte ich nicht immer an die ganze Scheiße.

Silvester arbeiteten wir auch und das war gut so. Aber gegen Abend hatte ich auch schon einen sitzen, und ein paar Stunden nach zwölf lag ich auch schon ziemlich kaputt gesoffen in meinem Bett.

In der letzten Zeit war ich also fast nur noch besoffen.

Dann im Januar hatte ich einen freien Tag. Auch der sollte zu einem Unglückstag in meinem Leben werden. Am Mittag sah ich Rita und ihren runden Bauch, in dem mein Kind war und trotzdem nicht mir gehörte. Das machte mich wieder mal richtig fertig und ich ging gleich auf die Tour, um zu saufen. In der Nacht war ich wieder richtig voll, und da ich weiter saufen wollte und da schon alles zu hatte, ging ich mit einem Kumpel einbrechen. In dem Café, in das wir eingebrochen waren, begann ich mich umzuschauen. Gefunden hatte ich nicht viel, außer ein paar Schlüssel, darunter einen Autoschlüssel. Der Wagen stand vor der Türe, mit dem wollte ich später auf und davon. Ich fing an, den Laden zu demolieren. Ich warf Torten an die Wand und hackte in die Kuchentheke. Als ich mit meinem Kumpel wieder vor der Türe stand, kam ein Türke auf uns zu, mit zwei Schäferhunden. Der hielt meinen Freund fest und ich ging weiter. Als ich merkte, daß mein Freund in der Klemme war, ging ich zurück. Mir war in dem Moment alles egal, und ich wollte dem Türken eine runterhauen, wenn er meinen Freund nicht loslassen würde. An die Hunde dachte ich gar nicht mehr, so besoffen war ich schon. Nun stand ich vor dem Türken, und der fackelte aber auch nicht lange.

Ich spürte einen wahnsinnigen Schmerz und dann registrierte ich, daß mir der Türke eine Eisenstange auf den Kopf gehauen hatte. Dann wollte ich weglaufen, aber der Türke hatte mich schon am Schlawittchen und wollte mich verprügeln. Mir knickten die Beine ein, und der Türke trat mir in die Rippen. Dann kam die Polizei. Die ging auch nicht gerade sanft mit mir um.

Auf dem Revier warf man mich in eine Zelle. Ich hatte eine Platzwunde am Kopf und mir lief das Blut ins Gesicht. Die Polizeibeamten brachten mir keinen Arzt, sondern fragten mich nur ein paar Mal, ob ich den anderen Einbruch auch gemacht hätte, der eine halbe Stunde vor meinem Einbruch stattfand. Sie meinten, ich solle den Einbruch ebenfalls gestehen, und nach dem Verhör könnte ich dann wieder gehen. Ich gestand den anderen Einbruch nicht, da ich den ja nicht verübt hatte. So lag ich dann die ganze Nacht in der ekelhaften Zelle, und mir taten alle Knochen weh. Aber trotzdem schlief ich ab und zu ein.

Gegen Morgen, als es schon hell war, kam ein Beamter und hielt mir ein Röhrchen hin, in das ich reinblasen sollte, um meinen Alkoholgehalt festzustellen. Das fiel denen reichlich früh ein, dachte ich mir, aber das Röhrchen färbte sich dennoch.

Dann konnte ich mich waschen, da ich Blut im Gesicht hatte. Ich wurde von so ein paar idiotischen Bullen verhört, und dann unterschrieb ich mein Geständnis.

Ich erfuhr noch von den Beamten, daß sie mich nach Hause bringen und eine Durchsuchung machen wollten, in meinem Zimmer in Schönwald. Ich versuchte den Bullen zu erklären, daß meine Lehrstelle kaputt ist, wenn sie dort oben eine Hausdurchsuchung machen, aber das war denen scheißegal. Die Bullen fuhren dann mit mir zu Oma und Opa. Dort fingen die gleich blöd an zu quatschen. Ich legte denen meine Gaspistole hin, und dann waren sie zufrieden. Aber trotzdem wollten die Idioten noch eine Hausdurchsuchung in Schönwald machen.

Ich dachte nur an meinen Chef und ich wußte ja, daß der total negativ gegenüber Verbrechern eingestellt war, und daß nun meine Lehre total im Eimer ist.

Als dann die Bullen weg waren, fing natürlich Opa an zu rotieren. Er schrie mich an: »Du verläßt sofort meine Wohnung. Mit Verbrechern und Mördern will ich nichts zu tun haben. Was sollen denn die Leute von mir denken?« »Ich bin kein Mörder, und außerdem hab ich deinen Scheißladen hier sowieso satt. Die Leute sollen von mir aus denken, was sie wollen. Das ganze Volk kann mich jetzt am Arsch lecken.« Dann ging ich ins Bad, wusch mich und machte ein wenig Puder auf meine Wunde. Ich packte meine Reisetasche zusammen und sagte zu Oma noch, daß sie den Rest meiner Klamotten noch herrichten solle, ich würde mir mein Zeug irgendwann abholen.

Dann ging ich aus dem Haus. Vom Bahnhof aus rief ich einen Arbeitskollegen an, der mich nach Schönwald bringen sollte, damit ich noch ein paar Sachen dort oben abholen konnte. Er fuhr mich eine halbe Stunde später nach Schönwald, und wir holten ein paar Kleinigkeiten von mir und fuhren dann wieder zurück nach Villingen. Dort gab ich meinem Kollegen noch die Schlüssel vom Geschäft und erklärte ihm, was los ist und daß ich nach Frankreich gehen wollte, in die Fremdenlegion, da ich von allem die Schnauze voll hatte. Ich verabschiedete mich dann von ihm, und der ganze Fall war für mich erledigt. Darauf ging ich zu Rita und holte bei ihr noch ein wenig Geld. Ich verabschiedete mich auch von ihr und gab ihr noch einen Abschiedskuß. Ich dachte, daß es das letzte Mal ist, daß wir uns sehen, denn bei der Fremdenlegion dauert ja der Vertrag fünf Jahre.

Am späten Abend traf ich dann bei einem Freund ein, bei dem ich nun die die nächsten zwei, drei Tage wohnen wollte. Aber ich war nicht nur zwei, drei Tage bei ihm, sondern über zwei Wochen. Dort lernte ich dann auch noch ein Mädchen kennen, mit der ich immer schlief. Ich holte zwischendrin noch meine restlichen Klamotten bei Oma, und dort erfuhr ich auch, daß Rita Ärger hatte, weil ich bei ihr Geld geholt hatte und Mike das irgendwie mitgekriegt hatte. Ich rief alsdann noch Rita an und fragte sie, wie Mike das denn erfahren hatte mit dem Geld. Rita machte der Ärger überhaupt nichts aus, denn sie hatte es Mike selber gesagt, und deswegen kicherte sie sogar ein wenig. Sie hatte mir das Haushaltsgeld gegeben und nun nichts mehr gehabt für den Einkauf. Das war also halb so schlimm.

Dann zog ich eines Nachts los nach Mülhausen in Frankreich. Dort meldete ich mich bei der Legion.

Fast eineinhalb Monate war ich dabei, dann flog ich dort raus. Nun fing ich an zu klauen, und man erwischte mich in Monte Carlo bei einem Segeljachtdiebstahl und ich wurde eingelocht. Als ich wieder draußen war, stahl ich wieder eine Jacht und diesmal klappte es. So fuhr ich nun über das Mittelmeer bis nach Afrika. Dort wurde ich wieder verhaftet und nach zwei Monaten nach Deutschland ausgewiesen, wo ich genau eine Woche später verhaftet wurde.

Nach drei Wochen Haft stand ich vor dem Gericht, wegen dem Einbruch in das Café. Ich bekam Bewährung und wurde aus dem Knast entlassen.

Da Rita mich schon im Knast besucht hatte, ging ich einen Tag später zu ihr. Dort sah ich das erste Mal meinen kleinen Sohn.

Ich hatte ihn auf dem Arm, und er schaute genauso aus wie ich. Also da gab es nun gar keinen Zweifel mehr, dies war mein Sohn. Mein Verhältnis mit Rita ging weiter. Aber es stank mir ganz gewaltig, daß sie noch bei Mike wohnte, und ich machte ihr nochmals den Vorschlag mit der Scheidung. Sie lehnte ab, und das machte mich fast verrückt. Es konnte doch nicht ewig so mit uns weitergehen. Sich immer heimlich treffen. Angst davor zu haben, von Mike überrascht zu werden, denn der würde mich totschlagen. Aber der hätte es nicht einfach gehabt, denn ich hatte ja immer ein Messer in der Tasche. Trotzdem soff ich wieder, denn ich wurde nicht damit fertig, daß Rita immer so weiter machen wollte, daß mein Kind den falschen Vater hatte und so vieles mehr.

Wenn ich besoffen war, fing ich auch ab und zu an, mit anderen Weibern zu flirten, und das wurde dann mein Verhängnis, denn genau vier Wochen nach meiner Entlassung erstach ich zwei Menschen. Das Mädchen, mit dem ich gevögelt hatte, und ihren Freund, der uns dabei überraschte.

Nun sitze ich also im Knast und schreibe dieses Buch und warte auf meine Verhandlung.

Ende

Über das Jahr, das der Tat vorausging, berichtet Fritz Mertens in seinem ebenfalls im Diogenes Verlag erschienenen Buch *Auch du stirbst, einsamer Wolf* (detebe 21794).